弁護のための

国際人権法

北村泰三・山口直也 編

現代人文社

はしがき

　わが国は、1979年に国際人権規約を批准することによって、いわば国際人権法という苗木を定植した。それ以後すでに約20数年が経過したのであるから、人間ならば大学も卒業して一人前の社会人に達している頃であるが、国際人権法の苗木は、わが国の土壌に根を下ろして成長してきただろうか。率直に見て、とくに刑事司法の分野では国際人権法が十分に根づいてきたとはいいがたいであろう。

　実際、この20数年の間にわが国は（自由権）規約人権委員会による報告審査を4回経験し、その都度ごとに被疑者、被告人および受刑者等の人権保障についてさまざまな懸念の表明や改善勧告を受けてきた。個別的に批判の対象とされてきたのは、代用監獄、接見交通、受刑者の処遇、死刑制度等の刑事司法に関わる事項についてである。国際人権NGOも多くの批判や提言を発している。人権規約等によって人権の国際的な保障を約束しているわが国は、これらの指摘や勧告をただ外圧として排除するだけでなく、これを養分として人権のいっそうの充実に向けて立法、行政の各段階において誠実に応えていくことが当然求められている。また、こうした国際的な批判や勧告に応えるには、具体的な訴訟を通じて国際人権法の解釈を究明し、かつ実践していくことも重要である。それは、法曹実務家に与えられた役割であると考えられる。多少の気負いを自覚しつつも本書の表題を『弁護のための国際人権法』としたのは、わが国における国際人権法の実践的適用の場面で、被疑者、被告人等の人権の担い手として弁護士が負っている役割をとくに意識したものである。人権の充実のために国際人権法の解釈がもたらす意義を認識し、実践していくことが弁護士を中心とする法曹実務家にとって求められている。また、そのような実践に対して研究を通じて連携していくことが私たち研究者に課せられた役割であろう。

　このような問題意識の下に、本書ではわが国における被疑者、被告人の権利および受刑者の処遇をめぐる各種の訴訟の実際において問題とされている問題のうち若干の側面について、国際人権法がわが国においてどのように解釈、適用されてきたかを確認するとともに、国際的水準から求められる解釈とい

う視点から批判的検討と建設的視点を提供することを目的としている。また、少年司法、ジェンダー的視点、死刑問題、組織犯罪対策などの個別の新しい問題についても国際人権の視点から議論を提示している。このような意図の下、本書は次のような構成をとっている。

　第1部は、「刑事手続と国際人権法」と題して、被疑者、被告人の刑事手続上の諸権利を対象に取り上げている。ここでは、公正な裁判を受ける権利と欧州人権条約、弁護人の援助を受ける権利、接見交通権、被疑者の勾留・保釈の権利、証人審問権および司法通訳人を求める権利について章ごとに論じている。

　第2部は、「被拘禁者の処遇と国際人権法」と題して、拷問等禁止条約の批准の意義、受刑者の処遇上の問題を取り上げている。ここでは、厳密には刑事被拘禁者とは呼べないが、最近の入管収容所における被収容者への人権侵害についても併せて検討に加えている。

　第3部は、「国際人権法の解釈と適用をめぐる問題」と題して、わが国の判例を踏まえて自由権規約等の条項がどのように解釈、適用されてきたのかを批判的に検討している。

　第4部は、「刑事司法における国際人権法の新たな潮流」と題している。ここでは、女性に対する暴力、被害者問題、少年司法および死刑問題等の最近の新しい動向について、国際人権法の視点を踏まえて検討している。

　最後の第5部では、「国際的組織犯罪の防止と国際人権の視点」として最近の組織犯罪対策立法と人権との関係について検討している。国際組織犯罪の防止を契機として各種の人権制約的な法規制が行われようとしている現況の下で、国際人権基準を視点として規制の限界を論じている。近く批准が問題となる越境組織犯罪対策条約の抄訳と解釈ノートが巻末資料に入れてある。

　本書が対象とする読者は、刑事司法の分野において国際人権法の実践的適用を試みようとしているすべての法曹実務家を念頭に置いている。また、大学の法学部等において憲法、刑事法、国際法などの視点から国際人権法の解釈、適用に関心のある学生をも対象として想定している。講義やゼミでの副読本、参考文献として幅広く活用していただき、忌憚のない意見をお聞かせ願えれば幸いである。

　本書が生まれたきっかけは、「季刊刑事弁護」に「弁護のための国際人権法」と

いう連載を1998年から2000年にかけて執筆したことに遡る。連載を終えるにあたって、分載された論文を単行本のかたちでまとめてみたいという誘惑が働いた。しかし、掲載分だけでは、必ずしも十分に論点を含んでいるとはいえなかった。そこで、本書の公刊のために、岡田悦典、中川孝博、岡田久美子、田中康代という4人の新進気鋭の若手研究者の参加、協力を得ることでこの不足を補うこととした。全体の構成と各章の表題の割り振りについては編者が案を練り、各執筆者に依頼したものであるが、内容については各執筆者の責任においてまとめられたものである。貴重な時間を割いて論考を寄せていただいた諸氏に対して、あらためて感謝申し上げたい。

　後先になってしまったが、現下の困難な出版事情のなかで、このような地味な企画の出版を快く引き受けていただいた現代人文社の成澤壽信社長には心より深謝申し上げる。また、本書が日の目を見ることができたのは、「季刊刑事弁護」の連載企画の立案以来、同社の西村吉世江さんよりさまざまな支援をいただいたおかげである。ここに特記して感謝する。さらには、桑山亜也さん（龍谷大学矯正・保護研究センター）には、原稿のすみずみまで校正の労をとっていただいたことにも深謝したい。最後に、ここで逐一お名前を挙げることは差し控えさせていただくが、国際人権法の実践的活用をめざして日々奮闘している全国各地の弁護士諸氏からさまざまな教示、啓発と助力があったことが本書をまとめる原動力になっている。それらの力添えに対して、この場を借りて感謝を申し上げたい。

　そうした教示などに対する答礼の意味を込めて、国際人権法がわが国でさらに根づくために本書が一助となるよう密かに期待している。

　2002年　夏の終わりに

北村泰三

目　次

はしがき　i

第1部◎刑事手続と国際人権法

第1章　公正な裁判を受ける権利と欧州人権条約────岡田悦典
　　　　　証拠開示との関わりを中心として

1　はじめに……11
2　公正な裁判を受ける権利の基本的性格……12
3　証拠開示と公正な裁判を受ける権利……18
4　むすび……25

第2章　国際人権法における弁護人の援助を受ける権利────岡田悦典
　　　　　欧州人権裁判所における事例の分析を中心として

1　はじめに……27
2　国際人権法における弁護人の援助を受ける権利……28
3　欧州人権条約第6条と弁護人選択権……33
4　わが国の手続法理論への示唆……39
5　むすび……41

第3章　国際人権法と接見交通権・再考────北村泰三
　　　　　欧州人権裁判所判例からの示唆

1　はじめに……42
2　国内判例の問題点……44
3　欧州人権条約の判例……46
4　むすび……55

第4章　国際人権法から見た勾留・保釈────中川孝博
　　　　　東電OL事件の検討を通じて

1　被疑者・被告人の身体拘束に関する現行法制と国際人権法……57
2　東電OL事件の無罪判決後勾留に関する諸決定……61
3　刑訴法レベルの議論……64
4　国際人権法の観点からの議論……68
5　国際人権法と弁護……70

第5章　国際人権法における証人審問権——田中康代

1　はじめに……71
2　国際人権法における証人審問権……72
3　「証人」の意義……74
4　訴追側証人の問題について……75
5　防御側証人の問題について……81
6　匿名証人・隠密捜査官について……83
7　むすび……86

第6章　国際人権法における通訳人を求める権利——田中康代

1　はじめに……88
2　通訳人を求める権利の性質について……89
3　通訳人にかかる費用について……90
4　通訳言語の問題……92
5　通訳・翻訳を要求できる範囲について……95
6　通訳人の資質についての問題……102
7　むすび……103

第2部◎被拘禁者の処遇と国際人権法

第1章　被拘禁者の人権と拷問等禁止条約——北村泰三

1　はじめに……107
2　国際社会における拷問禁止……108
3　条約の内容と問題点……112
4　今後の課題……123

第2章　監獄における拘束具の使用と非人道的取扱い——北村泰三
　　　　　革手錠と保護房収容

1　はじめに……125
2　戒護および戒具の使用……126
3　国際人権法における関連規定とその意義……131
4　国際判例法の傾向……137
5　むすび——拷問・非人道的取扱いの禁止の意義と革手錠・保護房……145

第3章　入管被収容者の人権問題——北村泰三
　　　　退去強制、上陸拒否事件との関連で

1　はじめに……149
2　入管収容所における人権侵害と国際人権基準……150
3　入管被収容者の処遇上の問題点……155
4　むすび……167

第3部◉国際人権法の解釈と適用をめぐる問題

第1章　国際人権法の解釈とわが国の裁判所——北村泰三
　　　　徳島刑務所受刑者接見訴訟を振り返って

1　はじめに……171
2　事実の概要……172
3　下級審での争点……173
4　最高裁判決とその後……178
5　意義と評価……180

第2章　刑事司法分野における国際人権判例の現状と課題——北村泰三

1　はじめに……183
2　国際人権法の適用状況……183
3　わが国の判例の到達点……193
4　課題……196

第4部◉刑事司法における国際人権法の新たな潮流

第1章　刑事司法過程における女性に対する暴力の撤廃——岡田久美子

1　国連の取組み……205
2　日本における取組み……215

第2章　国際人権法から見た被害者問題——山口直也

1　はじめに……224
2　被害者への情報提供——とくに公判記録の閲覧および謄写と優先傍聴の機会の提供を中心に……225
3　刑事手続関与者としての被害者の地位——とくに被害者の意見陳述と修復的司法……229
4　刑事手続における被害者保護——プライバシーの保障と安全性の確保……233

5　少年司法手続における被害者保護——記録の謄写・閲覧、審判結果の通知、そして被害者の意見聴取について……236
   6　むすび……238

第3章　少年司法における国際人権法の意義——山口直也

   1　はじめに……240
   2　少年司法に関する国際人権基準の内容と意義……241
   3　手続に参加する権利の保障——とくに法的援助者に代理される権利と親との接触を維持する権利……242
   4　身柄の非拘禁を原則化される権利の保障——とくに代用監獄への勾留、観護措置期間の長期化の弊害……245
   5　不服を申し立てる権利の保障——とくに検察官送致決定への不服申立制度の不備……248
   6　刑事裁判所への移送——とくに14歳からの刑事罰の適用の可能性と原則逆送規定……250
   7　検察官関与と新しい審判形態——とくに審判「協力者」としての検察官の役割の問題……252
   8　国際人権基準の実践に向けて……254

第4章　死刑廃止の国際的潮流と終身刑導入案の批判的検討——北村泰三・山口直也

   1　はじめに……256
   2　国際社会における死刑制度の位置づけ……257
   3　終身刑導入案の批判的検討……264
   4　むすび……268

第5部◎国際的組織犯罪の防止と国際人権の視点

第1章　越境組織犯罪対策に関する国連会議とわが国の組織犯罪処罰法——山口直也
　　　　　盗聴立法は国際的要請に基づいたのか？

   1　はじめに……273
   2　国連犯罪防止刑事司法委員会第8会期の概要——とくに組織犯罪対策に関する議論を中心に……274
   3　越境組織犯罪対策条約起草のための特別委員会第3会期の概要と条約案の内容……276
   4　国際的動向から見た組織犯罪対策3法案の主要な問題点……280
   5　むすび……282
   6　補論……283

第2章　国連越境組織犯罪対策条約の意義と問題点──山口直也
マネーロンダリング処罰、特別な捜査技術、証人・被害者の保護を中心として

1　はじめに……286
2　マネーロンダリング罪の処罰の拡大……287
3　マネーロンダリングへの効果的対応措置の開発……291
4　特別な捜査方法の開発……295
5　証人の保護……299
6　被害者の援助および保護……302
7　むすび……304

国境を越える組織犯罪防止に関する国際連合条約（抄訳）……305
国連組織犯罪防止条約の解釈ノート（抄訳）……309

第1部

刑事手続と国際人権法

第1章
公正な裁判を受ける権利と欧州人権条約
証拠開示との関わりを中心として

●岡田悦典

【国内法】憲法37条1項、76条1項、3項、刑訴法20条、21条、294条
【国際人権法】世界人権宣言10条、自由権規約14条、アフリカ憲章7条(1)、米州人権条約8条、欧州人権条約6条

1 はじめに

　わが国における公正な裁判を受ける権利については、憲法第37条1項の「公平な裁判所」といったかたちで表現される。また同権利は、刑事訴訟法における重要な権利と考えられてきた。具体的には裁判官の除斥・忌避・回避や、起訴状一本主義・予断排除の原則・証拠開示などで一般に論じられている。一方で公正な裁判（fair trial）を受ける権利は、アメリカ合衆国においても[1]、欧州人権条約においても判例が蓄積されつつあり、さまざまな広がりを示す基本的権利になっているといえよう。このような公正な裁判を受ける権利を具体的に検討するとすれば、それはわが国の議論への参考として有意義なことであろう。しかしそのような一般論を総じて検討することは、膨大な判例の集積があるだけに、ここでは取り扱うことができない。

　そこで、刑事訴訟のなかでも重要なテーマであり続けている証拠開示の問題に焦点を当てつつ、比較法的素材を明らかにしたい。ところで、周知のとおり、現行刑事訴訟法制定以来、当事者主義がわが国では採用された。しかし当事者双方が準備するという側面が強調され、実際上の検察官の手元に置かれる証拠が法廷に顕出されないとすれば、公正な裁判は実現しない。そのため検察官側手持証拠の開示の必要性が問われてきた。判例では裁判所の訴訟指揮

---

1) 弁護人の援助を受ける権利が公正な裁判を受ける権利を保障すべく発展してきた過程については、岡田悦典『被疑者弁護権の研究』（日本評論社、2001年）20頁以下参照。

に基づく個別的な開示が認められてきた2)。しかし弁護人が知りえない証拠については、弁護人はなんら対応ができないという問題が残されている。公正な裁判を受ける権利を考えるうえで、証拠開示はさまざまに今後とも問われてくるはずである。

　ここでは、主に欧州人権条約の公正な裁判を受ける権利の具体的議論のなかで、イングランド・ウェールズの刑事訴訟における証拠開示の問題に焦点を絞りつつ、欧州人権条約との関連性について検討することとしたい。わが国の刑事訴訟において、証拠開示をめぐる議論はひとつの重要なテーマである一方、イングランド・ウェールズの証拠開示の議論は公正な裁判を受ける権利と密接に結びつけられて検討、発展してきたからである。もっともその過程では、公正な裁判を受ける権利のありようについて言及することなくしては、十分に問題を把握することはできないと思われる。そこで主に欧州人権条約第6条1項および3項に関わる法理について概観し、次に欧州人権条約とイギリス証拠開示の展開について検討することとしたい3)。

2 公正な裁判を受ける権利の基本的性格

(1)　国際人権法上の公正な裁判を受ける権利

　公正な裁判を受ける権利を保障する国際人権法として、世界人権宣言第10条と市民的および政治的権利に関する国際規約第14条を挙げることができる。そのほかにアフリカ憲章第7条(1)、米州人権条約第8条などが挙げられよう。

　ここでとくに取り上げる欧州人権条約では、その第6条で次のとおり規定されている。

1項　何人も、その民事上の権利および義務、または自己に対する刑事上の
　　問責の決定にあたって、法律によって設けられた独立の公平な裁判所
　　（independent and impartial tribunal）による合理的な期間内における公開

---

2)　最決昭44 (1969)・4・25最高裁判所刑事判例集23巻4号248頁参照。
3)　なお、弁護人の援助を受ける権利も公正な裁判を受ける権利の一側面として国際人権法において理解されているが、この点については別稿「国際人権法における弁護人の援助を受ける権利」を参照されたい。

の公正な審理(fair hearing)を受ける権利を有する。(以下、略)
2項　刑事犯罪の責を問われた者は何人も、法律に従って有罪と立証されるまでは無罪と推定される。
3項　刑事犯罪の責を問われた者は何人も、以下の最小限の権利を有する。
(b)　自己弁護の準備のために十分な時間および便益(facilities)を持つこと
(c)　自分で、あるいは、自己の選択する法的援助によって自己を弁護すること、または法的援助に対する十分な支払手段を有さない場合に、司法の利益(interests of justice)によって要請されるときには、無料で弁護人の援助を受けることができる

　第1項における「公平な裁判所」の意味については、いくつかの側面についてこの要請が具体的に確立されている。たとえば、事務所の構成員の任期期間・選任方法に関する条件や[4]、裁判官の独立性などについて判断されている[5]。欧州人権裁判所および欧州委員会では、裁判所が公正かどうかについて客観的および主観的双方によるテストを用いているとされる。つまり客観的テストによれば、裁判官の個人的行為を別として、公正さを認識しうる事実があるかどうかを検証している。検討する事実は、裁判所の構成や具体的な組織が含まれる。主観的テストによれば、特定の裁判官がその個人的判断において公正かどうかが問題となる。委員会は、公正さの外観が重要であり、正義が実現しているというだけではなく正義が実現しているような外観がなければならないとしている[6]。

　「公正な審理」の語句をめぐっても、何が公正であるかにつき問題となる。一般的には、個々のケースにおいて公正かどうかが評価される。民事手続についてではあるがKraska v. Switzerland事件は、「当事者によって取り上げられた書類、議論、証拠の適切な審査をすることを、それらが判断に関連するものかどうか偏見なく評価すること」が公正な裁判所には義務づけられるとする[7]。また公正な裁判を受ける権利は、条文にも示されているように民事事件、刑事

---

4)　Le Comte, Van Leuben and Demeyere v. Belgium, Series A.43 (1981); 4 EHRR 1.
5)　Piersack v. Belgium, Series A.53 (1982); 5 EHRR 169. Belilos v. Switzerland, Series A.132 (1988); 10 EHRR 466.
6)　United Nations, Human Rights and Pre-trial Detention: A Handbook of International Standards relating to Pre-trial Detention, United Nations Publication, 1994, p.39, n.122.
7)　Kraska v. Switzerland, Series A.254-B (1993); 18 E.H.R.R. 188, para.30.

事件ともに要請される。もっとも民事裁判と刑事裁判では、手続的性格の相違から、まったく同じ公正な裁判を受ける権利が要請されるわけではかならずしもない。

　刑事事件については、第6条1項と2項ないし3項との関わりで論じられているといえよう。第6条2項ではすでに示したように無罪推定の原則が挙げられており、第6条3項では(b)で弁護準備のための十分な時間と便益に関する権利、(c)で弁護人の援助を受ける権利が保障される。そのほかに第3項では、(a)で言語に関する権利、(d)で証人審問権、(e)で通訳を受ける権利など、各種の権利が宣言されている。とくに被拘禁者にとって公正な裁判を受ける権利の保障に重要なものとして、弁護人への効果的なアクセスがある。もっとも、第6条1項と3項との関係は必ずしも明瞭ではないとする見解も見受けられる[8]。しかしいずれにせよ、これらの権利は公正な裁判を受ける権利の一側面である。ただし条文だけには限られない内容が、公正な裁判を受ける権利のなかに含まれているといえよう。

(2)　武器対等の原則について

　公正な裁判を受ける権利から武器対等の原則(equality of arms)が導き出される。この点は一般的に国際人権法においても認識されているといえる。ハンブルグ決議では2で無罪推定の原則が規定され、さらに3で武器対等の原則が述べられているのも、公正な裁判を受ける権利の表れからである。欧州人権条約では、武器対等の原則は必ずしも明確なかたちで述べられているわけではない。しかし多くの判例の中で言及されており、欧州人権条約で発展してきた解釈上の原理である。しかし解釈上の原理であるとはいえ、武器対等の原則は公正な裁判を受ける権利の重要な一側面と認識されている。そして刑事手続だけではなく民事手続、行政手続にも妥当する。ただし刑事手続では、その手続的性格から当事者間の不平等性があるため、武器対等の原則がさらに重要となるわけである。

　刑事手続と関連した武器対等の原則に関する裁判例として代表的なもののなかに、手続の制度的側面のものがある。たとえばDelcourt v. Belgium事

---

[8]　Andrew Ashworth, Legal Aid, Human Rights and Criminal Justice, in Richard Young & David Wall (eds), Access to Criminal Justice, Blackstone Press Limited, 1996, p.59.

件を挙げることができる。欧州人権条約違反を申し立てた理由に刑事手続の構造が言及された事件である。ベルギーの手続において、被告人が上訴したCourt of Cassationという裁判所の手続に訴追機関でもあるProcureur general's departmentの構成員が出席するという法律が問われた。裁判所の審理にProcureur general's departmentが関与することは、助言能力を期待しているわけであって、第一審の訴追部門とは区分され、訴追的機能を期待しているわけではないから、公正な裁判を受ける権利に反することはないと判断された。ここでは武器対等の原則だけが第6条1項の内容とするわけではなく、公正な裁判を受ける権利の一側面であることが確認されている9)。その後Borgers v. Belgium事件10)で、欧州人権裁判所は次のような判断を下している。Procureur generalやCourt of Cassationに関する独立性・公平性については認めたものの、防御権と武器対等の原則から、被告人はProcureur general's departmentの構成員によって作成された意見に応答することができることと結論づけられたのである。

　刑事手続における当事者間の対等性という意味では、専門家（expert）へのアクセスに関する裁判例にも若干触れるべきであろう。Bonisch v. Austria事件11)では、裁判所の選任した専門家は報告書の作成段階から偏見があったと主張され、その証拠に依拠したことは公正な裁判を受ける権利を侵害したかどうかが問われた事例である。裁判所はDelcourt v. Belgium事件を引用して武器対等の原則が公正な裁判を受ける権利に固有のものであることを確認しつつ、裁判所の選任による専門家と弁護側による専門家との平等な取扱いを要請した12)。専門家が手続に関与し、専門家に与えられた権限を鑑みれば、十分には中立性が保障されていない、したがって専門家としてではなく訴追側証人として把握されなければならないとされた。そして被告人には専門家を審問する機会が与えられていなかったことを理由として、欧州人権条約第6条1項違反と宣言された13)。

　当事者が専門家を審問し、専門家について平等な取扱いを受ける可能性

---

9)　Delcourt v. Belgium, Series A.11 (1970); 1 EHRR 355, para.28.
10)　Borgers v. Belgium, Series A.214 (1991); 15 EHRR 92.
11)　Bonisch v. Austria, Series A.92 (1985); 9 EHRR 191.
12)　Id., para.32.
13)　Id., paras.33-34.

がなければならないことは、武器対等の原則の帰結となっている。ただしBrandstetter v. Austria事件では、起訴をする引き金となる意見を述べた専門家と同じ機関のスタッフであるというだけでは、その専門家は「訴追側証人」とみなされるには十分でないとする判断もある。専門家の意見が訴追側の主張を支持するときに、弁護側の請求に基づき裁判所はさらに専門家を選任しなければならないということまでは、公正な裁判を受ける権利は要請していないと判断したのである。そして弁護側による専門家選任の要求を却下した国内裁判所の判断は、条約に違反していないとされたのである[14]。

(3) 欧州人権条約第6条3項(b)の十分な「便益」

以上のような裁判の構成・制度に関する問題の他に、当事者間の対等性の観点から見ると、十分な弁護の準備のための「便益」を保障する第6条3項(b)の事例も参考とされるべきであろう。この第6条3項(b)は、被疑者・被告人が十分な時間と装備を、防御の準備のために持つ権利を認めている[15]。とくに「便益」について参照される裁判例は、証拠開示の裁判例にも少なからず影響を与えている。

たとえば第6条3項(b)との関連では、記録・証拠へのアクセスの問題について指摘しているものも見られる。一般的には武器対等の原則により、当事者が記録・証拠にアクセスできるかどうかが問題とされる。事例の中では第6条3項(b)違反が問われ、公正な裁判を受ける権利の本質である防御権の行使に関連して、告訴者の説明について対面や審問を通じて問う機会に恵まれなければならず、必要であればそれは公の場において保障されなければならないとしているものがある。したがってそこでは、事実を明確にして、罪を問う方向と訴えを取り下げる方向における特定の事実を、告訴者から提供されることを意味するというのである[16]。

---

[14] Brandstetter v. Austria, Series A.211 (1991); 15 EHRR 378, paras. 41-47.
[15] 第6条3項(b)と(c)の関連性も重要である。(b)は弁護サービスのための法律扶助と密接に関連する。もっとも(b)の規定は被疑者・被告人の権利だけではなく、弁護人の権利としても考慮されており、両者の全体的な地位が考慮される。弁護人の選択・選任、法律扶助については、第3項(c)が用意されており、もっぱらここで論じられる。
[16] Bricmont v. Belgium, Series A.158 (1989); 12 EHRR 217, para.81. ただし、この事例では、申立人の欧州人権条約第6条違反の主張は認められなかった。

欧州委員会の判断でも、弁護を準備するための適切な「便益」を受ける権利には、書類に合理的にアクセスする権利が第6条3項(b)の規定によって、一定の条件の下で、関係者および弁護人に保障されることが示唆されていると指摘されている17)。Guy Jespers v. Belgium事件では、記録へのアクセスについて積極的に述べている。ここでは武器対等の原則が第6条1項だけではなく、第6条3項、とくにその(b)にも及ぶことを前提としている。この前提では、犯罪で告発された人が享受する便益には、手続に基づく捜査結果について防御の準備のために十分に知ることも妥当する。もっとも特定の手続に絞ることはできないとし、被告人に認められる便益には「防御の準備のためその者を支援しうるもの」に限られるとする。したがって自分自身を罪から免れさせる、あるいは宣告刑を軽減させるために被告人に援助することができる要素について、権限ある機関によって収集された関連要素、あるいは権限ある機関によって収集される可能性のある関連要素に、被告人は自由にアクセスする権利があるとされるのである。そしてその要素が、証人の信用性など、被告人の行為に関連するものであるとすれば、そのアクセスは必要な「便益」であるとされているわけである18)。この判断は後に検討するように、証拠開示の判断にも引用されている。

　裁判例では、記録・証拠などにアクセスする権利は(b)に基づいて保障されるけれども、弁護人の権利については制限されうることも示している。たとえばKamasinski v. Austria事件では、裁判所のファイルを閲覧し複写する権利がオーストリアの刑事手続では弁護人に制限されていた。被告人も法的に代理されていないときに限り、アクセスすることができた。被告人は第6条2項(b)に基づき、十分な弁護のため準備することができなかったと申し立てた。裁判所は、弁護人には裁判所のファイルに十分にアクセスすることが認められており、複写して依頼者の相談のために十分な便益を持つ可能性もあったと認定しつつ、国内法の制限規定は必ずしも同条約に両立しないことはないと判断している19)。

---

17) X. v. Austria (no.7138/75), Decision of 5 July 1977, Decision and Reports, Vol.9. p.50, p.52.
18) Guy Jespers v. Belgium (no.8403/78), Decision of 14 December 1981, Decisions and Reports, Vol.27, p.61, paras.55-58.

3 証拠開示と公正な裁判を受ける権利

(1) イングランド・ウェールズの証拠開示の概観

　イングランド・ウェールズの証拠開示の動向について、簡潔に触れることとしよう。そこでは証拠開示の判例上の発展が見られ、実質的な事前の全面開示が実現したと評価されている。またその歴史は訴追側に対する証拠開示義務の範囲拡張の歴史でもある。とくに訴追側が使用する証拠については、証拠開示は1980年代に概ね達成され、近年の問題は訴追側が使用しない証拠、すなわち未使用証拠（unused material）の証拠開示に移行した。そのほかに捜査段階におけるいわゆる情報の開示などの問題もあるが、欧州人権条約との関係からすれば、ここでは未使用証拠に関する証拠開示の動向を次に概観しなければならない20)。

　イングランド・ウェールズでは1970年代の誤判事例の教訓から、1981年の法務総裁準則（Attorney-General's Guidelines）は訴追側の未使用証拠の開示義務を明確化した。このため未使用証拠の広範な事前開示が達成されたと一般に評価されている。しかし同時に例外として、準則は訴追側の未使用証拠の不開示権限をも定めた。そして未使用証拠の開示は訴追側の裁量権に委ねられ、取扱いに慎重を要する証拠（sensitive material）について不開示が許容された。この判断にあたっては、主に①国家の安全の問題に係る場合、②情報提供者およびその家族を危険にさせるおそれがある場合、③証人への暴力、脅威となるおそれがある場合、④別の犯罪を促進させたり、被疑者であることを拘束されていない者に警戒させる、あるいは通常考えられないような犯罪の監視あるいは発見方法を開示するような場合、⑤召喚令状が出されるまで内容が開示されない条件でのみ提供されるもの、⑥別の犯罪に関連したり、告発されていない者に対する重大な申立に関連するもの、あるいは前歴その他その

---

19) Kamasinski v. Austria, Series A.168 (1989); 13 EHRR 36, paras.87-88. そのほかに、弁護人が最高裁判所へのファイルにアクセスができなかったことを条約違反としなかった事例として、Kremzow v. Austria, Series A.268-B (1994); 17 EHRR 322.
20) この点については、岡田悦典「イギリスの捜査弁護」刑法雑誌39巻1号（1999年）65頁以下参照。なお、イングランド・ウェールズの証拠開示に関する研究として、三島聡「証拠開示で使える外国法――イングランド・ウェールズ」季刊刑事弁護19号（1999年）115頁以下、松代剛枝「刑事証拠開示論攷（2・完）」法学61巻2号（1997年）75頁以下などがある。

者の侵害になることを開示するもの、⑦作成者の個人的プライバシーが含まれていたり、国内の紛争の危険性を作り出すような場合、によって判断される。慎重を要する程度と弁護側の援助となる情報とを考量し判断される。

　この準則は判例法によってさらに展開した。R. v. Ward事件21)で、準則は判例により一新された。R. v. Ward事件では、訴追側が「公共の利益による開示免除」を主張したときに、控訴院は訴追側の開示義務とそれに関する適切な手続について取り扱った。そして具体的ケースで開示が適当かどうかにつき、裁判所こそが判断権者であり、司法の利益と公共の利益を比較考量することを示した。さらにR. v. Trevor Douglas K事件22)では、控訴院はR. v. Ward事件で言及された比較考量を行ううえで、裁判所が資料を検証しなければならないとした。また資料が誤って開示されなかったことを理由に被告人が控訴院に上訴したときには、控訴院が資料を一方的に検証することを明らかにした。

　次にR. v. Davis, Johnson and Rowe事件23)では、裁判所による判断手続をさらに詳述した。訴追側が「公共の利益による開示免除」を希望する場合に、控訴院はすべての事件において例外的に弁護側に通知する必要がない場合があることを判示し、その手続について次のとおりに詳細に述べた。

　①訴追側が弁護側に裁判所による決定を申請したことを通知し、少なくとも当該証拠のカテゴリーを弁護側に示す。弁護側は裁判所に意見を陳述する機会を持つ。

　②証拠のカテゴリーの開示が弊害を生じさせるおそれがある場合には、訴追側は弁護側に裁判所への申請がなされたことを通知するが、証拠のカテゴリーは開示される必要はなく、申請は一方的になされる。

　③第三の手続として、一方的申請として裁判所に開示に関する申請がなされているという事実すら公にすることが証拠の性質を明らかにする例外的ケースがある。その場合には、訴追側は裁判所に申請していることすら弁護側に通知することもなく、一方的に裁判所に申請する。

　しかしR. v. Keane事件24)は、R. v. Davis, Johnson and Rowe事件で述べら

---

21)　[1993] 1 W. L. R. 619.
22)　(1993) 97 Cr. App. R. 342.
23)　[1993] 1 W. L. R. 613.
24)　[1994] 1 W. L. R. 746.

れた一方的手続が刑事裁判における開かれた司法という一般原則に反するため、例外的な場合に限って認められることを確認した。

またR. v. Keane事件は、訴追側が未使用資料を裁判所の責任に転嫁していくことを非難した。訴追側は不開示を希望したが重大（material）とみなされる証拠のみ裁判所に申請するように判示された。この重大な証拠とは、以下の訴追側によって慎重を要するものと評価されたものである。

①当該事件の争点と関連する、あるいは関連する可能性のあると見られるもの

②訴追側が公判で使用することを予定している証拠からはその存在が明らかではないような新争点を引き出すあるいは引き出す可能性のあるもの

③上記①あるいは②に導かれる主な証拠を提供するような現実の見込みを提供するもの

例外的に記録ないし証拠の具体性が疑わしい場合には、裁判所は争点について判断することを求められる。その占有する証拠が実質的であるかどうか判断するにあたっては、訴追側の援助のために、そして均衡的裁量を行使する裁判官を援助するために、弁護側には提案しようとしていた弁護ないし争点を示すことが認められるとする。R. v. Turner事件[25]では、R. v. Ward事件以来、ますます被告人が情報提供者の名前と役割の開示を求める傾向にあることが指摘された。情報提供者についての詳しい情報につき、裁判官に対する開示申請を厳正に審査する必要があることを警告し、詳細を知る必要性についての主張が正当であるか慎重に判断する必要があるとされた。

なおR. v. Winston Brown事件[26]は、法務総裁準則について再検討した。ここでは法務総裁準則が今日の判例法上にある訴追側の開示義務を軽減させ、被告人の判例法上の権利を侵害するのであれば、違法とされなければならないとした。今日、法務総裁準則は、重要な部分で証拠開示に関する法的要請にそぐわなくなっていることを指摘し、次のことを確認したのである。①証拠開示に関する判断権者が訴追側にあるのではなく裁判所にあること、②法務総裁準則によって訴追側の証拠開示義務が十分に言及されているものではないこと、③法務総裁準則後に、公共の利益による開示の免除の分野で発展があり、

---

25) [1995] 1 W. L. R. 264.
26) [1995] 1 Cr. App. R. 191.

慎重を要する証拠の多くは公共の利益による開示の免除に該当するが、挙げられたすべてがそれに該当するわけではないこと、であった。

　以上のような判例法の発展があったが、イングランド・ウェールズでは、1996年刑事手続および捜査法（The Criminal Procedure and Investigation Act 1996）が成立し、証拠開示に関する制定法の枠組みが実現した。同法の下ではいわゆる2段階による証拠開示が次のように実現した。訴追側の判断では訴追側の主張を侵害するであろうと思われた以前には開示されなかった証拠をすべて「第一次開示（primary disclosure）」しなければならない。弁護側は弁護側の陳述を訴追側と裁判所に提供しなければならず、一般的見地では、弁護の性質と弁護側が訴追側と論争する問題を提示する。訴追側は弁護側の陳述によって開示された被告人の弁護を援助することが期待されると合理的に思われる以前の不開示資料をすべて「第二次開示」しなければならない。訴追側の開示は被告人によって不服申立の対象となり、公判裁判所によって審査される。

(2)　欧州人権裁判所における議論

　このようなイングランド・ウェールズの証拠開示法制については、主に証拠不開示の範囲と証拠開示の問題を考える手続について議論されてきた。そして「公共の利益による開示免除」をめぐって、欧州人権裁判所の裁判例では次の2つを取り上げることができる。

(a)　Edwards v. United Kingdom 事件[27]

《事案》申立人の有罪判決につき独立した警察捜査に従って、内務省は控訴院にこの事件を付託した。申立人は控訴院に有罪判決は誤っており満足できるものではないと申し立てた。その理由は、公判中に訴追側から証拠が開示されなかったというものである。控訴院はこの欠点については有罪判決に疑いを投げかけるものではないとして、この訴えを却下した。申立人は控訴院に新たに警察官の反対尋問を行う権限を行使するように要求しなかった。また、独立警察による報告書の開示が以前に官憲から「公共の利益による開示免除」によって拒否されたけれども、申請者はこの許否について控訴院で争わなかった。

---

[27]　Edwards v. United Kingdom, Series A.247-B (1992); 15 EHRR 417.

《判旨》欧州人権裁判所は、この点について第6条違反ではないことを、7対2で次のように判断した。

①第6条3項にある権利群が第6条1項の公正な裁判を受ける権利のある特定の側面を反映している。したがって第6条3項(d)との関連性について、とくに検討する必要はない（パラグラフ33）。

②第6条1項について検討するにあたり、上訴の段階も含めて、手続全体について検討しなければならない。しかし当裁判所の役割は、国内裁判所に代わって証拠を審査することではなく、その職務領域にはない。証拠がどのように取り調べられたかも含めて、手続が公正であったかどうかを判断することがその役割である（パラグラフ34）。

③有罪判決は捜査による警察の証拠に依拠しており、犯罪について自白したその証拠について争われていた。警察側証人の信用性を弾劾できる証拠が後に明らかになった。この証拠は訴追側からは公判中に弁護側に開示されなかった（パラグラフ35）。

④第6条1項に基づく公正さ（fairness）の要請からは、訴追機関は弁護側に対して被告人に有利、不利を問わずすべての実質的証拠を開示すべきである。この事件では、開示できなかったことによって、公判手続に瑕疵を生じさせた（パラグラフ36）。

⑤控訴院では警察側証人をあらためて尋問することはなかった。弁護側もそれを求めることが可能であったにもかかわらず、それをしなかった。また弁護側には、開示されていない証拠があるにもかかわらず有罪判決が判断されたものであることを裁判所に説得する機会もあった。（パラグラフ37）。

⑥全体として判断すると、もともとの公判における欠陥はその後の控訴院における手続によって救済される（パラグラフ39）。

(b)　Rowe and Davis v. United Kingdom事件[28]

《事案》申請者は有罪判決により長期間の拘禁刑が科された。有罪判決に対する上訴は破棄されたが、刑事事件審理委員会（Criminal Cases Review Commission）により控訴院に差戻しされた。公判裁判官に知らせることなく、もともとの刑事手続において、訴追側が一定の証拠を公共の利益の理由から

---

[28]　Rowe and Davis v. United Kingdom, (2000) 30 EHRR 1.

弁護側に開示しないことにした。訴追側から主張される利益に基づく弁護人不在の審理において、控訴院はこの判断に賛意を示す判断をした。

《判旨》欧州人権条約第6条1項、3項違反に基づく公正な裁判を受ける権利の侵害であると申し立てられた。具体的な判断は以下のとおりであった。

①第6条3項は公正な裁判を受ける権利を保障する第1項の特定の側面を保障している。この事案では、第3項(b)と(d)の視点から別に検証する必要性はない。なぜなら、公正な裁判を受ける権利を受けていないという申立だからである。それゆえ、手続が公正であったかどうかを裁判所は検証する（パラグラフ59）。

②刑事手続においては、公正な裁判を受ける権利は基本的なものである。そのような手続の要素には、当事者的であること、訴追側と弁護側が武器対等であること、がなければならない。当事者的な公判を受ける権利は、刑事手続では訴追側と弁護側がファイルされた記録に関する知識や発言、それぞれの当事者によって提示される証拠を提供される機会を持つことである。また第6条1項では、訴追機関は弁護側、被告人に有利あるいは不利な占有するすべての重大な証拠（material evidence）を開示すべきことが要請されている（パラグラフ60）。

③しかし関連証拠を開示する権限は絶対的な権利ではない。刑事手続においては、被告人の権利に対して、国内の安全（national security）、報復の危険からの証人保護、犯罪捜査に関する秘密捜査手段の保持といった競合する利益がありうる。ある事件では、別の個人の基本的権利を保持したり、重要な公共の利益を保護するために弁護側に一定の証拠を提示しない必要性もありうる。しかし厳格に必要とされるべき弁護側の権利を制限するそのような手段は、第6条1項の下でのみ唯一許容される。そのうえ被告人が公正な裁判を受ける権利を保障するためには、弁護側の権利を制限することによって生じる困難は司法機関によってなされる手続にて十分につりあいのとれるものとされなければならない（パラグラフ61）。

④この事件では、欧州人権裁判所の役割は、非開示が厳格に必要とされるかどうかを判断することではない。なぜなら証拠を評価することは国内裁判所の役割だからである。その代わりに本裁判所の仕事は、そのような事件で採用された意思決定手続が当事者手続と武器対等の要請に従っていたかどうかを

判断し、被疑者・被告人の利益を保護する適切な保護措置を組み入れていたかどうかを判断することである(パラグラフ62)。

このように判断し、具体的な手続について以下のように検討した。すなわち、第一審の公判中に、訴追側は裁判官に知らせることなく、公共の利益という理由から、関連証拠を開示しなかった。そのような手続は、訴追側が弁護側には隠されている情報の重要性を評価し、公にしないと公共の利益に反するとしたわけであるから、第6条1項に従っているとはいえない(パラグラフ63)。

上訴手続の開始時に、訴追側は一定の情報が開示されなかったことを弁護側に知らせ、しかしその性質について明かすことはなく、控訴院は2つの別々の場面で不開示証拠を審査し、訴追側からの意見陳述の利益があり、弁護側不在の一方的審理で不開示を支持する判断をした(パラグラフ64)。しかし裁判所は、上訴審の前のこの手続が公判における公判裁判官による不開示情報の調査がなかったという不公正を救済するには十分であると考えていない。事実審とは異なり、控訴院の裁判官は、刑事法院の審理の記録上から非開示資料に関連性があるのか理解することと訴追側バリスターによる問題点の説明にかかっている。また公判裁判官は公判を通じて、開示の必要性について審査する地位にあり、新しい問題が生じた場合にはその段階で不開示証拠の重要性について評価することができる。控訴院では事後的にその評価をしなければならず、無意識にも陪審の有罪評決によって、不開示証拠の重要性を過小評価する可能性もある(パラグラフ65)。

このように判断し、公判裁判官に訴追側が知らせず、公判裁判官が開示問題に判断できなかったことは、公正な裁判を受ける権利を侵害していると判断され、最終的に第6条1項違反が宣言された。

これらの裁判例の展開のなかで、次の2点を指摘することができる。

第1に、Edwards v. United Kingdom事件では、具体的な手続のあり方について、全体的な考察から公正さが検討されているといえるであろう。この点は、Rowe and Davis v. United Kingdom事件において、裁判所はEdwards v. United Kingdom事件と同じ検討の枠組みを提起している。

第2に、以上のような判旨の中で、Edwards v. United Kingdom事件の4の趣旨はRowe and Davis v. United Kingdom事件のケースにおいても、その

証拠開示理論の基本的支柱となっている。さらにRowe and Davis v. United Kingdom事件では、Edwards v. United Kingdom事件の判断を踏襲しつつ、またBrandstetter v. Austria事件を引用しつつ[29]、公正な裁判を受ける権利から導かれる当事者主義的訴訟構造とそれに応じた訴追側と弁護側のおける武器対等の原則から、証拠開示論を導いている。一方、この証拠開示論において武器対等の原則違反が述べられている委員会の意見では、前項で検討したGuy Jespers v. Belgium事件も参照されている。

4 むすび

　欧州人権条約における公正な裁判を受ける権利は、このように多様な展開を示しているが、なかでも刑事手続における当事者間の平等性という観点から、武器対等の原則については重要な示唆的判断をしていることがわかる。そして公正な裁判を受ける権利、武器対等の原則に関する第6条は、イングランド・ウェールズの証拠開示に関しても、いくつかの判断を示している。そこから導き出される法理は、以下の3点に要約できるといえよう。そこには、欧州人権条約第6条の公正な裁判を受ける権利からは、国内法を検討するうえでも重要な示唆的判断をいくつか示している。

　まずは、その理論的支柱である。公正な裁判を受ける権利から導かれる当事者的な手続と訴追側と弁護側との間の武器対等の原則であり、刑事手続においては訴追側と弁護側がファイルされた記録に関する知識や発言、それぞれの当事者によって提示される証拠を提供される機会を持つことであると指摘している点である。しかしそれだけに限られず、次に第6条1項に基づく公正さの要請からは、訴追機関は弁護側に対して被告人に有利、不利を問わずすべての重大な証拠を開示すべきことを義務づけている点を確認することができる。

　もっとも一方では、さらに、証拠開示を絶対的権利として位置づけているわけではないものの、弁護側の権利を制限する手段は、厳格に第6条1項の下でのみ唯一許容されるとして、手続的担保の必要性を指摘している。ここには、

---

29)　Brandstetter v. Austria, Series A.211 (1993); 15 EHRR 378, paras.66-67.

証拠開示論の制約根拠をあくまでも公正な裁判を受ける権利を保障する人権条約第6条1項の枠組みのなかで捉えるという考察方法がとられている点と、具体的な手続的な公正さにも視点をめぐらしているという点を指摘できよう。

　また、欧州人権裁判所における証拠開示をめぐる議論は、その開示手続の公正さを全体的に判断するという手法を踏襲している。それは証拠開示の議論のなかで、何が非開示証拠とされるのかという開示の範囲の問題とは異なる側面を持つ。後者の議論は証拠開示の重要な問題点ではあるが、欧州人権条約の裁判例は証拠開示論の持つ別の側面を表しているともいえるであろう。

　このような視点から公正な裁判を受ける権利と証拠開示の問題を考察するとき、証拠開示が依然としてわが国においても重要なテーマであり続けている状況を鑑みると、とくに検察官手持ち証拠の開示の問題については、訴追機関は弁護側に対して被告人に有利、不利を問わずすべての重大な証拠を開示すべきことを義務づけている点には、わが国においても重要な意義が見出されると思われる。また具体的なルールや手続のあり方についても参考となる視点があるであろう。

　一方で公正な裁判を受ける権利は証拠開示だけでなく、たとえば犯罪報道と公正な裁判を受ける権利との関係などさまざまに議論されうるであろう。したがって裁判所の構成や人員のあり方だけではなくて、公正な裁判を受ける権利はその意味で、たいへんに広く手続法に関わるさまざまな領域を検討することにもなる。またそこから導き出される武器対等の原則についても同様である。これらを網羅的に検討することはここでは不可能であるが、わが国の手続法を検討するうえでも重要な視点を提供しうるものであると考えられる。とくに具体的な被疑者・被告人の防御権行使に関わる手続的権利の実質化にあたって、今後ともなお参考になりうる余地が残されているといえよう。

第2章
国際人権法における弁護人の援助を受ける権利
欧州人権裁判所における事例の分析を中心として

●岡田悦典

【国内法】憲法34条、37条3項、刑訴法30条、35条、36条、39条、刑訴規則26条
【国際人権法】被拘禁者処遇最低基準規則93条、弁護士の役割に関する基本原則、自由権規約14条3項(b)(c)、欧州人権条約6条3項(c)

1 はじめに

　弁護人の援助を受ける権利は、日本においても憲法第34条と第37条3項で、二重に保障されている。この規定の具体的意味については、弁護人の役割から刑事弁護制度の意義にわたって多岐に論じられることになるはずである。とくに、被疑者段階の弁護人制度が必要であるといわれ、刑事法学においても、現在、少なからず関心を集めている分野である。そのためこれまでに、比較法的視座から諸外国の動向について、各種の研究もなされてきた。

　一方、国際人権法においては、弁護人依頼権はさまざまな準則等で規定されていることも確認する必要がある。たとえば、被拘禁者処遇最低基準規則第93条では、「未決被拘禁者は、自己の弁護のために、無料の法的援助が可能なところでは、これを求め、自己の弁護を目的として弁護人の訪問を受け、かつ、秘密の指示文書を準備して、これを弁護人に手渡させなければならない」とある。あらゆる形態の拘禁・収監下にあるすべての人の保護のための原則17では、「(1)拘禁された者は、弁護人の援助を受ける権利を有する。その者は、権限ある官憲により逮捕後速やかにその権利を告知され、権利行使のための適切な便益を与えられなければならない。(2)拘禁された者が自ら選んだ弁護士を持たない場合には、司法的正義の利益のために必要なすべての事件において、支払いのために資力が十分でない場合は無料で、司法官もしくはその他の官憲によって弁護士を付される権利を有する」とされている。

弁護士の役割に関する基本原則はさまざまに規定している。たとえば、貧困者および必要があれば他の不利な状況にある人々に対する法律扶助に関する政府の責務、弁護士の職能団体による協力（原則3）、民衆に対して弁護士の重要な役割を知らしめるためのプログラムの推進とその政府と弁護士の職能団体の義務（原則4）、逮捕、拘禁、収監に際しての弁護人の援助を受ける権利の告知（原則5）、法律扶助・国選弁護の権利（原則6）、逮捕、拘禁、もしくは収監後、遅くとも48時間以内に弁護士へアクセスする権利（原則7）、秘密交通権（原則8）、弁護士の自由・独立した活動の保障（原則16）などがある。

本章はこのような国際人権法において理論化されている弁護人の援助を受ける権利について、ケースに基づく判断や国際準則を参照することにより、比較法的素材を明らかにすることとしたい。そして本章では、とくに欧州人権条約との関係において主要な裁判例を取り上げ、その具体的な到達点を示すこととする。もっとも、国際人権法の弁護人の援助を受ける権利については、すでに詳細な研究がわが国でも行われている[1]。本章で扱う欧州人権裁判所の諸裁判例についてもすでに網羅されており、屋上屋を架することをおそれる。そこで刑事手続の理論的側面をより分析すること、弁護人の援助を受ける権利の基本的性格をなお整理すること、とくに欧州人権裁判所の裁判例については弁護人選択権・選任権に関する部分を参考とすることに本章の意義を求めたいと思う。

2　国際人権法における弁護人の援助を受ける権利

(1)　弁護人の援助を受ける権利の基本的性格

国際人権法においては弁護人の援助を受ける権利は基本的権利である。自由権規約第14条3項(b)(d)は、次のように規定する。

　刑事犯罪の責を問われた者は何人も、以下の最小限の保証を完全に平等に受ける権利を有する。
　(b)　自己の弁護の準備のために十分な時間と便益（facilities）を持つこと、

---

[1]　北村泰三『国際人権と刑事拘禁』（日本評論社、1996年）117～183頁。

並びに自己の選択する弁護人と交通すること
　(d)　自己の出席のもとに裁判されること及び自ら又は自己自身の選択する法的援助によって自己を弁護すること、法的援助を有しない場合この権利を告げられること、並びに、裁判のために必要な場合には、十分な支払手段を有さない場合には自己による支払いなしに、法的援助を自己に割り当ててもらうこと

　ここに宣言されている弁護人の援助を受ける権利は、公正な裁判(fair trial)を受ける権利と密接に結びついて保障されている。すなわち、公正な裁判を受ける権利から派生する一権利である。この考え方はとくに珍しいものではなく、アメリカ合衆国の連邦最高裁判所の判例における考え方やイギリスの法律扶助に関する理論的支柱とも符合するものである2)。
　この理論的基礎から導かれる弁護人の援助を受ける権利の法的性格として、国際人権法における理論においても主に次の3点を確認することができる。
　第1に、弁護人の援助を受ける権利とは「実質的に十分な弁護を受ける権利」を意味し、単に弁護人が存在しているだけでは権利保障として十分ではないことを自明のものとしている。ある論者によればこの理由づけは、第1に、当事者に認められる武器対等の原則(equality of arms)からであり、そして第2に、被疑者・被告人には正義のためにはあらゆる便益が認められるということから導かれているとされている3)。たとえば国連規約人権委員会でも、弁護人の援助を受ける権利は有効な弁護を受ける権利であるという考え方が、すでに確立されたものであるといえよう。この点では、参考となる規約人権委員会の判断がある。Vasilskis v. Uruguay事件4)では被疑者・被告人を代理する弁護人が資格を持っていなかったとされ、自由権規約第14条3項(b)(c)(d)違反が言

---

2)　岡田悦典『被疑者弁護権の研究』(日本評論社、2001年)20〜63頁、356〜358頁参照。
3)　R.M.B. Antoine, International Law and the Right to Legal Representation in Capital Offence Cases—a Comparative Approach, Oxford Journal of Legal Studies, Vol.12, 1992, p.288.
4)　Elena Beatriz Vaslskis v. Uruguay (80/1980)(31 March 1983), Selected Decisions of the Human Rights Committee under the Optional Protocol, Vol.2, p.108 , para.9.3；邦訳文献として、宮崎繁樹ほか編『国際人権規約先例集——規約人権委員会精選決定集 第2集』(東信堂、1995年)242頁以下参照。

い渡されている。またMiguel Angel Estrella v. Uruguay事件[5]においても、選任された国選弁護人が検察官のような態度であり、結果として効果的弁護の可能性が否定されたと主張された。これに対し規約人権委員会は、自由権規約第14条3項(b)(d)違反を認めた。これは被疑者・被告人のために弁護人は十分に代弁し、その者の利益を十分に代理しなければならないことを意味しているといえる[6]。

　第2に、弁護人の援助を受ける権利に関する解釈によれば、その権利を意味あるものにするためには、弁護人へのアクセスは拘禁後できるだけ速やかに保障されなければならないということにもなる。ここに被拘禁者の権利が保障されるうえで、弁護人の援助を受ける権利は重要な手段であることを確認することができる。一般に規約人権委員会では、弁護人を選択する権利が拘禁後即座に利用可能でなければならないとされている[7]。

　第3に、理論的には弁護人が付くことになんら障壁がない場合であっても、実際に法律扶助や国選弁護が利用できなければ弁護人依頼権は保障されえない。したがって、弁護人の援助を受ける権利の問題には、必然的に、法律扶助や国選弁護の問題が結びつく。論者によれば、法律扶助のような手段によらなければ弁護人の援助を受ける権利の保障はプロボノ活動に基づく弁護士の良心に依拠せざるをえなくなってしまい、結局のところ、各弁護士に対してかなりの負担を強いることになってしまうであろうと指摘されている[8]。自由権規約第14条は無料の法的援助を受けることを明記しており、実質的な弁護を受ける権利における国家の積極的義務づけがなされているといえる。

(2) 欧州人権条約第6条3項(c)の規定

　前節で述べた3点は以下に述べるとおり、欧州人権条約における弁護人の援

---

[5]　Miguel Angel Estrella v. Uruguay (74/1980)(29 March 1983), Selected Decisions of the Human Rights Committee under the Optional Protocol, Vol.2, p.95, para.1.8；邦訳文献として、宮崎ほか編・前掲注4) 195頁以下参照。

[6]　United Nations, Human Rights and Pre-trial Detention: A Handbook of International Standards relating to Pre-trial Detention, United Nations Publication, 1994, p.22.

[7]　United Nations, op. cit, p.21. 欧州人権条約における被疑者の無料の弁護の保障に関する分析については、北村・前掲注1) 164〜166頁参照。

[8]　R. M. B. Antoine, op. cit, p.285.

助を受ける権利でも基本的に妥当すると評価することができる。むしろ欧州人権条約をめぐる議論は、それをより明確なかたちで表現している。欧州人権条約第6条3項(c)によれば次のとおり規定されている。

「自分で、あるいは、自己の選択する法的援助によって自己を弁護すること、または法的援助に対する十分な支払手段を有さない場合に、司法の利益(interests of justice)によって要請されるときには、無料で弁護人の援助を受けることができる」。

欧州人権条約第6条3項(c)は、欧州人権条約第6条の刑事手続に関する重要な権利群のなかの一角を占めるものである。この権利も第6条1項にある「公正な裁判を受ける権利」から導かれる。そして具体的には、①弁護人の援助を受ける権利、②自分で弁護する権利、③一定の条件の下に無料で弁護人の援助を受けることができる権利の3つを欧州人権条約第6条3項(c)は明記している。

これらの権利の前提として、刑事犯罪で告発されていて自分で弁護することを希望しない者に対しては、弁護人に依頼することができることが保障される。そしてこの権利は公判手続に限られない。上訴手続や公判の公正さを確実にする必要がある場合には公判前手続にも及ぶ[9]。弁護人へのアクセスは、告発後早期に提供されるべきであることも明らかである[10]。それゆえ被拘禁者が弁護の準備を始めたいと欲すれば、できる限り、弁護人との接触が可能とされなければならない[11]。

また3つの権利のなかで、②の自分で弁護する権利については、自分の出席が不可欠であるような手続から被告人が排除された場合にこそ、むしろ問題になるといえよう[12]。たとえば、被告人が別問題のために逮捕・勾留され、その結果、上訴審に出席できなかったような場合である。欧州人権裁判所の裁判例では、これは条約第6条3項(c)違反であるとされた[13]。ここでは自分で弁護

---

9) P. van Djik & G. J. H van Hoof, Theory and Practice of the European Convention on Human Rights, Kluwer Law International, 3rd ed., 1998, p.468.
10) United Nations, op. cit, p.22.
11) P. van Djik & G. J. H van Hoof, op. cit, p.470.

する権利が問われたのである。

　また援助によってのみ、被告人は自己の主張を適切に裁判で検討されることを確保できるという理由から、弁護人が不必要であるかという議論は少なくとも排斥されているといえよう。この点ではスイスに関連する事件がある。被告人は若く、仕事のないイタリア人で、薬物犯罪で訴追されていたという事例である[14]。事案によると被告人には法律扶助を拒否されていた。これに対しては裁判所は欧州人権条約違反であることを判断したのであるが、これは告発の重大性、宣告における幅広い裁量、被告人の個人的条件を考慮したためであった。ここでは法律扶助の可否が絡んでくるわけで、弁護人が必要かどうかにつき、結局のところ実質的な議論においては法律扶助や国選弁護人が拒否されている現状こそが問題にされているといえるであろう。

　そこでより注目されるべきは、③の無料で弁護人の援助を受ける権利が明文化され、国家の積極的な責務が宣言されていることである。各種裁判例も無料の弁護を受ける権利について判断しているが、その文脈から明らかなとおり「司法の利益」が要請される場合には制限なく無料の法律援助を受けることが可能とされている[15]。問題は何が「司法の利益」かという点である。後述するPakelli v. Germany事件[16]では、ドイツ政府は自分で弁護することができない場合にのみ、無料の援助を受けることができるという制限的解釈を主張した。しかし条約の目的とは相容れないとして、この見解は排斥されている[17]。結局、ここでの最大の問題は、「司法の利益」の解釈であった。

　「司法の利益」については、裁判所は2つの基準の採用している。第1に犯罪

---

12)　たとえばKremzow v. Austria事件では、国内法によって被拘禁者には宣告に対する上訴審に出席する権利が、上訴で要求する場合に認められていた。しかし当該被告人はこれを要求できなかった。しかし実質的に拘禁刑の加重される危険性があったために、裁判所は、自己弁護するために出席できるようにさせなければならないと判断し、この義務を遂行しない場合には第6条3項(c)違反になると判断した。このように裁判所に出席する権利は、公正な裁判を受ける権利と関連する問題となっている。Kremzow v. Austria, Series A.268-B (1994); 17 European Human Rights Report (EHRR) 322.
13)　Lara v. Netherland, Series A.297 (1994); 18 EHRR 586.
14)　Quaranta v. Switzerland, Series A.205 (1991).
15)　P. van Djik & G. J. H van Hoof, op. cit, p.472.
16)　Pakelli v. Germany, Series A.64 (1983); 6 EHRR 1.
17)　J. G. Merrills & A. H. Robertson, Human Rights in Europe: A Study of the European Convention on Human Rights, Manchester University Press, 4th ed., 2001, p.126.

の重大性と受ける可能性がある刑罰の重さ、第2に事件の複雑さである。たとえば、スコットランドの事件であるBoner v. United Kingdom事件では、法律扶助を得られなかったことに対して次のように判断された。すなわち、法的争点はさほど複雑ではなかったが、上訴手続では裁判官の裁量権の行使について攻撃するには法的技術や経験が必要とされるとした。そこで、被告人が上訴理由を理解できていても、弁護人が準備しなかったとすれば、法律家のサービスを得ないで裁判所に法的問題点を提供できたということにはならないとした。さらに、上訴裁判所は上訴について幅広い権限を有し、その判断は最終的なものであり、拘禁刑8年ということも鑑みれば問題は重大であるとしている[18]。同様にスコットランドのMaxwell v. United Kingdom事件では、法的論争点はとくに複雑ではないとしつつも、上訴裁判所が広範な権限を持っていること、判断が最終的なものであること、一方で5年の拘禁刑を受けたこととの関連性から法律扶助を受けられなかったことにつき、第6条3項(c)違反を宣言している[19]。

　欧州人権裁判所の判断では、後述するArtico v. Italy事件[20]やPakelli v. Germany事件でもわかるように、弁護人がいなくて済ますことができるという政府側の主張を受け入れない傾向がある。ここに、無料の弁護を受ける権利につき、国側の責務が明確に意識されていると評価することができよう。

3 欧州人権条約第6条と弁護人選択権

　前述した①の弁護人の援助を受ける権利に関する判例を見てみよう。まず、国際人権法において確認されるように、被疑者・被告人にはただ単に法的援助が保障されるだけではなく、有効な法的援助が保障される。欧州人権裁判所は、「裁判所は、条約が理論的あるいは架空の権利ではなく、実践的で効果的な権利を保障する」[21]ということを明言しているのも、この性格を端的に表明して

---

18) Boner v. United Kingdom, Series A.300-B (1994); 19 EHHR 246, para.41.
19) Maxwell v. United Kingdom, Series A.300-C (1994); 19 EHRR 97, para.38. そのほかにも、法律扶助を認めなかったことが、欧州人権条約第6条3項(c)違反とされた事例として、Granger v. United Kingdom, Series A.174 (1990); 12 EHRR 469がある。
20) Artico v. Itary, Series A.37 (1980); 3 EHRR 1.
21) Id. at para.33.

いるといえよう。

　問題は被疑者・被告人と弁護人との関係である。両者の関係が不満足なものである場合には、十分な防御は不可能になるであろう。また、事件の性質や複雑さによっては、十分に弁護活動をできない弁護人もいるかもしれない。このような問題について、欧州人権裁判所の裁判例のなかには、端的に参考とされるいくつかの裁判例が産出されている。

(1)　Artico v. Italy事件

　イタリアに関する事件である。被告人は上訴手続において国選弁護人を求め、国選弁護人が選任された。しかし最初から、国選弁護人は被告人のために行動することを拒否していた。弁護人は別に忙しいことを訴えていて弁護を遂行できないとし、被告人への手紙で被告人に別の弁護士を紹介していた。再三の被告人の要求にもかかわらず、裁判所は代わりの弁護人を選任しようとしなかった。裁判所は国選弁護人が選任を拒否することを法では認められていないとしていた。結果として上訴手続では、被告人は自分で弁護しなければならなかった。被告人は欧州人権条約第6条3項(c)違反を訴えた。

　裁判所はこの問題について、とくに以下のとおり判断した。

　この場合の政府の言い分は、いったん国選弁護人を選任すれば政府の義務は解消され、さらに弁護人を選任することは要求されないという点であった。政府によれば、被告人は代わりを選任しないことに不服を申し立てているわけであって、それは保障されていない権利であるということである。ここで裁判所は、第3項にある無尽蔵の権利群は、刑事手続における公正な裁判を受ける権利の一側面であることを確認し、以下のとおり述べた。

　「裁判所は、条約が理論的あるいは架空の権利ではなく、実践的で効果的な権利を保障するよう意図されていることを思い出している。これは、民主主義社会において弁護を受ける権利を派生させている公正な裁判を受ける権利によって示されている傑出した地位から眺めた場合に、まさに弁護人の援助を受ける権利 (right of defence) にとくにそのことがいえる」[22]。

　このように判断し、条約第6条3項(c)は「援助 (assistance)」という言葉を宣

---

22)　Ibid.

言し「指名(nomination)」という言葉を宣言していないし、単なる指名だけでは効果的な援助(effective assistance)を保障したことにはならないと判断した。弁護人が死亡していたり、重病であったり、長期間活動していなかったり、義務を怠っているような状況がわかった場合には、関係諸機関はその弁護人の代わりを据えるか、義務を遂行させるようにしなければならないとした。最終的に、「政府により制限的解釈を採用することにより結果として不合理となり、(c)の言葉と第6条の全体としての構造からは許容できないことになるであろう。多くの事例において、無料の法的援助は価値のないものとなるであろう」[23]とした。

　本件のような場合には、最初から被告人は弁護人のサービスによる利益を受けていなかったのであり、弁護人も最初から行動できないと表明していたのであるから、被告人は効果的な援助を受けることができなかったとした。このように国選弁護人を交代させることができなかったことにつき、欧州人権条約第6条3項(c)違反であると結論づけたのである。

　この事例は、仮に被告人と国選弁護人との関係が不満足になるものである場合には、条約は新しい弁護人の選任を政府に要求するかどうかという問題であった。国選弁護人の場合で、たとえばその弁護人が忙しく十分に活動することができないような場合に、政府は1人めを選任するだけで義務が尽くされるのかどうかという問題は、国選弁護制度や法律扶助制度のような場合にこそ問題になる。Artico v. Italy事件では、政府は1人めの選任だけでその義務が尽くされるという考え方が否定されたわけである。

(2)　Pakelli v. Germany事件

　法律問題を争う上訴の代理のために、国選弁護人を選任することをドイツ連邦最高裁判所が却下したことについて、被告人は不服を申し立てた。その申出によれば、このことは欧州人権条約第6条3項(c)に違反し、公正な裁判を受ける権利を定める第1項に違反するという。

　公判時に被告人は十分に法的援助のための支払手段を持っていなかったとされた。具体的には、代理されない被告人は、自己の法的議論を上訴で発展さ

---

23)　Ibid.

せる機会を奪われ、検察側の主張を論駁する機会を奪われたとされた。そして、弁護人によるサービスなくしては、被告人は有効に法的問題を審査してもらうよう働きかけることはできなかった。したがって司法の利益により、被告人は連邦最高裁判所の審問に対して法的援助を認められることが要請された。このようにして、この事例では人権条約第6条3項(c)違反が認められた。この判断の前提において、次のように述べられている。

「犯罪で告発されている者には、自分で防御することを望まない場合には、自己の選択する法的援助について依頼することができなければならない。仮にその者がその援助に対して支払う十分な資力を持っていない場合には、条約の下、その者には無料でそれが与えられなければならない」24)。

以上のように上訴段階における無料の弁護を受ける権利が、ここでは問題とされたことになる。ここではもともと無料で弁護を受ける場合には、弁護人選択権は認められないと考えられていたのにもかかわらず、この裁判例がフランス語のetの語句を利用して、2つの権利の複合性を認めたことが重要であった25)。そこでこの事例につき、「選択」の問題につき直接には結びついていないけれども、たいへんに示唆的であると指摘するものもある26)。

(3) Kamasinski v. Austria事件27)

ドイツ語を理解できない被告人は、オーストリアにおける刑事手続で、公正な裁判を受けることができなかったと申し立てた。ここでは、第一審における通訳を受ける権利も問題となったが、事件の準備と公判活動において国選弁護人による法的援助が不十分であったことも争われた。ここでは、以下のような判断が下された。

単なる法律扶助による弁護人の選任だけでは、必ずしも欧州人権条約第6条3項(c)の要請を満たしたことにはならない。しかし加盟国は、法律扶助に基づく弁護人のすべての欠点について責任を持つことはできないと判断し、次のように示した。

---

24) Pakelli v. Germany, Series A.64 (1983); 6 EHRR 1, para.31.
25) Ibid.
26) R. M. B. Antoine, op. cit, p.292.
27) Kamasinski v. Austria, Series A.168 (1989); 13 EHRR 36.

「加盟国からの法律職業の独立性（independence）があるため、防御行為は、本質的に被告人と弁護人の問題であり、それは弁護人が法律扶助制度に基づき選任されているか、個人的に資金を負担しているかにかかわらない。裁判所は委員会に同意し、法律扶助による弁護人が効果的な代理を提供できないことが明らかであるか十分に注目を引く場合に限り、条約第6条3項の下、権限ある国内官憲が介入することを要請されるとする」。

本件ではArtico v. Italy事件とは異なり、弁護人はその能力の範囲内で行動していることが重視されたといえる。そのため弁護人の独立性が明確に述べられており、一方で裁判所がなんらかの積極的ふるまいをすることに注意を促している。そしてとくに問題がある場合にのみ、裁判所の役割を認めている。このような判断枠組みにおいて、オーストリア官憲は第一審における公判前、公判中の被告人の法的代理について介入すべき根拠を持っていたと示す十分な証拠がなかったと判断したのである。

(4) Croissant v. Germany事件[28]

この事件では2人の弁護人によって被告人が代理されていたが、さらに弁護の準備のために3人めの国選弁護人を要求したところ、裁判所が別の弁護人を選任したという事例がある。この事例では、3人めに選任された弁護人を自分が選択した弁護人ではない、その弁護人を信頼していないとして、被告人がその弁護人を拒否したという事件であった。

裁判所は次のような判断を示している。第1に、裁判所は弁護人の選任につき、その数に関する被告人の見解に十分に配慮するべきであり、弁護人の数について被告人の希望に反する選任をした場合には、その選任が関連性と十分な正当性に欠けているとすれば、公正な裁判を受ける権利の理念と両立しないとして、被告人の希望に対する一定の理解を示している[29]。第2に、弁護人と依頼者との信頼関係を重要だとしながらも、その権利は絶対的ではないとする。しかし、次のように判断している。すなわち第3に、3人めの弁護人について、自己の選択する弁護人によって弁護される権利は、一定の限界を無料の法律扶助との関連性で持つとする。しかし弁護人の選任時には、以下のよう

---

28) Croissant v. Germany, Series A.237-B (1992); 16 EHRR 135.
29) Id. at para.27.

に国内裁判所は被疑者・被告人の希望を考慮しなければならないとした。

「1人以上の弁護人の選任は条約にそれ自身一貫していないわけではない。そして、司法の利益から特定の事件では要求されることが実際にありうるであろう。しかし、とくに有罪判決後には原則として費用を負担することになっているドイツのようなところでは、複数の弁護人を指名する前に、数について必要とされるのと同じく、裁判所は被告人の希望に注意を払うべきである。被告人の希望に反するような選任は、評価に対する適切な限界を考慮に入れたとしても、関連する十分な公正さにそれが欠けているとすれば、第6条1項の公正な裁判を受ける権利の概念に両立しないことはない」30)。

ただしその希望は、司法の利益から必要とされる場合には無視されることもありうるとしている31)。

ここで問題となったのは、法律扶助で付く国選弁護人のような場合に、被告人の希望が考慮されるかどうかである。欧州人権裁判所はドイツの制度的側面も考慮に入れながら、司法の利益からその必要性を支持する十分な理由がある場合には、その希望を十分に考慮すべきであると明言している。この判断の理論的基礎には、依頼者と弁護人との信頼関係に重きが置かれ、それが明言されていることにある。

(5) 小括

以上の4つの事例は、弁護人の援助を受ける権利に関する基礎的な事例であるといえよう。ここでは弁護人選択権が絶対的権利として認められているわけではないが、参考になる議論が展開されている。たとえば、Artico v. Italy事件は、政府が単に弁護士を付けるだけで何もしないままでは十分ではない場合があることを確立した事件である。ここでは弁護人が交代する場合における国家の責務を明言している。しかしこの判断は、弁護人を最初に選任する段階の問題ではない。この点でPakelli v. Germany事件は国選弁護人の場合の被疑者・被告人の選択権の問題に示唆的な判断であると指摘されているものの、なおその判断は明確ではない。一方、Kamasinski v. Austria事件で裁判所は介入の度合いを考慮し、弁護人の独立性をも考慮に入れながら、その責任を被疑

---

30) Ibid.
31) Ibid. para.29.

者・被告人側にまずは委ねているといえよう。しかし、弁護人選択権については、絶対的な権利として保障されるまでには至っていないが、一定程度、被疑者・被告人の希望を考慮する判断がなされている。このことは人数や弁護人の選任において被疑者・被告人の希望を十分に尊重すべきであるという主張を、Croissant v. Germany 事件で確認することができる。

有効な弁護を受ける権利の保障という観点からは、アメリカ合衆国やイングランド・ウェールズのように、上訴理由において不十分な弁護がいかに考慮されるかという問題がある[32]。欧州人権条約第6条3項(c)をめぐっても、結局のところ同様の申立がなされている。しかし問題は少し異なった側面から議論されている。すなわち、前述の国々でなされているような判決の妥当性が問われるという側面よりも、被疑者・被告人の希望が弁護人の選任にどのように反映されるのかという側面を議論しているからである。そして弁護人の選任手続にどのように対処するべきか、弁護人の交代が認められるのかという問題に、真正面から取り組んでいるからである。

4 わが国の手続法理論への示唆

以上のように、国際人権法における弁護人依頼権を概観してきた。これらからわが国の手続法において、いかなる示唆が得られるのであろうか。わが国でも、接見交通権や被疑者国選弁護制度の必要性などにおいて、すでに研究がなされてきたところである[33]。ここでは若干の整理を試みたいと思う。

まずは、弁護人の援助を受ける権利という視点の提供が挙げられよう。それは被疑者・被告人の権利としての側面に光が当てられることになり、そこでは自ずと被疑者・被告人があくまでも手続の主体として存することを前提とした手続理論を導き出すことが可能である。わが国においては、このような視点は、案外、見捨てられがちである。とくに接見交通権をめぐっては捜査の必要性との調和が指摘されるほどであるが[34]、このような発想は弁護人の援助を

---

32) 岡田・前掲注2) 28〜41頁参照。
33) 最近のものとして、若松芳也・柳沼八郎編『新接見交通権の現代的課題――最高裁判例を超えて』(日本評論社、2001年)参照。
34) 最判決平11(1999)・3・24最高裁判所民事判例集53巻3号514頁参照。

受ける権利の視点からは容易に導き出されえない。

　次に、被疑者・被告人の権利としての側面に光が当てられるとすれば、被疑者・被告人と弁護人との関係こそが、議論の中心になる。この観点においては、端的に弁護人選択権、ないしは弁護人指名権といった可能性を含めた弁護人選任権論に影響を及ぼす。欧州人権条約の諸判例はそのことを物語っている。もっとも問題はそれだけではなくて、弁護士の役割もそこから検討されることになる。言い換えれば、あくまでも依頼者の利益に行動することこそが弁護人の職務と考えられるわけであり、弁護人の独立性も弁護人が依頼者の利益を考慮するからこそ、尊重されなければならないということになる。この視点からすれば、たとえば事案の真相のために弁護活動が制限されるといった議論が導き出される余地はない。依頼者の利益のために行動することとは何かといったことこそが問われるという必然性を生む。

　また、とくに無料の法的援助を受ける権利を通じて、弁護人の援助を受ける権利における国家の義務を真正面から認めていることも挙げられよう。ここからは、第一に、弁護人の援助を受ける権利こそ公正な裁判にとって必要不可欠の前提であり、その権利を十分に保障しなければ、その正当性が問われるという認識が生み出される。その考え方の帰結には、弁護人の援助を受ける権利を十分に保障する義務は国家にも存するということであり、それが保障されないとすればその責任は国が負うという帰結である。それゆえ、単なる弁護人の弁護活動だけが個別に考察されてはならないことになる。その視点だけからすれば弁護の問題が矮小化されてしまいかねないであろう。欧州人権裁判所の事例でも、個々の弁護人の活動が問われているわけでは必ずしもない。手続的問題に真正面から取り組み、判決を破棄するといった責任を問えるかどうか、まさに国の責務の問題として問われているわけである。

　無料で弁護人の援助を受ける権利が真正面から認められ、国家の責務が明らかにされていることから、国の責務という観点はさらに明瞭になる。十分な法律扶助の支出の背後には、弁護人の援助を受ける権利の手厚い保障と、権利保障に対する国の責任の認識というあるべき姿を見ることができる。わが国ではむしろこのことこそが、いま一番に問われなければならないことである。

5　むすび

　弁護人依頼権は公正な裁判を受ける権利の一側面であり、より実質的な権利として保障されなければならないことが前提となる。その基本的理由は、当事者間に武器対等の原則があること、被疑者・被告人には正義のためのあらゆる便益を与えられることである。各当事者には自己の主張を唱える機会が与えられなければならず、対等性のゆえに相手方の主張について反論する機会が与えられなければならない。公正な裁判の脈絡では、資金的に不利な状況にある者には自分で支払える者と同様に有効な法的援助を提供されることを意味する。

　この前提の下に弁護人と被疑者・被告人との信頼関係、選任権における被疑者・被告人の希望をどのように尊重すべきか、別の弁護人を選任する責任があるのかという問題について、欧州人権条約の議論は新たな展開を示している。少なくとも被疑者・被告人の希望ができる限り尊重・考慮され、自ら選任した弁護人の援助を奪われてはならないという方向性を裁判例の理論はめざしているといえるのではないだろうか。この点についてはわが国においても議論が十分になされていない領域であるだけに、注目される展開である。

第3章
国際人権法と接見交通権・再考
欧州人権裁判所判例からの示唆

●北村泰三

【国内法】日本国憲法34条、37条3項、38条1項、刑事訴訟法39条、81条
【国際人権法】自由権規約14条3項、欧州人権条約6条1項、3項(b)等

1 はじめに

　被疑者と弁護人との接見交通の問題は、わが国戦後の刑事訴訟手続をめぐる議論において重要な位置を占めてきた。かつて、検察当局により一般指定制度が行われた時期もあったが、廃止され、自由な接見が可能な状況になってきた。その背景には、国賠訴訟の活用により接見の権利の確立を追求してきたこと、日弁連と法務省との両者協議が進行してきたこと、および当番弁護士制度の普及などによる起訴前弁護活動の活性化等が考えられる。さらに、それらの動きは、わが国の刑事手続法に関する国際的注視と、これらを踏まえて現状を変革しようとする法曹実務家の意識の覚醒によって支えられてきたともいえる[1]。

　しかし、依然として接見時間の制限や場所の指定などの問題があり、刑訴法第81条を根拠として罪証隠滅の防止等を理由とする接見制限が行われるといった事態も生じている。これらの実態について、多くの接見国賠事件が提起されてきたが、1999（平成11）年3月24日に、最高裁大法廷は、安藤・斎藤両弁護士の接見交通権侵害による損害賠償請求上告事件につき、刑訴法第39条3項は、憲法第34条、第37条3項、第38条1項のいずれにも違反しない旨の判決を言い渡した[2]。

　論ずるまでもなく、弁護人との接見の権利は、憲法上および国際人権法上保

---

1) このような取組みの成果として次の文献を参照。日本弁護士連合会編『国際人権規約と日本の司法・市民の権利』（こうち書房、1997年）。

障される権利であり、被疑者、被告人の基本的な人権であると同時に、公正な裁判の要請を確保するために、最善のかたちで確保されるべき権利である。その意味では、接見の権利の保障は、あらゆる状況下で保障されるべき絶対的権利であるとまでは断定することはできないかもしれないが、最大限確保されるべきものである。

　かつて筆者は、国際人権法の解釈では一般的には自由な接見が基本原則であり、制約を認める余地があるとするならばその理由は「公の安全と秩序」の確保という点だけであり、かつその概念はごく例外的かつ狭義に理解されると論じたことがある3)。その後、わが国の裁判所でも国際人権法についての解釈が示されるようになったが、そうした理解とはかなり異なる判断を示しているように思われる。

　そこで、以下では、刑訴法第39条2項、3項や第81条で認められている「罪証隠滅のおそれ」や「捜査の必要性」という理由に基づく接見制限が、国際人権法によって認められる接見制限の範囲と一致し、調和するものであるのかどうか、さらにはこの権利が逮捕直後の被疑者段階からの権利といえるかどうかなどの問題について、最近の欧州人権裁判所の判例を手がかりとして論じてみたい。これにより、最高裁の判決に対して批判的な分析の結果が抽出され

---

2) 最大判平11 (1999)・3・24民集53巻3号514頁、判例時報1680号72頁、判例タイムズ1007号106頁。最高裁判決の批判的な評価については、柳沼八郎・若松芳也編著『新接見交通権の現代的課題』(日本評論社、2001年) を参照。本書中で、五十嵐二葉弁護士は「日本刑訴39条は国際法違反である」との論文を掲載している。福井厚「接見交通権に関する最高裁大法廷判決を読んで」季刊刑事弁護20号 (1999年) 10〜18頁、特集「接見交通権を確立するために」季刊刑事弁護26号 (2001年) 16〜93頁、村岡啓一「刑事手続 接見交通権問題にコペルニクス的転回はあるか——安藤・斎藤事件最高裁大法廷への論点回付を受けて」法学セミナー44巻3号 (1999年) 22〜25頁、特集「取調べと接見交通権」現代刑事法2巻5号 (2000年) 5〜57頁、特集「接見交通権の確立をめざして——被疑者に弁護人の実質的援助を」自由と正義50巻2号 (1999年) 108〜143頁等参照。
3) 刑訴法上の議論については、渡辺修「『接見禁止』の法的限界」法律時報69巻12号 (1997年) 47頁。また、国際人権法上の「公の安全と秩序」とは、欧州人権条約第15条および自由権規約第4条に定めるような「公の緊急事態」、すなわち戦争、内乱およびそれに準ずる国家的騒擾状態をいうと考えられる。それに該当するのは、たとえば、民主的社会の存在が危機に瀕しているような戦争、内乱などの場合のほか、現に監獄内で暴動が発生していたり、火災、大地震が発生したさなかのような真に例外的状況であろう。最近の論考として、寺谷広司「国際人権の逸脱不可能性——国際人権諸条約におけるデロゲートできない権利に関する一考察 (1〜6・完)」国家学会雑誌112巻 (3・4)、112巻 (9・10)、112巻 (11・12)、113巻 (3・4)、113巻 (7・8)、114巻 (5・6) (1999〜2001年)。

るであろう。

2 国内判例の問題点

　わが国では刑訴法（とくに第39条3項）が、自由権規約第14条3項(b)（「防御の準備のために十分な時間及び便益を与えられ並びに自ら選任する弁護人と連絡する」権利）および(d)（直接に又は自ら選任する弁護人を通じて、防御する権利）に一致しないとして争われてきた。これまでの判決では、そうした主張そのものを排除してはいないが、規約違反の主張を斥けている。たとえば、上田事件控訴審判決では「普遍性を有する人権問題についての国際的動向に留意する必要がある」と認めながらも、自由権規約第14条3項(b)はわが刑訴法第39条1項と同趣旨の規定と解することができると述べる[4]。問題は、同条項にいう弁護人と連絡する権利の制約が絶対的に許されないかどうかであるが、原告の引用する関連決議等においても、一定の制約が課されることを予定している文言が含まれているところであるとし、「刑訴法39条3項について先に検討したような限定的な解釈をとって捜査機関の便宜のためのみの制約を許さず、被疑者の防御の準備をする権利を不当に制限することがない範囲で接見交通権についてやむをえない必要最少限度の制約（その第一次的判断権を捜査機関に与える点を含む。）を設けることは、同規約に違反しない」と述べている。また、内田事件控訴審判決では、わが国の接見制度は、刑訴法第39条3項の但書により、「(自由権)規約14条3項(b)に沿う形になっており、接見指定が、あくまでも必要やむを得ない例外的措置であると解釈されるので」、当該規約条項に違反しないと判示した。また、同判決では規約第14条3項(d)については被告人に関する規定であることが明らかであるともいっている[5]。

　さらに、前述の最高裁大法廷判決では、刑訴法第39条の立法趣旨、内容に照らすと、捜査機関は、弁護人等から被疑者との接見等の申出があったときは、原則としていつでも接見等の機会を与えなければならないのであり、同条第3項本文にいう「捜査のため必要があるとき」とは、上接見等を認めると取調べの中断等により捜査に顕著な支障が生ずる場合に限られ、右要件が具備され、

---

[4] 福岡高判平6（1994）・6・21判例タイムズ874号147頁。
[5] 東京高判平6（1994）・10・26判例時報1519号91頁。

接見等の日時等の指定をする場合には、捜査機関は、弁護人等と協議してできる限り速やかな接見等のための日時等を指定し、被疑者が弁護人等と防御の準備をすることができるような措置をとらなければならないものと解すべきである。しかしながら、弁護人等から接見等の申出を受けたときに、捜査機関が現に被疑者を取調中である場合や実況見分、検証等に立ち会わせている場合、また、間近いときに上取調べ等をする確実な予定があって、弁護人等の申出に沿った接見等を認めたのでは、上取調べ等が予定どおり開始できなくなるおそれがある場合などは、原則として上にいう取調べの中断等により捜査に顕著な支障が生ずる場合にあたると解すべきであるとして、原則いつでも接見が保障されるといいつつも捜査側の必要性に譲歩した判断を示した。よって、刑訴法第39条3項は、憲法第34条、第37条3項、第38条1項のいずれにも違反しないとの結論を導いていた。

　最高裁判決は、自由権規約の解釈にはなんら言及していないけれども、かなり広範な制限理由を捜査側に認める趣旨であり、接見交通権が憲法上の権利であると認めつつも、総体的に見て、身体拘束中の被疑者取調べの危険性、接見交通の現実的必要性に関する理解が不十分である。そうした立場は、国際人権法の要請に合致しているとも思われない。

　また、自由権規約との関係に言及している下級審の判例の論理にはいくつかの疑問がつきまとう。

　第1は、規約第14条3項(b)の解釈として許容しうる接見制約の範囲をとくに検討せずに、やや短絡的に刑訴法第39条3項と同趣旨だという結論を導いている点である。国内法の規定が規約の趣旨に一致しないという主張を斥けるならばその根拠を提示する必要があるはずだが、判決は具体的な説明を欠いている。

　第2に、接見に関する自由権規約の直接規定は第14条3項(b)ではあるが、同じく防御の権利を規定する同条3項(d)(「自ら出席して裁判を受け及び、直接に又は自ら選任する弁護人を通じて、防御すること」。以下、略)の規定が被告人の権利だというのは、条文の日本語訳に拘泥した理解であって、条約の解釈に関する基本原則を踏まえたうえでいっているかどうか疑問と思われる。

　第3に、国連総会が採択した「被拘禁者保護原則」、自由権規約人権委員会の「一般的意見」(General comment)、および報告審査に際して加盟国に与えられ

る最終見解等の評価が必ずしも十分でないことである。確かにそれらは、「条約としての拘束力」を有するものではないが、国連加盟国の法的信念の具体的証拠として憲法第98条2項にいう「確立された国際法規」(国際慣習法)としての意義づけを検討したり、規約人権委員会による一般的意見や最終見解の内容を斟酌する必要がある。いずれにしても、わが国の判例は国際的な条約解釈基準に即して十分に規約の解釈を吟味することなく、断定的に規約第14条と刑訴法とは抵触しないと論じているにすぎない6)。

　では、このようなわが国の判例に対照して、国際人権法上の接見交通権はどのように理解されているのだろうか。

3 欧州人権条約の判例

(1) 欧州人権条約第6条

　欧州人権条約(以下、「条約」という)は、欧州審議会(または「評議会」ともいう、英語ではCouncil of Europe)を母体に西欧諸国間の地域的人権条約として1950年に採択され、1953年に発効した。冷戦の終焉後は、中・東欧諸国だけでなく、旧ソ連の諸国も含む地域的人権条約に発展している。また、条約の実施機関として従来は人権委員会と人権裁判所の2機関を中心とした制度であったが、1998年11月の第11議定書の発効後は、人権委員会を廃止して、統一的な人権裁判所が実施機関として機能している。人権裁判所は、個人から直接的に提訴を受け、判決は当事国を法的に拘束する。判決を通じて締約国の国内法を条約レベルに一致させる役割を果たしている7)。判例法を通じて、欧州の共通の人権基準を形成する推進役である。

　同条約第6条の被告発者(accused)の諸権利として、第1項では「すべての者は、その民事上の権利および義務の決定または刑事上の罪の決定のため、法

---

6) 国際人権法の性質、法源、解釈原則等については、北村『国際人権と刑事拘禁』(日本評論社、1996年)の第1章から第3章までを参照されたい。国際人権11号(2000年)は、「特集 国際人権条約の解釈——条約機関の意見・見解の法的意義」と題して、次の諸論文を掲載している。戸田五郎「欧州人権裁判所による欧州人権条約の解釈」(16〜20頁)、建石真公子「フランス国内裁判所における人権条約の解釈と適用」(21〜29頁)、中井伊都子「カナダの裁判所における人権条約の役割」(30〜33頁)、横田耕一「座長コメント」(41〜42頁)、武村二三夫「弁護実務の立場から」(43〜46頁)も参照。

律で設置された独立かつ公平な裁判所による妥当な期間内の公正な公開審理を受ける権利を有する(以下、略)」と定める。

同条3項は、「刑事上の罪に問われているすべての者は、少なくとも次の権利を有する」として、弁護人依頼権を規定する。問題としている接見交通については、「防御の準備のために十分な時間および便益を与えられること」(第6条3項(b))と「直接にまたは自ら選任する弁護人を通じて防御することまたは弁護人に対する十分な支払手段を有しないときは、司法の利益のために必要な場合には無料で弁護人を付される」権利(同3項(c))を定めている。

そもそも欧州人権条約も自由権規約も国連の世界人権宣言を共通の母胎としてできた条約であるから、この規定は、自由権規約第14条3項と類似している。ただし、規約とは異なり「自ら選任する弁護人と連絡する権利」(第14条3項(b))とは規定していないが、人権裁判所は従来から条約第6条の規定は、弁護人との接見の権利を含むものと解釈している。こうした諸点に関する欧州人権裁判所の判決は、ほぼ同趣旨の規定を置く自由権規約第14条の解釈にも「一定の比重」を含んでいると考えられるので、わが国でもこれらの判例を検討する意義がある[8]。

(2) 判例の検討

被疑者と弁護士との接見に関して注目すべき判決として、John Murray事件判決をはじめとするいくつかの判決がある。これらの事件は、いずれもカトリック系住民とプロテスタント系住民との間の北アイルランド紛争に対処す

---

7) 欧州審議会は、ヨーロッパの統一という目的を掲げて、1949年5月5日に創設された。この目的を達成するために、経済・社会・文化・科学・法律・行政・人権の分野で、条約を締結したり、加盟国で共同の行動をとっている。中心機関としては、加盟国間の閣僚委員会(Committee of Ministers)、議員総会(Parliamentary Assembly)があり、閣僚委員会は、人権裁判所の判決の履行監視にあたる。主として経済、政治的な統合をめざす「欧州連合」(European Union、15カ国で構成)とは別の機関である。日本は、1996年以降、カナダ、アメリカ合衆国、メキシコ、バチカン市国などと並んで閣僚委員会との間でオブザーバーの関係を有している。詳しくは、F.スュードル著・建石真公子訳『ヨーロッパ人権条約』(有信堂、1997年)を参照。欧州人権裁判所の統計的資料や最近の判例等は、インターネット上の同裁判所サイト(http://www.dhcour.coe.fr/)において確認することができる。

8) 自由権規約解釈に際して欧州人権条約に「一定の比重」を認めた例として、徳島地裁受刑者接見国賠訴訟(詳しくは、本書第3部第1章参照)がある。金子武嗣「ヨーロッパ人権条約と日本の国内判例」国際人権12号(2000年)41〜44頁。

るため、英国が非常事態特別法を施行している状況下で起こった事件である。本件判決では、テロリスト容疑者に限って逮捕後48時間以後に弁護人との接見を遅延させることを認める北アイルランドの緊急特例法が、同条約第6条3項(c)との関連において同1項に違反するとの判断を示した。以下、判決の内容について具体的に紹介する。

(a) John Murray v. United Kingdom事件[9]

申立人John Murrayは、1990年1月7日に警察がベルファスト市内にあるアイルランド共和国軍(IRA)のアジトを捜索したとき、密告者とおぼしき人物の監禁現場に居合わせたところを現行犯逮捕された。逮捕直後同人は、弁護士(solicitor)との接見を求めたが、警察官の判断により48時間以内の接見が許可されなかった。1987年北アイルランド(緊急条項)法では、逮捕後に被疑者から弁護人との接見要求があった場合、警察官の判断により破壊活動等の捜査のために必要な限りで48時間が経過するまで接見を延引させることができる、という規定が設けられていたからである[10]。

同法第15節は、破壊活動条項に基づき、警察に勾留されている者は、弁護人との秘密のかつ迅速な接見が認められると定める。しかし、警察官は、勾留中の者が接見を求めた場合、その権利の行使が次の場合に該当すると信ずべき合理的な理由がある場合には、逮捕後最大限48時間経過するまで接見の延引を認めることができると定めていた。具体的には、(d)犯行に関する情報収集、テロ行為の準備または教唆への関与に至る場合、(e)いずれかの者にとくに注意を払うことによって、(i)テロ行為を防止すること、(ii)テロ行為の実行、準備または教唆に関連するいずれかの者の逮捕、訴追または有罪の決定を確保することがいっそう困難になるような場合、と定める。ただし、延引は警視以上の地位にある警察官によって承認されなければならず、また被勾留者は延引

---

9) John Murray v. the United Kingdom, 1996年2月8日判決。Series A. 300; European Human Rights Reports (EHRR), vol.29-1, 1996, p.29. 判決については以下を参照。Brice Dickson, The Right to Silence and Legal Advice under the European Convention, European Law Review, vol.21, 1996, p.424. Roderick Munday, Inferences from Silence and European Human Rights Law, Criminal Law Review, June Issue 1996, p.370.
10) 北アイルランドにおける弁護権の問題とその背景については、次を参照。Martin S. Flasherty, Interrogation, Legal Advice, and Human Rights in Northern Ireland, Columbia Human Rights Law Review, Vo.27-1, 1995.

の理由を告げられなければならないとも定めていた。

　申立人は、48時間の経過後、弁護人と接見したときには黙秘を維持するよう助言され、裁判中も黙秘を通した。その結果、黙秘権の行使が有罪の可能性を生じさせると定める北アイルランド刑事証拠令（Criminal Evidence Order）に基づき、不法監禁幇助および教唆の容疑により懲役8年の有罪を宣告された。

　そこで申立人は、上記関係法の規定は、無罪の推定を受ける権利および弁護人との接見の権利を制限するものであり、条約第6条1項および3項(c)に違反するなどと主張して人権委員会に申し立てた。ほかにも、英国の他の地域とは異なり、北アイルランドでは取調時の弁護人の立会いが認められない点で条約第14条（法の下の平等）に違反するとも主張した。人権委員会は、黙秘権の行使が有罪の推定を結果させる点で無罪の推定を受ける権利を侵害するという主張については条約違反としなかったが、弁護人との接見に課せられた制限は条約第6条3項(c)との関連において第6条1項に違反するとの意見を公表した。その後、申立人と英国政府の双方が人権裁判所に付託した。

　1996年2月8日の人権裁判所の判決では、黙秘権の行使が有罪の推定を結果させるか否かの点については第6条1項違反を認めなかった（14対5）。しかし、逮捕後48時間にわたり弁護人との接見を認めなかった点は、条約第6条3項(c)に違反すると判示した（12対7）。

　まず問題は、第6条3項(c)の防御権に含むとされる接見の権利が、警察の取調段階から適用するかどうかである。英国政府は、被疑者段階から適用することについては真正面から争わなかったが、48時間の接見の延引が申立人の防御権に対して不利に作用したわけではないと主張した。この点につき判決は、過去の判例[11]に鑑みて条約第6条が警察による取調段階から適用するとした。すなわち、「第6条（とくに3項）は初期の警察による取調べの段階で、条約の規定に従わなかった場合には公正な裁判が重大な危険に瀕するという限りにおいて、事案が裁判所に提訴される以前にも関連性を有しうる」という。とくに国内法が、警察の取調べの初期段階で、（事後の刑事裁判手続における弁護の今後の方針に決定的な場合がある）被疑者の態度に対して結果を付与するこ

---

11)　前掲注9)判決パラグラフ65。

とがある。そのような場合、第6条は、被疑者がすでに警察の取調べの初期段階で弁護人の援助を求める便宜を認められなければならないことを要求する。ただし、この権利は、条約中に明示的に定められていないので、十分な理由がある場合には制限に服させることができる。個別具体的な状況において、十分な理由があるかどうかを検討しなければならないとする。

　政府側は、本件接見の制限が合法的権限の行使であったことを主張する。すなわち、「警察は接見の権利の行使が破壊行為の実行に関する情報収集への干渉となり、かかる行為の予防を困難とさせたと信ずべき合理的な理由を有していた」とする。判決は、申立人が接見を制限されたことについて訴訟を起こしてまで異議を主張しようとしなかったし、接見制限は合法的措置であることを疑うべき理由はないと認める。しかし、そのことは考慮すべき重要な要素ではあるが、「合法的に行われた制限であっても、ある種の状況では、被告発者から公正な審理の機会を奪うことがある」とした。

　以上の検討から判決は次のように結論を導く。「当法廷は、当該命令に規定された制度の下では、被疑者が初期の警察による取調段階において弁護人に対する接見の権利を有することは、防御権にとって至高の重要性（paramount importance）を持つものであると考える。このような事情では、当該命令の下で被疑者は、自己の弁護に関して深刻な窮地に遭遇することになると思われる。もし黙秘を通そうとするならば命令の規定に従って不利な推定を招くことになりうる。他方で被疑者は、取調べの過程で黙秘をやめるならば、必ずしも自己にとって不利な推定の可能性を排除できないので、弁護の機会を害する危険を冒すことになる。したがって、かかる条件下では第6条に含まれる衡平の概念により、被疑者は初期の警察取調べの段階から弁護人の援助を受ける利益を有することが求められる。したがって、逮捕後48時間以内の警察による取調べの期間中、弁護人との接見を拒否することは、そのような拒否の正当化理由がいかなるものであれ条約第6条に基づく被疑者の権利と一致しない」とする12)。

　さらに政府側は、第6条に基づき接見の権利の侵害を訴えるためには、もし申立人が弁護人と早期に相談することが可能であったならば、実際とは異な

---

12)　前掲9)判決パラグラフ66。

るように行動したであろうという点が明らかにされなければならないと主張した。しかし、判決は、このような仮定の事実について判断することを避けた。かくして、条約第6条3項(c)との関連において第6条1項の違反があったと結論づけ、英国政府に訴訟費用の負担を命じたのである[13]。

なお、申立人は警察の取調べの際に弁護人立会権が認められていないことも条約違反であると主張していたが、判決では、接見の拒否に問題を絞って検討し、立会いの権利については踏み込んだ判断を避けた。これは、各事案の焦点を絞って判決を下すという人権裁判所の方針によるものである。

以上の多数意見に対して、英国選出のフリーランド卿ほか7名の裁判官が反対意見を述べた。反対意見も一般的には被疑者が警察による初期の取調べの段階から弁護人の法的助言を得る権利を保障すべきことについて異論を主張したわけではない。これらの意見は、本件において接見の延引が現実に申立人にとって不利益に作用したことが証明されなければならないと主張し、申立人はその点について十分な証明をしていないと述べていた。

他方で、多数意見は黙秘権の行使が有罪判決を結果させたことについては条約第6条違反を認めなかったが、アイルランド選出の判事を含む5名の意見が、条約違反を肯定する意見を述べていた点も注目される。

(b) Magee v. United Kingdom 事件[14]

同様に英領北アイルランドにおけるテロ防止法によって逮捕された申立人の事件としてMagee v. United Kingdom 事件の判決がある。申立人は、1988年12月16日に爆弾テロ容疑により逮捕され、ベルファスト近郊のカースルレー（Castlereagh）警察署に勾留された。逮捕の後、直ちに弁護士との面会を要求したが、前述の1987年北アイルランド法により48時間以内の接見が不許可とされ、その間、警察官による暴行と尋問が繰り返し行われた結果、意図せざる自白に追い込まれ、12月19日には爆発物を所持し仕掛けようとした容疑により起訴され、1991年1月11の判決により懲役20年の有罪を宣告された。申立人は、さらに控訴審で争ったが、敗訴した。そこで申立人は、欧州人権条約第6条1項および3項(c)に違反するとして、欧州人権裁判所で争った。

---

13) 前掲9) 判決パラグラフ70。
14) Magee v. United Kingdom, Application No. 28135/95, Judgement of 6 June 2000, European Human Rights Report, Vol. 31, p.822.

人権裁判所は、2000年6月7日の判決において、「本件の事情の下では、申立人は、手続的公平の問題として、彼の意志を挫き、自白させるために工夫された威圧的な状況とのつりあいを保つためには、初期の取調段階から弁護士との接見が認められるべきであった」と述べた。

　自白の任意性に関する国内裁判所の認定事実を問題とするわけではないが、同時に、申立人は48時間以上にわたって法的援助を奪われ、勾留後の24時間が経過するまでに得られた陳述が、起訴状の中心的な骨格をなしており、有罪判決の基礎となっている点に留意する。

　判決は、これらの事情により、本件における弁護士との接見の拒否が、条約第6条3項(c)の弁護人の援助を受ける権利とともに同1項の公正な裁判を受ける権利の保障を損なうものであると結論する。

(c)　Averill v. United Kingdom 事件 15)

　本件も前出の2件と同様に北アイルランドのテロ防止法に基づく被疑者の勾留と弁護人との接見制限が問題とされたケースである。本件申立人Averillは、1994年4月24日に殺人容疑により逮捕、勾留され、逮捕後24時間を経過するまで弁護士との接見が認められなかった。黙秘権の行使が不利な推定を生じさせたことについて、また勾留後24時間弁護士との接見が認められなかった点について、条約第6条の違反を主張した。

　本件は、前出の2件とは違って逮捕後24時間内の接見拒否が争われた事件である。人権裁判所は、6人の裁判官の全員一致により、本件においても第6条3項(c)との関連で第6条1項の違反があると判示した。すなわち、本件で弁護士との接見の機会を逮捕後の24時間経過後まで延引させる措置が条約違反とされたことは、人権裁判所は、ほぼ逮捕直後からの弁護士との接見の確保が条約上の要請と理解していると考えられる。

(3)　判決の意義

　従来の人権裁判所の判例には、接見の立会いを認める国内法が条約違反にあたるとした判決があった。John Murray事件判決を嚆矢とする一連の判決

---

15)　Averill v. United Kingdom, Application No.36408/97, Judgement of 6 June 2000, European Human Rights Report, Vol.31, 2001, p.839. British Yearbook of International Law, Vol. 71, 2000, p.491-3.

の意義は、接見の権利が被疑者段階から保障されること、および法律による接見制限の限界に関して判断を示したところにある。以上の判例から確認される事項をまとめておく。

　まず、John Murray判決により条約第6条3項(c)の刑事手続上の諸権利は、逮捕直後の被疑者段階から認められる権利であることがより明確となった。もとより、これらの権利が刑事訴訟手続のいかなる段階から保障されるかは、諸国の刑事手続制度が一様でないために画一的に線引きしにくい問題である。これまでの判例では、予審制度をとる国においては予審の段階（起訴後、公訴提起前）から第6条3項のaccusedの権利が認められてきたが、本件では予審制度をとらない国（英国）の場合には、逮捕後の起訴前段階から保障される権利であることが確認された。

　本件判決は、接見の重要性を導く際に2つの判断基準を示しているように思われる。第1は、警察による取調べの段階で得られた供述が、後の公判段階において証拠能力を認められるような法制度をとる場合には、警察による初期の取調べの段階から一連の手続的保障が確保されなければならないという論理である。

　第2は、北アイルランド法のように（他の英国内の地域と違って）取調時の弁護人立会権の保障を欠き、しかも黙秘権の行使が有罪の推定を結果させるという制度をとるような場合には、接見の権利は「至高な重要性」を帯びてくるという論理である。判決は、黙秘権の嚆矢が不利な推定を導くという点については条約違反とせず、また弁護人の取調立会権の否認が人権条約違反にあたるか否かの点については判断を回避したけれども、それらの制度と接見禁止が重なる場合には、初期の取調段階から弁護人との接見を求める権利が保障されなければならないとの判断を示したものである。

　かくして条約の下では、被疑者段階からの接見の権利が保障されるとしても、条約では逮捕直後から接見の権利を保障しているといえるかどうか明らかではなかった。

　John Murray事件では48時間の接見禁止が条約違反とされたが、Magee事件では、逮捕後、24時間経過するまでの間、弁護士との接見が認められなかったことが条約違反とされたことにより、接見の機会は、逮捕の直後より、少なくとも24時間以内には確保されるべきことが明らかとされたといえよう。

次に、接見の制約理由につき判決は、接見の権利は絶対的権利ではなく十分な理由がある場合にのみその制約が可能だとしているので、いかなる場合が十分な理由といえるかが問題となる。北アイルランド法でも原則的には逮捕直後からの接見を認めるが、テロ犯罪の被疑者については例外的に48時間以内の接見禁止を可能としていた。政府は、その例外の基準が前述のように明確であり、かつ情報収集という合理的理由に基づくものであるから条約に違反しないと主張した（換言するならば、これは、要するに捜査のための必要性という理由である）。また、同法でも、48時間経過後には原則が優先されることになり、また接見を延引させる場合にも具体的な手続要件を定めていた。しかし、そうした法制度が条約違反と認定されたことは、少なくとも欧州人権条約の下では、一般的に罪証隠滅のおそれや捜査の必要性だけでは十分な接見制約の根拠とはならないということを明らかにしている。さらに、上述の一連の判例は、北アイルランドという爆弾テロが多発している当時の状況の下でのテロ容疑者の事案であることを鑑みれば、接見を制約する理由は非常に例外的であり、ごく限られた状況（欧州人権条約第15条が予定しているような「公の緊急事態」、すなわち大地震や火災、内乱、戦争のような場合）でしか想定できないであろう。

　さらに、条約第6条3項(c)では、自由権規約第14条3項(b)のように「弁護人と連絡する権利」の保障を明示的には含まないにもかかわらず、解釈によりそれを含ませ英国法の違反を認定していることにも注意すべきである。その背景には、被疑者と弁護人との接見の権利が、欧州人権条約の枠組みを超えてより広く妥当する国際人権法の基準であるという認識があると考えられる。

　これらの事件（とくにJohn Murray事件）では、接見の延引決定が警察職員（警視以上の地位にある警察官の承認が必要）の判断によって行われる制度であったが、判決はその点が条約に違反するものであるか否かについて具体的な検討をしていない。とはいえ、そうした立法が条約違反にあたるという結論からみれば、警察官による接見制限を認める法制度の問題性も潜在していると思われる。わが国の法制と類似の法制度が、（その点を理由としたわけでないが）条約違反と認定されたことは、示唆的である。

　判決の履行については、98年12月の英国議会下院での質疑において、John Murray事件で問題となった警察での取調べの慣行を改めるよう検討す

ることを約束した。英国政府は、法律の改正を待って暫定的な行政措置を発表し、同様の人権侵害事件の発生を防止する方策をとった。98年12月に公表した検察・警察に対する指針によれば、被疑者は通常は警察での取調べに先んじて弁護士との接見することが可能とされ、接見が否認された場合でも、弁護士との接見が認められた後に同様の尋問を再度行うこととした[16]。

4　むすび

　以上見てきたように、John Murray事件判決をはじめとする一連の判決により、条約第6条3項(c)との関連において同1項違反を認定したのは、手続的な保障（ここでは接見の権利）が公正な裁判を受ける権利を具体的に担保するための措置として位置づけられるからである。北アイルランドの法制は次の3点において特徴的であった。すなわち、①警察による取調時の弁護人立会権が認められていないこと、②捜査段階の供述が後の公判において証拠能力を認められること、③黙秘権の行使が有罪の推定を結果させるということ、である。こうした制度の下では、被疑者が防御権を行使するにあたって弁護人との接見が果たす役割は、公正な裁判を確保する前提条件としてこのうえなく重要なものと見なされよう。したがって、接見を制限する北アイルランド法が人権条約違反と認定されたのである。

　翻ってわが国の法制も、取調時の弁護人立会権が認められておらず、また捜査段階の供述が公判において証拠となるという点では同じである。また取調調書の開示請求権も保障されていない。わが国の法制は北アイルランドのものとは異なることは確かだが、接見を含む被疑者の権利制約の構造は類似しているともいえる。また、北アイルランドのような紛争地帯（非常事態が布告されている状況下では人権条約の保障停止が認められる）においてでさえ接見制限を定める法が人権条約に一致しないと判断されたことを考えるならば、

---

16)　欧州審議会の閣僚委員会は、John Murray事件判決の履行確認のために2000年2月14日、暫定決議を採択した。Interim Resolution DH (2000) 26 concerning the judgment of the European Court of Human Rights of 8 February 1996 in the case of John Murray against the United Kingdom. 欧州人権条約の実施体制における閣僚委員会の役割については、小畑郁「ヨーロッパ人権条約実施手続の司法的純化についての一考察——閣僚委員会の事件の実質的処理権限の分析を通じて」国際法外交雑誌98巻1・2号（1999年）124〜155頁。

通常の下では接見制限の理由は本件の基準よりも厳格に解釈すべきである。その点、仮にこれら一連の判決で明らかにされた基準をもって測るならば、わが国の刑訴法にいう罪証隠滅のおそれや捜査の必要性というのは非常に漠然とした基準であって曖昧にすぎよう。第39条3項但書の一文は、変幻自在の「鵺（ヌエ）」的解釈基準であって、国際社会において理解を得ることができるような合理的基準とは思われない。

　加えて、1993年のわが国の自由権規約第3回報告書に対する規約人権委員会の最終見解でも、自由権規約第14条3項(b)の保障は、接見交通権のほかにも取調調書の開示請求権、取調時の立会権をも含む趣旨として理解されており、それらの権利の保障についての取組みが促されていることを想起すべきである17)。同様に、1998年の第4回日本政府報告書に対する最終見解でも、刑訴法第39条3項の下で弁護人へのアクセスが厳しく制限されている点を指摘し、日本の起訴前勾留制度を改革するように政府に勧告している（パラグラフ22)18)。

　ところで、John Murray事件が欧州人権裁判所に係属中の1995年の夏に、自由権規約委員会は、英国政府の第4回報告書を審議した。規約人権委員会は、最終見解において、同事件で問題となった北アイルランド法が自由権規約第14条の趣旨に合致していないとのコメントを公にした19)。このことは、自由権規約第14条の解釈としても英国の関係法規は違反しているという意味である。もちろん、規約人権委員会の手続は政府報告書の審議であって、一般的法制度と規約との関係を審査するものである。欧州人権裁判所の手続のように具体的事件についての手続ではない。このような違いはあるが、規約第14条の解釈においても一連の欧州人権裁判所に係属した事件で問題とされた英国法上の接見制限法規は両立しがたいといえよう。以上のことからも、わが国の刑訴法第39条3項の規定が自由権規約第14条の趣旨と相容れないことが、明らかとなっていると思われる。

---

17)　日本弁護士連合会編『世界に問われた日本の人権』（こうち書房、1994年）。
18)　日本弁護士連合会編『日本の人権21世紀への課題——ジュネーブ1998国際自由権規約第4回日本政府報告書審査の記録』（現代人文社、1999年）。
19)　U. N. Doc., CCPR/C/79/Add.55, 27 July 1995. Keir Starmer, Failing the United Nations' Human Rights Test in Geneva, European Human Rights Law Review, Launch Issue 1995, p.36.

第4章
国際人権法から見た勾留・保釈
東電OL事件の検討を通じて

●中川孝博

【国内法】刑訴法200条、203条1項、204条1項、205条1項、208条、208条の2、刑訴法64条、207条、監獄法1条3項
【国際人権法】自由権規約9条3項、欧州人権条約5条3項、米州人権条約7条5項、国連被拘禁者保護原則37

1 被疑者・被告人の身体拘束に関する現行法制と国際人権法

(1) 起訴前勾留

　日本の刑事手続における被疑者・被告人の身体拘束に関する法制度およびその運用に対しては、かねてから批判の声が高い。国際人権法の観点からとりわけ強く問題とされてきたのは、次の2点である。

　第1に、起訴前段階において、被疑者の身体が捜査機関の管理下に置かれる期間が長いことである。自由権規約第9条3項は、「刑事上の罪に問われて逮捕され又は抑留された者は、裁判官又は司法権を行使することが法律によって認められている他の官憲の面前に速やかに連れて行かれる」と定めている[1]。これに対し、日本の起訴前身体拘束に関する法令は、逮捕後裁判官の面前に直ちに引致するよう規定しておらず、いったん警察署等に引致し、留置することを予定し（刑訴法第200条「引致すべき官公署」、第203条1項・第204条1項・第205条1項「留置の必要」）、かつ、裁判官の面前に連れて行かれた後も、最高20日間（刑訴法第208条。一定事件の場合にはさらに5日間延長できる。第208条の2）、警察署付属の留置場（代用監獄）に勾留することが許容されている（刑訴法第207条、第64条「勾留すべき監獄」、監獄法第1条3項「警察官署ニ附属スル留置場ハ之ヲ監獄ニ代用スルコトヲ得」）。

　警察の管理下に被疑者を置く期間を短くすべき理由は、いうまでもなく、捜

---

[1] 同種の権利を定めているものとして、欧州人権条約第5条3項、米州人権条約第7条5項、国連被拘禁者保護原則37参照。

査機関による自白強要等の人権侵害が被疑者に加えられるのを防止する必要性が高いからである。以上のような法制度は、この必要性を十分に認識して設計されたとはいいがたい。実際、これら法制度の運用を見ると、人権侵害の懸念がまさに現実のものとなっていることがわかる。とくに代用監獄を利用した過酷な被疑者取調べのあり方に対しては、国際的にも強く批判され続けてきた[2]。

第2に、起訴前保釈が認められていないことが挙げられる。同じく自由権規約第9条3項は、「……妥当な期間内に裁判を受ける権利又は釈放される権利を有する。裁判に付される者を抑留することが原則であってはならず、釈放に当たっては、裁判その他の司法上の手続のすべての段階における出頭及び必要な場合における判決の執行のための出頭が保証されることを条件とすることができる」と定めている。これを、身体不拘束の原則と呼ぶことができよう[3]。ところが、日本の法令は、起訴前勾留につき保釈の制度を用意していない。この点も、国内外を問わず、強く批判がなされてきたところである。

規約人権委員会も、1993年、日本政府による第3回報告に対するコメントにおいて、これらの問題点につき懸念を表明していた。その後、状況がほとんど改善されないなか、1998年、日本政府による第4回報告に対し規約人権委員会は、「起訴前勾留は警察のコントロール下で最大23日間可能であり、被疑者は速やかでかつ効果的な司法的コントロールのもとに置かれず、この23日間の勾留期間中は保釈が認められておらず、……規約9条、10条、および14条に適合するように日本の起訴前勾留制度を直ちに改革するよう強く勧告する」と指摘したのである[4]。

---

[2] アムネスティ・インターナショナル『日本の死刑廃止と被拘禁者の人権保障』（日本評論社、1991年）、代用監獄廃止接見交通権確立委員会『警察留置所での拘禁──日本の代用監獄制度（パーカー・ジョデル報告書）』（悠久書房、1989年）、日本弁護士連合会『代用監獄の廃止と刑事司法改革への提言──国際法曹協会（IBA）の調査レポートと国際セミナーから』（明石書店、1995年）、ヒューマン・ライツ・ウオッチ／アジア＝ヒューマン・ライツ・ウオッチ・プリズン・プロジェクト『監獄における人権／日本1995年』（現代人文社、1995年）等参照。なお、国際人権法の観点から代用監獄問題を検討したものとして、北村泰三『国際人権と刑事拘禁』（日本評論社、1996年）がある。

[3] 同種の権利を定めているものとして、欧州人権条約第5条3項、米州人権条約第7条5項、国連被拘禁者保護原則38、39参照。

(2) 起訴後勾留

　以上のように、国際人権法の観点からは、被疑者・被告人の身体拘束に関し、主として起訴前勾留にまつわる諸問題が取り上げられてきた。それでは、起訴後の勾留に関する状況はどうか。

　第1に、捜査機関の手元に置いておかないという自由権規約第9条3項の要請を満たしているかが問題となる。この点、「さすがに起訴後の勾留については、代用監獄を勾留場所とすることはあまりない」5)との評価もあるが、確かな統計があるわけではない。実際、裁判傍聴に行くと、代用監獄から勾引されてきた被告人に出会うことも稀ではない。今後調査が必要だろう。

　第2に、同じく自由権規約第9条3項が規定している身体不拘束の原則との関連が問題となる。確かに、刑事訴訟法は起訴後勾留につき保釈制度を設けており（刑訴法第88条以下）、また、必要的保釈（権利保釈）が原則であるという建前をとっているので（刑訴法第89条）、自由権規約第9条3項の要請は満たされているようにも見える。しかし、かねてから批判されてきたように、刑訴法第89条が規定している例外事由は多岐にわたり、原則と例外が逆転しているかのような点に問題が見られる。とくに、同条4号が規定する「被告人が罪証を隠滅すると疑うに足りる相当な理由があるとき」については、その規定の不明確さと相まって、保釈制度との適合性が問題とされてきた。さらに、勾留の要件に同様の規定（刑訴法第60条1項2号）が置かれていること自体にも批判がある。

　「罪証を隠滅すると疑うに足りる相当な理由」という要件が極めて不明確なものであるため、「罪証が隠滅されるかもしれないという口実のもとに、まさしく罪証（とくに自白）を獲得するために勾留がなされる」という事態が生じかねない6)。それだけに、これらの規定の解釈・運用は厳格になされる必要がある。しかし、現在の運用状況は、決して望ましいものとはいいがたい。近年の通常第一審における勾留率は70％以上に上り、勾留が原則であるかのよう

---

4)　本報告については、日本弁護士連合会編『日本の人権──21世紀への課題』（現代人文社、1999年）参照。
5)　小田中聰樹ほか『刑事弁護コンメンタールⅠ　刑事訴訟法』（現代人文社、1998年）66頁〔村井敏邦執筆〕。
6)　光藤景皎『口述刑事訴訟法　上〔第2版〕』（成文堂、2000年）68頁参照。

な様相を示している。また通常第一審地裁事件の保釈率は近年10～20％台と極めて低い。さらに、「罪証を隠滅すると疑うに足りる相当な理由」の認定は極めて緩やかになされており、抽象的な「罪証隠滅のおそれ」と同義に解釈・運用されている、あるいは、否認していること自体を罪証隠滅の意図を推認させる根拠としているといった評価をする者は多いのである。

　自白しない限り身体拘束が解かれることは難しく、防御権の行使が十分にできないまま手続が進められる――勾留・保釈に関するこのような運用が被告人を自認へと追い込み、あるいは不同意として争いたい書証にも同意せざるをえないという状況に追い込む[7]。この現状は「人質司法」と呼ばれている。この点に関し、代用監獄問題等ほど国際的に関心を集め批判の対象になるという状態には、現段階では至っていないが、自由権規約第9条3項が規定する身体不拘束の原則に鑑み、権利保釈の除外事由から「罪証を隠滅すると疑うに足りる相当な理由」を削除すべきとの主張も出てきはじめている[8]。

(3)　東電OL事件から日本の勾留・保釈を見る

　本章のテーマは、東電OL事件の検討を通して日本における勾留・保釈制度／制度の運用のあり方を見るというものである。本件では、オーバーステイの外国人である被告人が強盗殺人の訴因で起訴された。一審では被告人を犯人と認定するには合理的疑いが残るとして、無罪が言い渡された。これにより被告人に対する勾留状の効力は失われた（刑訴法第345条参照）が、検察官の申立により、高裁は再度被告人を勾留した。

　勾留に関し本件で争われたのは、無罪判決後の再勾留の可否をめぐる法解釈である。これまで概観してきた、勾留・保釈につき一般的に指摘されている諸問題とはやや異なるものにも見え、本件から日本における勾留・保釈のあり方につき一般論を展開することはやや強引ではないかとの疑問も出てくるかもしれない。実際はどうか。本件は特殊事例にすぎないのだろうか。それとも、「人質司法」とも呼ばれる日本の勾留・保釈の現状がまさに生み出した事件な

---

[7]　前田裕司「安田弁護士事件の保釈をめぐる問題点」季刊刑事弁護21号（2000年）102、106頁参照。

[8]　日本弁護士連合会「刑事司法改革の実現に向けてのアクション・プログラム(1)」自由と正義47巻5号（1996年）146、160頁参照。

のだろうか——このような問題意識に立ちながら、本件における種々の裁判を紹介し、本件に関してなされた議論を整理・分析し、国際人権法の観点から本件を見つめ直すという順序で検討したい。

2　東電OL事件の無罪判決後勾留に関する諸決定

(1)　経緯

　第一審で無罪判決が言い渡されたのは、2000年4月14日である。検察官は18日に控訴し、同時に、東京地裁に勾留の職権発動を申し出た。東京地裁は職権を発動しなかったため、19日、検察官は東京高裁に職権発動を申し出た。東京高裁第5特別部は、20日、職権を発動しない旨決定した[9]。その後検察官は、東京高裁に訴訟記録が送付された後、5月1日にあらためて職権発動の申出を行った。東京高裁第4刑事部は8日、本件に関し実質的審理が開始される前の段階で勾留を決定した。被告人側から異議申立がなされたが、19日、東京高裁第5刑事部はこれを棄却[10]。さらに特別抗告が申し立てられたが、6月27日、最高裁第1小法廷はこれを棄却した[11]。その後東京高裁は12月22日、原判決を破棄し、有罪（無期懲役）と判決している[12]。

　国際人権法の適用に対する日本の裁判所の姿勢は消極的であるといわれている。本件における諸決定のいずれも、国際人権法の適用につきまったく言及していない。

(2)　特別部決定

　ここでの主要な争点は、訴訟記録が控訴審裁判所に到達していない段階で控訴審裁判所が被告人を勾留する権限を有するかであった。東京高裁第5特別部は、勾留期間の更新等に関し訴訟記録が上訴裁判所に到達していない場合は原裁判所が決定する旨規定する刑訴法第97条2項および刑訴規則第92条2項の趣旨に基づき、訴訟記録が到達していない段階で被告人を勾留する権限

---

9)　東京高決平12（2000）・4・20判例タイムズ1032号298頁。
10)　東京高決平12（2000）・5・19判例タイムズ1032号298頁。
11)　最1小決平12（2000）・6・27最高裁判所刑事判例集54巻5号461頁。
12)　東京高判平12（2000）12・22判例タイムズ1050号83頁。

は控訴審裁判所にはないと判示した。この争点自体はやや技術的なものともいえ、ここで取り上げる必要はないと思われる。退去強制手続と勾留との関連につき判断した部分にだけ触れておこう。

　検察官は、本件被告人が不法入国の外国人であり、退去強制手続が進行中なので、当該時点で被告人を勾留しなければ控訴審の審理が実質的に不可能になると主張した。これに対し本決定は、「仮に検察官の主張するような危ぐがあるとしても、そのことは、原判決後の勾留の権限につき、刑訴法及び同規則の明文に反した解釈をすることを正当化するものではな」く、そのような運用に問題があるのであれば将来立法によって解決すべきであると述べ、次のように指摘した。

　「そもそも不法入国外国人の事件においては、第一審で無罪判決が言い渡された場合に、被告人の強制送還により控訴審の実質審理が困難になるという事態は、現行法を前提とする限り容易に予測されるのである。したがって、検察官としては、このような事案においては、第一審の審理に特に遺漏なきを期すことによりそのような事態を未然に防ぐことに万全の意を用いるべきであって、それでもなお検察官の主張が裁判所の容れるところとならなかった場合には、被告人の帰国により控訴審の審理が円滑を欠くことになる事態があり得るとしても、現行法上はやむを得ないものと割り切るほかはない」[13]。

(3)　第5刑事部決定

　ここでの主たる争点は、無罪判決後の再勾留の可否という場面における刑訴法第60条「罪を犯したことを疑うに足りる相当な理由」の解釈であった。申立人は、無罪判決の言渡しにより勾留状が失効すると定める刑訴法第345条の趣旨を、無罪判決があったことそれ自体が、「罪を犯したことを疑うに足りる相当な理由」が消滅したと捉えているとし、審理開始前に、一件記録のみを検討して勾留決定することはできないと主張した。これに対し第5刑事部は、「検察官の広範な上訴権を容認する現行刑訴法の解釈として見た場合、刑訴法三四五条が所論のような見解を前提としているものとは思われない。第一審裁判所による無罪判決の存在は、被告人に『罪を犯したことを疑うに足りる相

---

[13]　判例タイムズ1032号300頁。

当な理由』があるかどうかを判断するに当たって慎重に検討すべき一事情にとどまるものというべきである」と述べ、次のように判示した。

「刑訴法六〇条によると、裁判所は、被告人が罪を犯したことを疑うに足りる相当な理由がある場合で、同条一項各号に定める事由があるときは、被告人を勾留することができることになっており、その時期については、何らの制限もないのであるから、第一審裁判所において無罪判決が言い渡された場合であっても、検察官がこの判決に控訴を申し立て、控訴審裁判所（受訴裁判所）に一件記録が送付された以降は、控訴審裁判所は、控訴審の審理を始める前であっても、一件記録を検討して、被告人に『罪を犯したことを疑うに足りる相当な理由』があるかどうかを判断することができ、そして、被告人に同条一項の要件があり、かつ勾留の必要性が認められる場合には、被告人を勾留することができるものといわなければならない」14)。

このような法解釈を踏まえ、第5刑事部は、罪を犯したことを疑うに足りる相当な理由があると認定し、被告人の強制退去手続が進められていることが、「逃亡すると疑うに足りる相当な理由がある」場合に該当する等の理由を挙げ、勾留を認めたのは相当であるとして異議申立を棄却した。

(4) 最高裁決定

最高裁に対する弁護人らの特別抗告趣意書では、自由権規約第9条1項、第9条3項、第14条2項違反の主張がなされている。規約第14条2項は、「刑事上の罪に問われているすべての者は、法律に基づいて有罪とされるまでは、無罪と推定される権利を有する」と規定している。この規定をもとに「第一審で無罪判決を受けているということは、審理中の『無罪推定』以上に強い『無罪推定』を受けるはずです」との指摘がなされ、「本件勾留及び原決定は、これを無視し、『条件付け』等の工夫で解決すべき問題を何の努力もすることなく、刑訴法60条を恣意的に運用して、身体の拘束を『原則』とするものである」と批判している。無罪推定原則（第14条2項）の趣旨に鑑み、特別な配慮をすべきところを、身体不拘束の原則（第9条3項）に反するような運用をしている（恣意的な抑留——自由権規約第9条1項は、「すべての者は、身体の自由及び安全に

---

14) 判例タイムズ1032号301頁。

第4章　国際人権法から見た勾留・保釈　63

ついての権利を有する。何人も、恣意的に逮捕され又は抑留されない。何人も、法律で定める理由及び手続によらない限り、その自由を奪われない」と規定している）という構成になるのだろうか。

　最高裁第1小法廷は、3対2という僅差で本件抗告を棄却した。判示内容は、第5刑事部決定とほぼ同旨である。自由権規約違反の有無については触れられていない。現行法の規定上、自由権規約違反の有無につき判断を示す義務は抗告審にはないとはいえ、刑訴法第60条の解釈に関する以下の説示も、「なお書き」にすぎない。その意味で本決定は、国際人権法に対する最高裁の消極的姿勢を示すものといえるだろう。

　「被告人が罪を犯したことを疑うに足りる相当な理由がある場合であって、刑訴法第六〇条一項各号に定める事由（以下「勾留の理由」という。）があり、かつ、その必要性があるときは、同条により、職権で被告人を勾留することができ、その時期には特段の制約がない。したがって、第一審裁判所が犯罪の証明がないことを理由として無罪の判決を言い渡した場合であっても、控訴審裁判所は、記録等の調査により、右無罪判決の理由の検討を経た上でもなお罪を犯したことを疑うに足りる相当な理由があると認めるときは、勾留の理由があり、かつ、控訴審における適正、迅速な審理のためにも勾留の必要性があると認める限り、その審理の段階を問わず、被告人を勾留することができ、所論のいうように新たな証拠の取調べを待たなければならないものではない。また、裁判所は、勾留の理由と必要性の有無の判断において、被告人に対し出入国管理及び難民認定法に基づく退去強制の手続が採られていることを考慮することができると解される。以上と同旨の原決定の判断は、正当である」。

3　刑訴法レベルの議論

　本件における主たる論点は、刑訴法第60条「被告人が罪を犯したことを疑うに足りる相当な理由」の判断に関する、第一審無罪判決後の判断資料・時期等であった。最高裁決定に対しこれまで出されてきた評釈等を読むと、刑訴法第345条の趣旨、および、控訴審構造論が刑訴法第60条を解釈する際のポイントとなっているように思われる。そこで、これら2つの観点から議論を整理・分析してみよう。

(1) 刑訴法第345条の趣旨

　第一審で無罪判決が言い渡された場合に勾留状が失効することを定める刑訴法第345条の趣旨から、審理開始前に一件記録のみをもって「罪を犯したと疑うに足りる相当な理由」の存否を判断することはできないとの結論を導き出す見解が多い。「刑訴法三四五条の法意にかんがみると、検察官の控訴に伴い控訴審裁判所が被告人を勾留するに際しての『罪を犯したことを疑うに足りる相当な理由』についての判断基準は、第一審段階に比してより高度なものが求められ、かつこれに連動して、勾留できるという判断が可能になる時期は、おのずから制約されるべきものと考える」という、最高裁決定における遠藤光男裁判官の反対意見および藤井正雄裁判官の反対意見[15]もそうである。それでは、論者らのいう刑訴法第345条の法意とは、どのようなものだろうか。

　たとえば、控訴審において無罪判決が破棄される可能性があることを予定し、かつ、捜査段階や起訴段階で勾留のために要求される程度の嫌疑があっても合理的疑いが残るため無罪判決が出されることを予定していることを踏まえると、第345条は、判決の内容を直ちに身柄処理に反映させることにより、被告人の人権尊重を図ることを趣旨としているのであり、「それが、有罪と裁判で証明されるまでは無罪と推定され、被告人の自由を制限する場合にも、その制約を必要最小限度にとどめるべきことを要請する、無罪推定の原則に適

---

[15]「本件第一審判決は、被告人が犯人であることは動かし難いもののようにも思われるとしつつも、他方、被告人を犯人とするには合理的に説明できない疑問点が残り、有罪を認定するには不十分であるとして、被告人を無罪としたものであり、……被告人に勾留の理由となった嫌疑があることは、なお否定されていない。しかし、たとえそうであるとしても、いったん無罪の判決があったときは、無罪の理由のいかんにかかわらず、身柄の拘束を解くというのが、刑訴法三四五条の定めるところである。そうだとすると、このような場合に、控訴審裁判所が、第一審の勾留の裁判におけるのと同じ基準の下に嫌疑が存することのみを理由として、他に特段の事情もなく被告人を再勾留することができると解するのは、同条を実質的に空文化することになりかねない。……被告人を再勾留し得るのは、第一審判決を破棄して有罪とする可能性があると判断される場合であることを要し、単なる嫌疑よりは高度のものが求められていると解される。……控訴審裁判所が第一審の記録と判決の調査のみで嫌疑ありとして勾留することを認めるのは、あまりに第一審判決を軽く扱うものであり、妥当とはいい難い……控訴審裁判所としては、公判における審理を経るか、あるいは少なくとも控訴趣意書とこれに対する答弁書の提出を待ってこれを検討し、また、新たに提出されるべき証拠の存在が予告されるならばこれをしんしゃくした上、第一審判決を破棄する可能性があると認められるかどうかを判断して、再勾留の可否を決めるのが、控訴審における適正手続にかなうゆえんである」。

合する」16)との主張がある。

　しかし、刑訴法第345条により勾留状が失効するのは、被告人と犯人との同一性につき合理的疑いが残るとの評価により出された無罪判決の場合のみではない。たとえば違法阻却事由が存在するとの理由によるなど、「罪とならないとき」（刑訴法第336条）の場合の無罪判決も含まれている。また、そもそも第345条は、無罪判決のみならず、免訴、刑の免除、刑の執行猶予、公訴棄却も含まれ、さらに、罰金、科料という判決の場合も含めているのである。これらを統一的に理解しようとするならば、判決の内容を身柄処理に反映させたと考えることは困難である17)。刑訴法第345条の趣旨については、当初新刑訴法は上訴の放棄を認めていなかったため、確定まで所定の時間を待たねばならない不利益を回避するために刑訴法第495条（勾留日数の本刑通算）が設けられ、同様の趣旨により第345条が設けられたと解する見解18)もある。この限度の解釈では、無罪推定原則に適合するとはいえない、と論理的に主張することは難しいのではないか。

　また、「刑訴法三四五条は無罪の実体判断を『勾留状』の『失効』というかたちで勾留の裁判に直接に投影させたものであり、控訴審における勾留の裁判についても第一審の無罪の実体判断に一種の拘束力を認めた規定」19)と解すべきであるとの主張もあるが、同じ理由により賛同できない。無罪の実体判断に一種の拘束力を認めるのであれば、それは、単に勾留の裁判に関してだけ向けられるのではなく、無罪という判断そのものに対しても向けられてしかるべきであろう（無罪上訴の禁止）。

　以上のように、刑訴法第345条の趣旨から控訴審における勾留の裁判に関

---

16)　辻脇葉子「第一審無罪判決後の控訴審における勾留」現代刑事法29号（2001年）99、102頁。
17)　土本武司「判例評論――東電OL殺人事件特別抗告審決定」判例時報1752号236頁（判例評論511号58頁）、多田辰也「無罪判決に伴う勾留状執行後の被告人の再勾留」『光藤景皎古希記念論文集 下巻』（成文堂、2001年）137、149頁以下参照。
18)　団藤重光「上訴、特に控訴審」日本刑法学会『改正刑事訴訟法』（有斐閣、1953年）71頁。なお、本件最高裁決定における遠藤、藤井裁判官の各反対意見には、罪を犯したと疑うに足りる相当な理由がいったん消滅したと解さない限り直ちに勾留が認められてしまうかのような表現が見られるが、勾留の理由、勾留の必要等さまざまな要件を判断しなければならないことはいうまでもない。
19)　川崎英明「東電OL殺人事件無罪判決と勾留問題」季刊刑事弁護23号（2000年）15、16頁。

する時期・資料等につき具体的な帰結を導き出すのは論理的には難しい。

(2) 控訴審構造論

　控訴審構造論は、当該議論に際し副次的に援用されているにすぎない場合が多いが、紹介しておこう。

　たとえば、「原判決の言渡しによって、被告人の無罪と身柄の釈放という状態が生じているのであるから、事後審である控訴審において裁判所が独自の心証に基づいて別個の判断に到達してはじめて、原判決の言渡しによって生じた状態を変更しうると解するのが、事後審的性格にふさわしい」[20]との主張がある。しかし、身柄の釈放という状態は刑訴法第345条により生じているのであり、第一審の無罪判決により直接生じているものではない。したがって、原判決との関係を問題にする控訴審構造論から当該結論を出すには無理がある。また、別個の判断とは有罪・無罪に関する実体判断を指すと思われるが、前述のように、このような実体判断と勾留に関する判断を同一にしなければならない理由は見当たらない。この点、事後審構造の下、第一審判決の当否を審査することはとりもなおさず勾留の裁判の当否をも審査することになる[21]との見解もあるが、現在における勾留の理由・必要性の問題は第一審段階の勾留の当否とは関係がないし、無罪判決による勾留状の失効は裁判官の判断によって行われるのではなく、法律によって自動的になされているのであるから、控訴審裁判所があらためて当否を審査するような問題ではない。

　また、刑訴法第345条の存在につき、「判決の内容を直ちに身柄処理に反映させることにより、第一審の機能及びその判決を重視する」もので、「一審への証拠の集中、一審の強化充実を図ることにより一審判決の判断を重視し、控訴審を基本的には第一審判決の当否を審査する事後審として構成する現行刑事訴訟法における控訴審の構造とも調和する」[22]と捉える見解がある。しかし、一審の強化充実が図られたことと刑訴法第345条の存在との間に直接の相関

---

[20] 上口裕「第一審裁判所が犯罪の証明がないことを理由として無罪の判決を言い渡した場合の控訴審における勾留の適否――東電OL殺人事件」法学教室246号（2001年）86、87頁。
[21] 木本強「無罪判決と職権勾留――東電OL殺人事件」ジュリスト1202号（2001年）190頁参照。
[22] 辻脇・前掲注16)102頁。

関係はないと考えるべきだろう。

4 国際人権法の観点からの議論

　以上のように、刑訴法レベルの解釈論では、必ずしも十分な解決が図られるとはいえない。そこで、国際人権法の観点から本件を捉え直してみよう。ポイントは、自由権規約第9条3項が規定する身体不拘束の原則から見た、勾留の理由および必要性判断の当否ということになろう。

(1)　勾留の理由

　東京高裁第5刑事部決定は、「本件事案の内容・罪質、被告人の供述態度、第一審の審理状況等に照らすと、被告人が犯行当時居住していた○○ビル四○一号室の同居人等の関係者と通謀するなどして、××荘一○一号室の鍵の返還状況、被告人の借金返済状況、犯行当日の被告人の行動状況等について、罪証を隠滅するおそれがあ」ると述べている。抽象的な認定である。東京入国管理局庁舎に収容されていた被告人が具体的にどのように関係者と通謀するなどして当該罪証隠滅をするおそれがあるのか、明らかでない。

　また、審理の始まっていない段階であり、新たな証人尋問等をすべきか否か、誰を尋問するのか、何について尋問するのか、いつ尋問するのかといった点がまったく決まっていない段階で、具体的に罪証隠滅をすると疑うに足りる相当な理由を示すことはほぼ不可能といえる。したがって、刑訴法第345条の趣旨を援用しなくとも、審理が始まっていない段階で勾留に関する判断をすることはできないという指摘は可能である。

　逃亡すると疑うに足りる相当な理由に関する認定も緩やかである。異議審決定は、「被告人は、第一審の無罪判決の言渡しにより従前の勾留状が失効した結果、被告人の退去強制手続が開始されており、退去強制が行われた場合、被告人は本邦外に出て控訴審裁判所の審理手続を回避する結果となる」ため、逃亡すると疑うに足りる相当な理由があると認定した。被告人の意向にかかわらずなされる退去強制手続の執行をもって「逃亡」と解するのには無理がある。審理手続を回避する結果をもたらしうるから「逃亡」にあたると判断するのは、まさに目的から導き出された類推解釈にほかならない。強制処分法定主

義の趣旨に鑑みるならば、被告人に不利益な規定は厳格に解釈しなければならない。この点、先に引用した東京高裁特別部決定の判示、最高裁決定における遠藤反対意見[23]や藤井反対意見[24]が正当である。なお、控訴審では被告人に出頭義務がないことについて、第5刑事部決定では、それをもって結論は「左右されない」と結論のみが述べられている。

これらのような緩やかな認定は、身体不拘束の原則に反するといわねばならない。身体不拘束の原則に忠実に従い、厳格な認定が行われていれば、勾留は回避できた事案だと思われるのである。

(2) 勾留の必要性

本件でさらに問題とされねばならないのは、最高裁決定が挙げる勾留の必要性要件である。前述のように、「控訴審における適正、迅速な審理のためにも勾留の必要性があると認める限り」被告人を勾留することができると最高裁は述べている。この点につき、有罪判決が出た際にそれの円滑な執行を確保するのが真の目的ではないかとの疑念も生じる。しかし、このような憶測をする前に問題とされねばならないのは、「控訴審における適正、迅速な審理」を勾留の必要性（相当性）判断の要素としていること自体の妥当性である。

第1に、「適正」とか「迅速」といった言葉が具体的に何を示しているのか明らかでない。「罪証隠滅防止」や「逃亡防止」がそれらの意味だとするならば、勾留理由要件を反覆しているにすぎないので、限定的な役割は果たしているとはいえず、必要性の判断基準ともなりえない。第2に、勾留の必要性判断は阻却的に働くべきものであり[25]、積極的な事情を挙げて勾留の必要性を肯定するという手法は、身体不拘束の原則に反する疑いがある。審理の適正さや迅速性といった要素は、罪証隠滅防止や逃亡防止といった勾留理由要件に化体されていると読むべきであり、勾留の必要性を判断する際に積極的事情とし

---

23)「被告人の国外退去強制処分をそのまま認めてしまってよいかは一つの問題というべきである。しかし、法は、これに対して何らの手当てをしていない。……正に法の不備といわざるを得ないが、法の不備による責任を被告人に転嫁することは許されるべきことではない」。
24)「不法残留者に対する退去強制も法の執行である。この問題は、退去強制手続と刑事手続の調整に関する規定の不備によるものであり、このことだけで勾留を正当化することはできないといわざるを得ない」。
25) 田宮裕『刑事訴訟法〔新版〕』（有斐閣、1996年）83頁参照。

て考慮すべきものではない。

5 国際人権法と弁護

　以上の検討から、本件は決して特異な事件ではなく、「人質司法」と呼ばれる要因である、日本における被疑者・被告人の身体拘束に関するルーズな運用そのものから生じたものであることが示唆される。すなわち、身体不拘束の原則に対する無理解による、ルーズな勾留決定という点である。この問題に対する即効薬の登場はさしあたり期待できない。裁判官をはじめとする訴訟関係者に、身体不拘束の原則に対する認識と理解を深めていってもらうしかないのである。

　日本政府第4回報告に対し、人権委員会は、「裁判官、検察官、および行政官に対する研修がなんら提供されていないことに懸念を有する。委員会は、このような研修を受講できるようにすることを強く勧告する。裁判官を規約の規定に習熟させるため、裁判官の研究会およびセミナーが開催されるべきである」と勧告した。裁判官らに対する人権教育の機会は公式には提供されていない。このこと自体、批判されねばならないが、このままで手をこまねいておれる状況でないことも事実である。ある弁護士は、保釈申請等を通じて「繰り返し国際人権法の身体不拘束の原則を主張することは、わが国の裁判実務にそうした観点を考慮に入れなければならないという意識改革を促す意味で決して無駄なことではない。……弁護人の保釈相当という現場での感覚と訴追側の抽象的危惧感とのギャップを埋めるためには、裁判官による一種の『和解』が必要なのであり、国際人権規約に基づく条件設定の考え方はそれに至る絶好のアプローチを提供してくれるのである」[26]と主張している。裁判官らに対する教育という点で、弁護人が果たす役割は大きい。

---

[26] 村岡啓一「国際人権法の利用の仕方」季刊刑事弁護24号（2000年）69、71頁。

第5章
国際人権法における証人審問権

●田中康代

【国内法】憲法37条2項、刑訴法320条、321条、326条
【国際人権法】自由権規約14条3項(e)、欧州人権条約6条3項(d)

1 はじめに

　憲法第37条2項は証人審問権を規定し、それを受けて刑事訴訟法第320条で伝聞証拠の排除が規定されている。しかし、刑事訴訟法は第321条以下で伝聞証拠の例外を広範に認めている。そして憲法第37条2項自体についても、昭和20年代を中心に出された多くの最高裁判例がこの規定の適用範囲を制限してきているように思われる。このような判例の動向を受けて刑事訴訟法も、証人尋問に関して被告人を排除するかたちでいくつかの改正を行ってきた。また、証人喚問に関しても、最大判昭23（1948）・6・23（最高裁判所刑事判例集2巻7号734頁）をはじめとして、防御側が要求する証人の尋問をすべて行う必要はないという判例が出されてきた。

　さて、刑事訴訟法が伝聞例外を広範に認めているわが国では、多くの刑事裁判で、公判廷において裁判官の面前で防御側と訴追側がその主張と立証を尽くし、裁判官の心証形成に導くという本来あるべきかたちではなく、現実には調書裁判といわれるように、公判に先立つ捜査段階で獲得された調書、とくに検面調書を中心にして訴訟が進められている。したがって、わが国では、本来例外であるはずの反対尋問を受けない証拠に基づいて有罪認定が行われる場合が多いというのが現状である。このような現状は刑事訴訟法第321条1項2号が証拠採用にあたって検面調書を優遇していることや、第326条で証拠能力が認められている同意書面を活用することから生じている。

　では、国際人権法ではこのような反対尋問を経ない調書を証拠採用することについて、どのような判断を示しているのだろうか。国際人権法では、被告人自身の公判廷外供述や同意書面についての先例は存在しないが、本章では、

反対尋問を経ない調書の証拠採用に関する問題を中心に、防御側証人の問題、そしてこれまでのところ、わが国ではあまり問題になっていない匿名証人や隠密捜査官の問題に関する先例も紹介していくことになる。

2 国際人権法における証人審問権

訴追側証人への尋問と防御側証人の召喚に関する権利は、自由権規約では第14条3項(e)に、欧州人権条約では第6条3項(d)に規定されている。英語正文が句読点の有無を除けばほぼ同文であるこれらの規定は、さまざまな法体系に適合するように起草されているわけであるが、アメリカでは自由権規約の規定を訴追側証人に反対尋問を行う権利[1]と捉え、イギリスでは欧州人権条約の規定を伝聞証拠に関する規定[2]と捉える見解がある。したがって、自由権規約第14条3項(e)の規定は反対尋問権を認めた規定と解釈することができる。以下では、これらの規定の先例などを検討し、国際人権法が証人審問権とその制約についてどのような要求をしているかを紹介することになる。

残念ながら、わが国で直接適用される自由権規約第14条3項(e)について、規約人権委員会はこの問題について示唆に富んだ解釈を示しているとはいいがたい。わが国の政府報告に対する見解はこれまでのところ、証人審問権について述べたものは見当たらない。第14条に関する一般的意見[3]でもその内容に踏み込んでいない。個人通報も1件当たりで多くの問題について不服が提起され、さしたる理由づけを示すことなく、第14条3項(e)違反にあらず、との見解を示しているだけのものが大半を占める。一方、欧州人権条約は証人審問権が問題となるさまざまな側面について多くの示唆に富む判例を示している。したがって、本章では、欧州人権条約の先例を中心にして、「証人」の意義、訴追側証人の召喚の問題、防御側証人の召喚の問題、そして訴追側証人のうちわ

---

1) John Quigley, Criminal Law and Human Rights: Implications of the United States Ratification of the International Covenant on Civil and Political Rights, Harvard Human Rights Journal vol.6 (1993), note 16 p.61.
2) Craig Osborne, Hearsay and the European Court of Human Rights, Criminal Law Review April 1993, p.255.
3) General Comment 13, para.12. HRI/GEN/1/Rev.3 p.17. 邦訳は佐藤文夫「規約人権委員会の一般的意見」成城法学28号（1988年）198頁。

が国ではこれまでとくに問題となってはいないが、匿名証人と隠密捜査官の問題等、国際人権法上の証人審問権について検討していく。

個々の問題の検討に先立ち、証人審問権の意義・機能が国際人権法上どのように捉えられているかを確認することも必要であろう。自由権規約の場合、規約人権委員会はこの点をとくに明らかにはしていないが、訴追側・防御側双方から要求された証人が召喚されなかったことに不服を申し立てたCasaba Párkányi v. Hungary事件[4]で、規約違反にあらずという結論の理由で裁判所の召喚拒否は訴追側と防御側の武器平等を侵害するほどのものであるということの証拠が提出されていない、と述べており、ほかにも武器平等に言及するものが複数[5]あることから、証人審問権を武器平等の観点から捉えていると思われる。

一方、欧州人権条約では、オランダ軍の複数の下士官が個別に犯した懲戒事由を処理した軍法会議の手続について第6条違反を申し立てたEngel and Others事件判決[6]で欧州人権裁判所が初めて第6条3項(d)を扱った際に、この規定を訴追側と防御側の完全な武器平等を目的としていると判示している。また、後述のDelta事件判決[7]やSaïdi事件判決[8]をはじめとして、多くの事件で、欧州人権裁判所は、証拠は原則として、対審の観点から、被告人が出席する公開の法廷で提出されなければならない、ということも一貫して述べている。さらに、後述のKostovski事件判決[9]とWindisch事件判決[10]で匿名証人と関連して、証人の証言の偽りや単純な間違いに光を当て、公判裁判所が質問を受けたときの証人の態度を観察することでその信頼性について心証を形成することを目的とする、という見解が明らかにされている。すなわち、国際人権法上の証

---

4) Comm. No. 419/1990 (Casaba Párkányi v. Hungary) A/47/40.
5) たとえば、Comm. No.37/1987(Denroy Gordon v. Jamaica) A/48/40 vol.II等。自由権規約の先例の詳細は田中康代「証人審問権に及ぼす国際人権法の影響についての一考察」法と政治51巻3・4号（2000年）105〜116頁。
6) Engel and Others v. the Netherlands, European Court of Human Rights, Series A no.22. 以下、Ferrantelli and Santangelo v. Italy事件判決、Padin Gestoso v. Spain事件判決、A.M. v. Italy事件判決、Lucà v. Italy事件判決を除いた欧州人権裁判所判決の詳細については田中・前掲注5) 123〜140頁参照。
7) Delta v. France, European Court of Human Rights, Series A no.191-A.
8) Saïdi v. France, European Court of Human Rights, Series A no.261-C.
9) Kostvski v. the Netherlands, European Court of Human Rights, Series A no.166.
10) Windisch v. Austria, European Court of Human Rights, Series A no.186.

人審問権とは、武器平等の原則に立ちながら、公判裁判所が面前で行われる証人と防御側・訴追側との間でなされるやりとりを自ら観察することで、当該証人とその証言内容についてその独自の心証を形成させ、それによって、被告人の公正な審理を受ける権利の保障を可能ならしめることを本質とするものと解することができよう。したがって、手続のいずれかの段階において防御側の反対尋問を受けていない証人の証言は、その信用性について公判裁判所が判断することができないため、後述するように、有罪認定の唯一もしくは主たる証拠とすることは許されない。

3　「証人」の意義

　規約人権委員会は、これまでのところ、第14条3項(e)にいう「証人」とはいかなる者かについてとくに定義していない。しかし、強姦事件に関して、決定的に重要な専門家に証言を命じなかったことが規約違反になると判断したJosé Luis Gracía Fuenzalida v. Ecuador事件[11]のように、実際に公判廷に召喚されていない鑑定人もこの規定の対象としていることから「証人」の概念をかなり緩やかに解しているのではないかと思われる。

　これに対して、欧州人権裁判所は「証人」の意義を明確にしている。その判決では、一貫して第6条3項(e)の「証人」という文言は国内法での名称等に関係なく自律的に解釈される文言であるとし、後述のDelta事件判決以後、当該人物が公判裁判所で証言していなくても、その供述が裁判所で考慮される者はこの規定にいう「証人」であるとの判断を示している。そのため、被害者や目撃者、情報提供者などで公判に欠席した者が証人とされるのはもちろん、後述のLucà v. Italy事件判決[12]では、その証言が有罪判決を基礎づけるのに重要であった場合には、共同被告人による証言も第6条1項および3項(d)の保障が適用される証言であるとしている。そして、食料品への添加物に関わる刑事事件に関するBönisch事件判決[13]では、鑑定人が外観上は被告人に不利な証人のようであるとして第6条3項(d)は名称の如何にかかわらず防御側が召喚する

---

11)　Comm. No.480/1991(José Luis Gracía Fuenzalida v. Ecuador) A/51/40 vol.II.
12)　Lucà v. Italy , European Court of Human Rights.
13)　Bönisch v. Austria, European Court of Human Rights, Series A no.92.

人物を平等に取り扱うことを要求するとの判断が示されている。したがって、欧州人権条約では、共同被告人や、場合によっては鑑定人も第6条3項(d)の適用を受ける「証人」である、ということになり、結果的に被疑者・被告人は広範な権利保障を受けることになる。

4 訴追側証人の問題について

(1) 一般原則

　訴追側証人の反対尋問に関する欧州人権条約のリーディング・ケースは、Unterpertinger事件判決14)である。これは、妻とその娘に対する家庭内暴力事件で、彼女らが第一審で家族に認められた証言拒否権を援用したために反対尋問されることなく、彼女らの警察への供述を主たる証拠として有罪判決が認定されたことについて欧州人権条約違反を申し立てたものである。ここで、人権裁判所は、警察での供述を公判廷で朗読することは第6条1項および3項(d)に矛盾するものではないが、そのような供述を証拠採用するには、被告人が手続のいずれかの段階でその供述者に尋問する機会がなかった場合には、防御権に合致することが必要であり、彼女らの告発について彼女ら自身の供述に基づいて有罪認定を行っているので、防御権を制限された証言に基づいて有罪判決を受けており、第6条1項および3項(d)に違反している、との判断を示した。その後も、欧州人権裁判所は、公判廷での証言のために召喚されていた被害者と事件当時その場に居合わせた被害者の友人が公判当日に出頭しなかったために、彼女らの供述を録取した巡査の証言等に基づいて有罪判決が下されたことに不服を述べたDelta事件判決、ヘロイン注射による死亡事件で、直接申立人と対面しなかった複数の薬物常習者の公判前に獲得された供述に基づいて薬物立法違反および過失致死で有罪とされたことに不服を述べたSaïdi事件判決で、問題の証言が有罪判決認定の唯一もしくは主たる証拠である場合、その証言が行われた時点であれ、その後であれ、手続のいずれかの段階で被告人と証人との対面が行われず、十分に尋問することができなかったのであれば、それは公正な審理を受けることができない程度に申立人の防御を

---

14) Unterpertinger v. Austria, European Court of Human Rights, Series A no.110.

制限し、第6条1項および3項(d)違反であると判断している。

そして、薬物取引に関して、公判開始から証人尋問まで4年経過したこと等に不服が申し立てられたPadin Gestoso v. Spain事件判決15)では、申立人が公開審理で証人を尋問し、その証言を否定する機会があったのであるから、手続のより早い時期に証人を尋問できなかったことがその防御の侵害や公正な審理の剥奪にあたらず、明白に根拠不十分だとして、第6条3項(d)に関する不服を斥けている。

さらに、ベルギーの王族の顧問弁護士であった申立人が顧問弁護士時代の文書偽造や横領に関して、複数の訴因のうち、一部にしか告発人であるその王族との対面がなされなかったにもかかわらず、訴因すべてをその告発に基づかせて有罪判決が認定されたことに不服を申し立てたBricmont事件判決16)でも、王族の告発に依拠したものと思われる訴因すべてに対して対面や尋問に参加する機会がなかったことは第6条違反になるとの判断が示されている。

このように、公判のなんらかの段階で裁判官の面前での反対尋問がない供述を有罪の唯一もしくは主たる証拠とすることができないのは、先ほど述べたような証人審問権の本質から、証人および証言内容について公判裁判官が独自の心証形成を行うことができず、そのようなものに基づいて有罪判決を行うことは被告人の公正な審理を受ける権利を害することになるからであろう。

(2)　例外

一方、公判廷での反対尋問がなかったにもかかわらず、第6条3項(d)違反にあたらないとされた事例も複数存在する。

同居中のガールフレンドへの暴力について、彼女が証言拒否権を行使したために、警察官による被害者の供述と自らの観察についての証言、対談記録、申立人の犯罪記録、医師の診断書2通等によって有罪判決を言い渡されたAsch事件判決17)では、被害者の証言のほかにも証拠が存在していて、防御権が尊重されているので公判でその証言を考慮することに道が開かれており、

---

15)　Padin Gestoso v. Spain, European Court of Human Rights, Reports of Judgments and Decisions 1999-II.
16)　Bricmont v. Belgium, European Court of Human Rights, Series A no.158.
17)　Asch v. Austria, European Court of Human Rights, Series A no.203.

この証言が裁判所をしてその決定を基づかせた唯一の証拠を構成していたのではないから、証人への質問ができなかったことは防御権の侵害ではなく、第6条1項および3項(d)違反はないと判断されている。しかし、Asch事件で被害者の証言以外に国内裁判所に提出された上述のような証拠は、類似の事案であるUnterpertinger事件で国内裁判所に提出された他の証拠（警察の記録、申立人の犯罪記録、以前の有罪判決に関する公式記録、離婚手続に関する公式記録）と大差ないように思われ、診断書の有無以外にはこの2つの判例における結論の違いを説明しがたいように思われる[18]。

被害者が銀行で融資を受ける際に便宜を図ったとしてその借入金から法外な謝礼を差し引くなどしたという金銭的暴利等で、予審段階での申立人の逃走と公判での訴追側証人であった被害者の行方不明のために審理を延期したにもかかわらず、申立人と被害者の対面が行われなかったが、被害者の警察と予審判事に対する供述と他の証拠によって有罪判決を言い渡されたArtner事件判決[19]や後述するDoorson事件判決[20]でも同様の判断が下されている。

したがって、一般原則としてすでに述べたように、証人審問権の本質から、証人の供述を唯一もしくは主たる証拠として有罪認定を行うには、手続のなんらかの段階で被告人が不利な証人に異議を唱え、質問する十分かつ適切な機会を与えることが要求されているのだから、被告人や弁護人によって尋問されていない証人の証言はそのような要求を満たしておらず、そのようなものを有罪認定の証拠として供するには、その証言以外に有罪を立証すると思われる証拠が必要となる。

なお、公判廷で証人が証言することなく、しかも他の有罪を立証する証拠なしに公判に先立って獲得された供述内容に依拠して認定された有罪判決が欧州人権条約違反ではないとされた例がある。Isgró事件判決[21]である。本件では、誘拐およびその被害者の死亡に関係して、申立人が予審判事の面前で弁護

---

[18] Osborne, op. cit. p.265も本件はUnterpertinger事件と事案が類似しており、したがって、両者の結論の違いには理論的な基礎づけがなく、本判決を支持することはできない、としている。

[19] Artner v. Austria, European Court of Human Rights, Series A no.242-A.

[20] Doorson v. the Netherlands, European Court of Human Rights, Reports of Judgments and Decisions 1996-II.

[21] Isgró v. Italy, European Court of Human Rights, Series A no.194-A.

人と検察官の同席なしに情報提供者と対面し、公判では司法当局による発見のための努力にもかかわらず公判で所在不明となったその情報提供者の供述と予審で申立人とその情報提供者の間で行われた対面記録に基づいて有罪判決を受けた。欧州人権裁判所は、問題の情報提供者が後述するような匿名証人ではなく、その身元が裁判所と防御側に知られていたこと、情報提供者と申立人の間で行われた対面が予審判事に提供者の信用性についての情報を提供し、有罪判決が予審判事に対する証言に基づいていること等から、第6条3項(d)の保障を十分に享受していると判断した。この判決からは、当事者間でその独立性について争いがない予審判事という裁判官の面前での被告人と証人の対面が行われたのであれば、それが公判廷での対面の代用となり、一連の刑事手続のなかで対面が行われたということになるということが導かれよう。

(3) 伝聞例外の制限

先にも触れたように、わが国で往々にして問題になるものは刑事訴訟法第321条1項2号で証拠能力付与に際して検面調書を優遇することから生じるものである。国際人権法はこのような調書に対してどのような対応を示しているのだろうか。わが国で問題となるあらゆる状況について先例が存在するわけではないが、死者や国外にいる人物、そして黙秘権を行使した共同被告人の法廷外での供述についても欧州人権裁判所は判断を示している。

まず、死者の供述について、Ferrantelli and Santangelo v. Italy 事件判決[22]がある。そこでは、申立人らは、憲兵の謀殺に関して、最初に逮捕され予審段階で自殺したとされる人物の検察官への供述等に基づいて有罪判決を受けた。有罪認定に際してその供述の他に申立人らの有罪を導く一連の証拠が存在するので第6条3項(d)違反にあたらない、との判断が示されている。

近時よく問題となるものに、最判平7（1995）・6・20（最高裁判所刑事判例集49巻6号741頁、判例時報1544号128頁、判例タイムズ890号80頁）のように、退去強制処分により国外にいるに至った原供述者の供述調書がこの規定に基づいて証拠能力を認められ、有罪認定に供されるという事態がある。国家が一方で当該証人を国外追放にし、その一方で国外にいるために供述不

---

[22] Ferrantelli and Santangelo v. Italy, European Court of Human Rights, Reports of Judgments and Decisions 1996-III.

能であるとして供述調書を証拠採用することの不条理さが指摘されている23)。最高裁はそのような供述調書が作成されるに至った事情如何ではそのような供述調書を証拠採用することは許されない場合もあるとしたが、そのような場合は極めて限定されることになる。国外にいる人物の供述に関してはA.M. v. Italy事件24)があり、そこではイタリア旅行中のアメリカ人未成年への強制猥褻等で、申立人は、尋問嘱託書を通じてアメリカで録取された被害者の両親、被害者を治療している児童精神療法家の証言に基づいて有罪とされた。これに対して、欧州人権裁判所は、有罪判決がアメリカでの証言にのみ依拠しており、申立人がそのような証言に異議を申し立てる適正かつ十分な機会があったとは見なせず、公正な裁判を受けていないとして、第6条1項および3項違反を認定した。本件はそもそも証人が国外にいることが被告国の作為ではない事例である。そのような事例であっても、証人審問権に関する一般原則が当てはまることを示している。

捜査段階から自白しているが、公判廷での証言を拒否している共犯者の供述調書の取調べも問題になる25)。このような場合について東京高判昭63(1988)・11・10（判例時報1324号144頁、判例タイムズ693号246頁）は、証言拒否も当事者の決意が固く翻意することはないと判断され、その拒否が通謀等によるものだということを疑わせる事情がなければ証拠能力の付与を妨げるものではないと判断している。このような事態に関しては、同一犯罪について別の手続の被告人であった証人が黙秘権を行使したために、その証人の検察官への供述を主たる証拠にして申立人が薬物犯罪について有罪判決を受けたLucà v. Italy事件判決では、その証言が有罪判決を基礎づけるのに重要であった場合には、その証言が証人によるものであるか共同被告人によるものであるかに関係なく、第6条1項および3項(d)の保障が適用される証言であり、その証言に専ら基づいて有罪判決を受け、申立人も弁護人も手続のどの段階においても尋問の機会を与えられていないのであるから、第6条1項および3項(d)違反であるとしている。このように、欧州人権条約では、国外にいる人

---

23) 丹治初彦「検面調書（法三二一条一項二号書面）にどう対応するか」季刊刑事弁護9号（1997年）86頁。
24) A.M. v. Italy, European Court of Human Rights.
25) 丹治・前掲注23)84頁。

物や黙秘権を行使している共同被告人だけでなく死者についてさえ、その供述を有罪認定のための唯一もしくは決定的な証拠として使用することは許されず、他の有罪を立証する証拠と一緒にでなければ反対尋問を受けていない証言を有罪認定のための証拠として採用できないという先ほど述べたことが妥当し、伝聞例外についてはわが国の現行制度よりも厳格な運用を行っている。

なお、第321条1項2号に列挙された他の供述不能の類型である所在不明者の供述調書については、先に述べたIsgró事件判決やArtner事件判決が当てはまり、身元不詳者の公判外供述については後述の匿名証人の問題がそのまま当てはまるだろう。

(4) 小括

以上のように、国際人権法では、証人の証言を有罪認定に供するためには、手続のいずれかの段階で防御側の反対尋問を経なければならず、そのような反対尋問を経ない証言を有罪認定のために用いるには他の証拠が必要となる。

では、このような反対尋問はどのようなときに行われるべきなのだろうか。Delta事件判決では、証拠は原則として公開法廷で採用されなければならないということは証人の供述を証拠として用いるためにつねに公開審理で供述されるべきだということを意味するのではなく、第6条3項(d)および1項は供述がなされた時点もしくはその後の手続のなんらかの段階で、不利な証人に異議を唱え、質問する十分かつ適切な機会が防御側に与えられるべきことを要求すると述べ、Bricmont事件判決では、そのような異議を述べる機会が与えられるべき場所として、公開の場だけでなく、必要な場合には告発者の自宅も挙げている。そして、予審での対面で防御権が尊重されたと判断したIsgró事件判決だけでなく、Delta事件判決でも、予審が行われなかったことを特記している。公判裁判官をして、証人とその証言内容について心証を形成させるという証人審問権の本質から、このような証人と防御側との対面は、公判に限らず、予審裁判官を含めた裁判官の面前で行われることが要求されることになる。これをわが国に当てはめると、公判におけるものが原則であるが、少なくとも、公判前の証人尋問や証拠保全の場面がそのような段階となるだろう。しかし、公判前の証人尋問に関しては、防御側には証人尋問の前提となる立会権

が認められておらず、立会いが許される場合があるのみであり、しかもそのような立会いが認められる例がまずないとされている。裁判所が防御側に利益な面についても尋問していると考えられていても、これは国際人権法上、問題のある規定、運用であろう。

次に、反対尋問を経ない証言を有罪認定の証拠に供する場合要求される他の証拠とはどのようなものであろうか。Artner事件判決では、借金の合意に関する書面、借金の分割払いに関する被害者の署名、申立人の被害者に宛てた手紙、犯罪記録と同種前科での有罪判決という他の証拠で反対尋問を経ていない被害者の供述が補強されるためにその供述を裁判所が考慮する道が開かれるとしている。Ferrantelli and Santangelo v. Italy事件判決では、申立人らを含む被告人全員の相互に公訴事実と関連づける供述とそれらの供述の任意性に関する証拠、被告人が友人であった事実、申立人らが襲撃に用いたアセチレンガスを購入し、その運搬を手伝ったという事実、被告人らに納得のいくアリバイがなかったことなどの一連の証拠物があったことを指摘している。したがって、反対尋問を経ない証言を有罪認定に供するために必要な他の証拠には被告人と公訴事実との結びつきを示すものを含む証拠であることが必要であると思われるが、前述のAsch事件判決や他の証拠として申立人の写真が薬物ディーラーの写真ファイル[26]に挿入されていたことと申立人自身がその写真を自分のものだと認めたこと、匿名証人の予審判事の面前での証言、そして公判廷で反対尋問を受けた匿名でない証人の警察での供述といったものを挙げるDoorson事件判決のように、必ずしもそれだけでは被告人と公訴事実との結びつきを強く推測させるわけではない場合もあり、どのような証拠があればよいのかを論じるためには今後の判例の蓄積が待たれよう。

5 防御側証人の問題について

では次に、防御側証人の召喚要求について、国際人権法はどのような判断を示しているのかに移ろう。自由権規約では、多くの事例で防御側証人が召喚

---

[26] 薬物常習者が薬物を買った人物として申立人の写真を指し示したことが本件の発端となった。薬物取引とは無関係の人物の写真も挿入してあり、警察はそれによって供述者の信用性を判断していた。

されなかったことについて個人通報が行われ、それに対して、規約人権委員会が否定的な結論に達している。一方、欧州人権条約では、人権裁判所が防御側証人の問題を扱った例はこれまでのところ多くないが、肯定的な判断も示している。もっとも、規約人権委員会も、アリバイ証人が経済的理由から公判に出頭して証言できなかったことは、死刑を言い渡されるかもしれない事件では、裁判官やその命令で証人と接触していた警察がその者の出頭を確保するべきであったので、第14条1項および3項(e)違反になるとしたLloyd Grant v. Jamaica事件27)、そして通報者らの無罪を証明する内容の警察署の日誌とノートが第一次公判には提出されながら、その後失われ、彼らが有罪判決を受けた第三次公判に提出されなかったことは防御の準備を妨害したかもしれないとして第14条3項(b)と(e)の違反を認定したA.S. Yasseen and N. Thomas v. Guyana事件28)のような例もある。

　さて、欧州人権条約では、まず、先述のEngel and Others事件判決とBricmont事件判決で、武器平等の見地からも防御側が希望する証人全員を召喚することが第3項(d)の趣旨ではなく、どの証人を召喚するかを判断するのは国内裁判所であるとの判断が示されている。一方、勤務していた刑務所での逃亡未遂事件に関与したとされ、第一次控訴審で有罪判決を受けた刑務所の看守であった申立人が、自らの無罪を証明する可能性がある刑務所内での噂に関わる受刑者らを召喚するように求めた詳細な控訴趣意書を提出していた第二次控訴審で実刑判決を受けたVidal事件判決29)では、欧州人権裁判所は、第3項(d)は国内裁判所に証人の召喚の適否を評価する余地を残し、武器平等を目的としているとの判断を示しながらも、第二次控訴審は訴追側証人も尋問しなかったが、武器平等の概念は第3項(d)と第1項の内容に尽きるものではなく、証人申請を暗黙のうちに理由をつけずに斥けたことなどから、公正な審理を受けることができない程度に防御権を制限しており、第6条違反となるとしている。この事例はいずれも直接第6条3項(d)違反を認定したものではない。しかし、欧州人権裁判所は、防御側証人一般に関しては、その召喚について国内裁判所に判断を委ねながらも、有罪認定に決定的な意味を持つ証人の召喚

---

27) Comm. No. 353/1988 (Lloyd Grant v. Jamaica) A/49/40 vol.II.
28) Comm. No.676/1996 (A.S. Yasseen and N. Thomas v. Guyana) A/53/40 vol.II.
29) Vidal v. Belgium, European Court of Human Rights, Series A no.235-B.

を行わなかった場合には被告人の公正な審理を受ける権利を侵害したことになり、条約に反する事態が生じる可能性を指摘している30)。このような欧州人権裁判所の判断と第14条3項(e)違反を認定した自由権規約の先例から、国際人権法は防御側証人全般に対してとはいえなくとも、その証言の如何によっては裁判の結果が変わってしまうような一部の証人について国内裁判所に証人喚問を行うことを義務づけたことになると思われる。

6 匿名証人・隠密捜査官について

これまでのところ、わが国では匿名証人や隠密捜査官の証言が問題になった事例はないようである。また、規約人権委員会に通報された事例も見当たらない。しかし、今後このような問題が生じてこないとも限らず、すでに、欧州人権裁判所は複数の事例でこれらの問題を扱い、その判断を示している。これらの問題はまた、身元不詳者の公判廷外供述という問題について示唆を与えるであろう。供述を行った人物が公判に出頭することが当初から予定されていないこの2類型を別々に取り上げることについては問題があるかもしれないが、欧州人権裁判所はそのような供述者が民間人にすぎないのか、警察官という特殊な立場にある者なのかでその判断に多少の差異を設けているようである。

匿名証人に関するリーディング・ケースは、前掲のKostovski事件判決であ

---

30) 防御側証人の喚問に関する事件として、実業家の爆殺事件に関するBarberà, Messegué and Jabardo事件判決（Barberà, Messegué and Jabardo v. Spain, European Court of Human Rights, Series A no.146.）を挙げることもできよう。本件では、最初に逮捕された人物が警察で外部交通を絶たれた状態で申立人らの関与を供述しながら、弁護人の関与後、予審でその供述を修正・撤回し、自らの刑事事件の上告中に行方をくらました。申立人らが爆殺事件を引き起こした武装集団に属していたがその作戦に関与していたかは不明だというその人物の供述や予審の記録を含む1,600頁にわたる書証が、当事者の合意の下で公判では朗読されず、公判審理が1日で結審し、有罪判決を受けたが、その際最初に彼らの関与を警察に供述した問題の人物の証言がどのように評価されたかについて国内裁判所は何も述べなかった。多くの不服とともに問題の人物を召喚しなかったことについても不服を申し立てられた欧州人権裁判所は、証人尋問の権利は訴追側と防御側の平等な取扱いだけに尽きるものではなく、当該人物の供述が極めて重要なものであり、それが申立人らのいないところで採用され、尋問の機会がなかったのであるから、他の要素とともに全体で捉えると第6条1項違反になる、と判断しており、Vidal事件判決同様に証人喚問が義務的なものになると判断している。

る。本件は、警察だけがその身元を知っている匿名証人が申立人を強盗事件の関与者だと供述した。その匿名証人は予審で証言したが、その際、警察官のみが同席し、予審判事もその者の身元については知らされていなかった。予審での書面による防御側からの質問の多くは匿名性を保護するために答えられず、予審判事と警察官が尋問された公判でも、匿名証人の信用性や情報源を明らかにする質問は許されず、その者の予審での証言に基づいて有罪判決が言い渡されたというものである。欧州人権裁判所は、捜査段階で匿名の情報提供者を排除するものではないとしながら、匿名証人が法廷に出席しないことで公判裁判所は証人の質問を受けた際の態度を観察できず、信頼性について独自の心証を形成することができない、匿名証人を直接尋問している予審判事もその者の身元を知らなければ、供述についてのテストが不十分であり、防御側の不利益は減じない、報復の恐怖という匿名性の理由は決定的なものではなく、公正な司法の運営は民主主義社会で卓越した地位にあり、便宜主義の犠牲にはできない、と述べて、第6条1項および3項(d)違反を認定した。そして、不法目的侵入事件に関して、犯行現場付近で不審車両とそれに乗っている（そのうちの1人が申立人であった）2人を目撃した匿名証人の供述に大幅に依拠して申立人に有罪判決を言い渡したWindisch事件判決で、欧州人権裁判所は同様の判断を示している。しかし、欧州人権裁判所はその後、薬物取引に関して、匿名証人の身元を知っている予審判事の下、弁護人が同席し、その匿名証人が尋問され、公判では匿名証人の信頼性についてその予審判事の判断に依拠してその供述を証拠採用し、有罪を認定したDoorson事件判決では、匿名証人の証言を使用することで発生する本来なら含まれるべきでない困難が当該手続で十分に補われたのであれば、第6条1項および3項(d)違反は生じないということを述べ、本件での匿名性維持の決定を不合理なものではないとしたうえで、匿名証人が弁護人とその者の身元を知っている予審判事から質問され、その者の信頼性を予審判事が判断しており、その者の証言に異議を述べ、信頼性に疑問を投げかけることが防御側に可能であり、事実認定に関してはこの証言だけでなく、他の証拠があり、匿名証言についても細心の注意をもって処理されていることから第6条1項および3項(d)違反ではない、と判断している。

　以上のことから、欧州人権条約では、証人を尋問したり、証人と対面したりする権利を民主主義社会で卓越した地位にあるものとして捉え、その制限で

ある匿名証人の採用には厳格な態度を示している。Doorson事件判決で人権裁判所は初めて匿名証人の証言の証拠採用を認めたが、この場合も、予審判事という「裁判官」の面前で弁護人による対面が実行されたという司法当局がとった手続の存在だけでなく、前述したようにその証言のほかにも証拠が存在したということも考慮されたものと思われる。したがって、Kostvski事件判決の判例変更がなされたわけではなかろう。また、Doorson事件判決は、匿名性維持に関して、当該証人が実際に以前にも同様の事例で報復を受けたことを挙げている。匿名性維持の理由とされる報復の危険が認められるには、かなりの蓋然性が要求されているといえよう。なお、Doorson事件判決では、匿名ではない証人が警察で申立人が薬物ディーラーであると供述したが、公判ではその証言を撤回している。しかし、国内裁判所は警察での供述を考慮している。欧州人権裁判所はこの決定によって公判が不公正なものになっていないと判断している。その理由については判決文からは必ずしも明らかではない。

　一方、隠密捜査官に関して、欧州人権裁判所はタイプの異なる2つの事件で判断を示している。隠密捜査官について欧州人権裁判所が初めて判断を示したのは、Lüdi事件判決[31]であった。本件は、申立人が隠密捜査官の報告書、電話の盗聴記録、申立人自身と共同被告人の自白に基づいて薬物取引につき有罪判決が認定された。隠密捜査官は匿名性維持のために公判廷への召喚を拒否した。欧州人権裁判所は隠密捜査官を第3項(d)の証人であり、その証言が有罪の立証にある程度の役割を果たしたと認定したうえで、申立人はその正体を知らなくとも、その者自身を知っており、警察当局は捜査官の身元を保護することやその者を将来再び同様の任務に使用することは可能であったので、公正な審理を受けたとはいえない程度に申立人の防御権が制限されており、第6条1項および3項(d)に違反するとの判断を示した。そして、強盗事件で使用された車が隠密捜査官の監視下にあったものであることが判明し、その証言に基づき申立人らが有罪判決を受けたVan Mechelen and Others v. the Netherlands事件判決[32]では、尋問は、予審判事と隠密捜査官は同じ部屋に、弁護人は音声のみがリンクする別室にいるという状況で行われた。匿名証人

---

31) Lüdi v. Germany, European Court of Human Rights, Series A no.238.
32) Van Mechelen and Others v. the Netherlands, European Court of Human Rights, Reports of Judgments and Decisions 1997-III.

たる警察官は行政当局に服従義務を負い、通常訴追側とリンクしているという点で、公平な証人や被害者と立場が異なることや、逮捕を行う警察官は公開の法廷で証言することがあることから、匿名証人としての使用は例外的な場合にのみ許容される、匿名性維持の希望は防御権が尊重される限りでは正当でありうるが、より制限的でない手段があればそれが採用されるべきであり、本件では防御側は証人の身元についての情報もなく、その質問を受けての態度を観察して、信頼性のテストができなかったこと、民間人の証人にはそのような保護がなく、脅迫の事実もなかったことから、予審での手続が防御側の不利益を相殺せず、隠密捜査官の証言が有罪認定の唯一の証拠であったことから、第6条1項および3項(d)違反があったとの認定が行われた。

　欧州人権裁判所は、隠密捜査官についても基本的には匿名証人と同様のスタンスに立った判断を行っているが、Van Mechelen and Others v. the Netherlands事件判決に見られるように、警察官という立場の特殊性に重きを置き、匿名性維持については民間人に比べてより厳格な制限を課していると解される。

7　むすび

　以上、国際人権法上の証人審問権を欧州人権裁判所の判例を中心に見てきた。すなわち、証人審問権は、公正な裁判を受けるという被告人の権利を保障するために、反対尋問を受ける証人のようすを公判裁判所が観察し、その証人と証言内容の信用性について独自の心証形成を可能ならしめる機能を本質としている。そして証人審問権にいう「証人」はかなり広い概念であり、そのような証人による証言は原則として被告人が出席している公開の法廷で行われることを要し、そのような証言が行われない場合には、ほかに証拠がある場合にのみ例外的にそれらの証拠とともに有罪認定の判断に供されるが、現段階ではそのような場合に要求される証拠がどの程度被告人と公訴事実を結びつけるようなものであるかは必ずしも明らかではない。ただし、予審判事の面前での証言は防御側との対面があれば、そのような他の証拠がなくとも証拠採用される可能性がある。証人の信用性に関する心証形成の観点からも匿名証人や隠密捜査官の証言を証拠採用するにはかなりの制限が課される。証人の

召喚は武器平等の観点から国内裁判所の判断に委ねられるが、有罪と無罪の分水嶺になる証言のように証言内容の如何によっては召喚が義務的な場合も生じうる。

　このように、国際人権法上、証人審問権は広く保護されている。しかし、このような証人審問権を被告人のために効果的に用いるには弁護人の活動が要となる。自由権規約では、多くの事件で弁護人が証人を召喚しなかったということについて不服が申し立てられている[33]。ほとんどの場合、そのような弁護人の行動が弁護人の職業的判断のなせる技ではないとの証拠がないから、もしくは職業的判断のなせる技であるからそれを締約国の責めに帰すわけにはいかないとして規約違反にあらずとの判断が示されており、欧州人権条約でも、弁護人が証人尋問を行わないという裁判所の決定に異議を述べなかったのであれば、人権条約違反ではないとの判断が示されている[34]からである。防御権を保障するためには、弁護人のさらなる努力が要請されるのである。

---

33)　たとえば、Comm. No.249/1987(Glenford Campbell v. Jamaica) A/47/40やComm. No. 269/1987(Delroy Prince v. Jamaica) A/47/40等。

34)　Kamasinski事件判決(Kamasinski v. Austria, European Court of Human Rights, Series A no.168)とPullar v. the United Kingdom事件判決(Pullar v. the United Kingdom, European Court of Human Rights, Reports of judgments and decisions 1996 III)がそれにあたる。

第6章
国際人権法における通訳人を求める権利

◉田中康代

【国内法】裁判所法74条、刑訴法175条、177条、223条
【国際人権法】自由権規約9条2項、14条3項(a)(b)(f)、欧州人権条約5条2項、6条3項(a)(b)(e)

1　はじめに

　ここ10数年、いわゆる来日外国人が関与する犯罪についての報道は後を絶たない。多くの場合、彼らは日本語やわが国の慣習等に通じていない。また、わが国に定住している人々のなかにも、難民等の場合には同様に言葉や慣習等の壁が存在する。このように日本語や慣習に通じない人々であっても、わが国で犯罪を行い、逮捕・訴追された場合、当然のことながら、わが国で刑事裁判を受けることになる。

　わが国の裁判所では、裁判所法第74条で「日本語を用いる」こととされており、それを受けて刑事訴訟法第175条で国語に通じない者の陳述に通訳人を付すことが義務づけられ、第177条で国語でない文字を翻訳させることが可能であるとされ、第223条では捜査機関は通訳・翻訳の嘱託を行うことができると規定する。実際に、これらの規定、とくに裁判所法第74条と刑訴法第175条を根拠条文として刑事手続で通訳が付されているのである[1]が、これらの規定は国家機関の側から見た規定であり、被疑者・被告人に通訳・翻訳の提供を要求する権利を直接与えるものではない。

　それに対して、自由権規約第14条3項(f)の規定は被疑者・被告人に与えられる最低限の権利のひとつとして「無料で通訳の援助を受けること」を規定しており[2]、欧州人権条約第6条3項(e)も同様の規定を置いている。両者は通訳

---

1)　松本時夫「通訳の法的性格について」『松尾浩也先生古希祝賀論文集下巻』（有斐閣、1998年）403頁。
2)　松本・前掲注1)404頁注1は、この規定が具体的事件で直接的な根拠規定になるといえないとされる。

費用のみについて権利を与える規定のように思われるが、それぞれの実施機関による先例からは、実際には、刑事手続における通訳・翻訳の問題一般を規律する規定として扱われている。ほかにも、自由権規約第14条3項(a)と欧州人権条約第6条3項(a)は、被疑者・被告人が理解する言語で被疑事実や公訴事実を告知することを求めている。また、欧州人権条約第5条2項では、速やかに逮捕理由および被疑事実を被逮捕者の理解する言語で告知するものと規定している。この規定に相当する自由権規約第9条2項には、被逮捕者の理解する言語を用いることは明言されていないが、その起草過程[3]から被疑者が理解する言語を用いることが前提になっているといえよう。国際人権法の先例を概観すると、このような明確に言語について触れているもの以外の規定、とくに、防御のために十分な便宜を与えられる権利を規定する自由権規約第14条3項(b)も通訳・翻訳の問題に関して援用されている。

わが国でも、後述するように、実際に通訳が問題になった事件では被告人側が自由権規約第14条3項(a)や(f)を援用し、裁判所がそれらの規定を解釈している例がこれまでにも見られる。以下では、これまでわが国の判例等から明らかになった問題とそれに対応する規約人権委員会および欧州人権裁判所のさまざまな先例を紹介しながら、国際人権法における通訳人を求める権利について述べていく。なお、通訳言語の問題や通訳人の資質に関する問題等は取調べ段階と公判段階の双方で同じように問題となる。したがって、ここでは特段の場合を除き、取調べ段階と公判段階を区別することなく論じていく。

2 通訳人を求める権利の性質について

通訳が問題になるさまざまな側面の検討に先立ち、この権利の性質をどのように捉えるかが重要であろう。

規約人権委員会は、第14条に関する一般的意見[4]の中で、法廷で用いられる言語を知らない、もしくは理解することが困難であるということは防御権

---

[3] この点については、田中康代「刑事手続における通訳・翻訳を求める権利についての一考察——国際人権法の先例を中心に」法と政治48巻2号(1997年)523、524頁を参照。
[4] General Comment No.13 Article 14 HRI/GEN/1/Rev.3. 翻訳は佐藤文夫「規約人権委員会の一般的意見」成城法学28号(1988年)194～200頁参照。

行使の主たる障害を構成する、と述べている。

また、欧州人権裁判所は、Luedicke, Belkacem and Koç 事件判決[5]とKamasinski事件判決[6]で第6条3項(e)を解釈するに際して、その性質を述べている。前者では、それぞれ別個の刑事事件で有罪判決を受けた3人が有罪判決確定後に通訳費用を請求され、そのことがこの規定に反するのかが争われた。判決では、第6条3項(e)は国内裁判所で使用される言語を理解したり話したりすることができない被疑者・被告人が公正な裁判という利益を享受するためのものということが示されている。そして、電話代金と家賃等の詐欺事件に関して通訳の問題をはじめ多くの問題が争われたKamasinski事件判決でも、同様の判断が示されている。

このような解釈に照らすと、国際人権法上、条約が規定する通訳を求める権利は、当該被疑者・被告人が公正な裁判を受ける権利を実現するために言葉のハンディキャップを除去することをその本質とするといえよう。言葉のハンディキャップが除去されなければ、いかに立派な人権保障規定を設けても、被疑者・被告人はそれらを実際には享受できず、画餅に帰してしまうことになる。したがって、この通訳人を求める権利は言葉のハンディキャップを負った被疑者・被告人にとって、他の権利の前段階的な権利と解すべきであろう。

3 通訳人にかかる費用について

自由権規約第14条3項(f)も、欧州人権条約第6条3項(e)も、ともに「無料」の通訳の援助を受ける権利が被告人にあると述べている。そこでまず、通訳費用の問題を取り上げる。わが国では多くの場合、有罪判決を受けた被告人が負担するものとされる訴訟費用に通訳にかかった費用も含めながら、刑訴法第181条1項但書の免除規定を適用して実際には費用を負担させないという運

---

5) Luedicke, Belkacem and Koç v. Germany, European Court of Human Rights, Series A no.29. 本判決および他の欧州人権裁判所判決の詳細については、田中康代「国際人権法における通訳人を求める権利について──ヨーロッパ人権条約での先例と我が国の先例」法と政治47巻4号(1996年)参照。また、本判決の通訳費用に関する部分については、池田宏子「通訳費用をめぐる国際法と国内法の関係──通訳費用をめぐる外国人の人権」西南大学大学院法学研究論集12号(1994年)10〜15頁参照。
6) Kamasinski v. Austria, European Court of Human Rights, Series A no.168.

用がなされている[7]。しかし、すべての外国人被告人に第181条1項但書が適用されるわけではないため、訴訟費用を請求された元被告人がそのような請求の可否を争う場合が生じる。判例は現在のところ分かれている[8]。

　国際人権法の判例に目を転じると、自由権規約では、規約人権委員会への個人通報で第14条3項(f)の「無料」という文言の意義が争われた事例はないが、先に述べた第14条に関する一般的意見で第3項(f)にいう「無料で通訳の援助を受ける」権利は手続の結果の如何にかかわらず適用されるとされ、わが国の第1回政府報告書に対する最終見解[9]でも有罪判決を受けた後に通訳費用を請求するのであれば規約違反となるとの見解が示されている。

　欧州人権裁判所は、前述のLuedicke, Belkacem and Koç事件判決で有罪判決の後にその費用を請求することは許されない、との判断を示している。そして交通事故に関するÖztürk事件判決[10]で、その性質が刑事事件と同様の性質を持つのであれば、国内法上は行政事件に分類されているものであっても、第6条3項(e)が適用されると判断している。

　したがって、国際人権法上、通訳費用を被告人および元被告人に負担させることは許されないことになる。

　このような無料の通訳・翻訳はどのような範囲に及ぶのかについては、以下で個々の場合について述べることになる。この点について、東京高判平4（1992）・4・8（判例時報1434号140頁）は、自由権規約第14条3項(a)(f)は裁判所での罪の決定に関する規定であって、当然には公訴提起前の被疑者に適用されるものではない、としている。しかし、欧州人権裁判所は一般的に次のような判断を示している。Luedicke, Belkacem and Koç事件判決は「裁判所に

---

7)　大越義久「刑事訴訟における通訳人の公正さと通訳の正確性」『松尾浩也先生古希祝賀論文集 下巻』（有斐閣、1998年）437頁注14。
8)　第14条3項(f)は、有罪判決を受けても被告人に通訳に関する費用を負担させることを許さないとするものには東京地判平3（1991）・12・18（行政事件裁判例集42巻11・12号1880頁、判例タイムズ775号70頁）、東京高判平5（1993）・2・3（法務省刑事局外国人関係事犯研究会編『外国人犯罪裁判例集』〔法曹会、1994年〕55頁）がある。一方、浦和地決平6（1994）・9・1（判例タイムズ867号298頁）は、有罪判決確定後に通訳人費用を被告人に負担させない趣旨まで含むものではないとする。ほかに、第14条3項(f)の解釈を示すことなく訴訟費用納入義務不存在確認を請求する行政訴訟を不適法としたものには、東京高判平4（1992）・9・2（行政事件裁判例集43巻8・9号1146頁）がある。
9)　A/37/40 paras. 53-91.
10)　Öztürk v. Germany, European Court of Human Rights, Series A no.73

おいて使用される言語を理解することまたは話すことができない場合」という文言は無料で通訳人の援助を受けるための条件を示しているにすぎず、公正な裁判を受ける権利を保障する欧州人権条約第6条の文脈からは自己に対して提起された手続で理解することが必要なあらゆる文書と陳述の翻訳・通訳のために無料の通訳人の援助を受ける権利を有すると述べている。そして、Kamasinski事件判決でも、第6条3項(e)の権利は、公判審理における口頭の陳述だけでなく、文書資料および公判前の手続にも適用され、公正な裁判を受けるために「刑事上の罪に問われている人物」が理解し、裁判所に自分を理解させるために必要なものすべてを翻訳・通訳させるために無料の通訳人の援助を受ける権利を有することを意味すると判断している。規約人権委員会はこの問題について判断を示していないが、このような欧州人権裁判所の判断を排除するものではないと思われる。したがって、国際人権法上、無料の通訳・翻訳は、一般的に、それが公判審理におけるものかどうかにかかわりなく、被疑者・被告人が公正な裁判を受けるために理解することが必要と思われるあらゆる陳述および文書に対して提供されることになる。

4 通訳言語の問題

　外国人被疑者・被告人の日本語の理解度・能力を一律に論じることはそもそも不可能であろう。さまざまな背景をもって犯罪に関与した彼らの日本語の能力はまさに十人十色ということになる。たとえば、当該被疑者・被告人がわが国で長年生活していても、彼らの生活圏内に同国人のコミュニティが形成され、日本語を習熟する機会が乏しい場合もある[11]。そこで、当該被告人が裁判所法第74条にいう「国語に通じている」程度は控えめに判断しておくのが相当であるとされている[12]。また、被疑者・被告人の母語以外の外国語を用いる場合も、彼らがその通訳言語をどの程度理解し、使用できるかについても注意を払う必要がある。中国語を母語とする中国系マレーシア人が事態をよく

---

[11]　本上博丈「ベトナム人事件の刑事弁護」渡辺修・長尾ひろみ編著『外国人と刑事手続――適正な通訳のために』(成文堂、1998年)252頁。
[12]　上村立郎「通訳を巡る若干の問題」中山善房判事退官記念『刑事裁判の理論と実務』(成文堂、1998年)117頁。

理解することなく捜査機関や裁判官の「英語を使えるか」という趣旨の質問に然りと答えたために生じた不具合が紹介されている[13]。判例では、タイ人の被告人に英語の通訳を付したことについて争われた東京高判昭35（1960）・12・26（下級裁判所刑事裁判例集2巻11・12号1369頁）や、パンジャブ語圏出身のパキスタン人にウルドゥー語の通訳を付したことについて争われた東京高判平6（1994）・11・1（判例時報1546号139頁、判例タイムズ890号284頁）、イロカノ語圏のフィリピン人にタガログ語と英語の通訳人を付したことについて争われた東京高判平4（1992）7・20（判例時報1434号140頁）などがあり、いずれの事例でも、当該被告人がその言語を理解できる限り母語以外の通訳人を介した公判審理は違法ではないとされている。大阪高判昭27（1952）1・22（高等裁判所刑事判例集5巻3号301頁）は、日本語に通じていれば外国人でも日本語で訴訟を進め、その者の語学力の認定は訴訟指揮の範囲内にあるとした。前述の東京高判平4（1992）・4・8では、捜査段階での通訳が母語によるものでないことが争われ、その際、自由権規約第14条3項(a)と(f)が援用された。東京高裁は、これらの規定を当該被告人への告知や通訳は母国語でのものに限定するものではないと判断している。

　規約人権委員会は、ブルトン語で裁判を受けることができなかったことについてブルターニュのフランス人たちが不服を述べた一連の事件[14]で、自由権規約第14条3項(f)は被疑者・被告人が通常話している言語もしくは最も簡単に話すことができる言語で自らの思うところを述べる機会を与えるものではない、としている。そして、グルジアに対する4件の通報を併合審理したV. P. Domukovsky, Z. Teisklauri, P.Gelbakhiani and I. Dokvadaze v. Georgia事件[15]で、ロシア語を用いてであるとはいえ、グルジアの大学で教育を受け、グルジアの研究機関で働いていたロシア人Domukovsky氏がロシア語での起訴状と

13）　長尾ひろみ「英語通訳の現場から(1)」前掲注11）67～69頁。不具合の例として、当該被告人は自分の言いたいことを英語でどのように表現するのかを通訳人に尋ねている。
14）　Comm. No.219/1986 (Dominique Guesdon v. France) A/46/40, Comm. No. 221/1987 and No.323/1988 (Yves Cadoret and Hervé Le Bihan v. France) A/46/40, Comm. No.327/1988 (Hervé Barzhig v. France) A/46/40,Comm. No. 439/1990 (C.L.D. v. France) A/47/40.
15）　Comm. Nos. 623-624-626-627/1995 (V.P. Domukovsky, Z. Teisklauri, P.Gelbakhiani and I. Dokvadaze v. Georgia) A/53/40 vol.II.

公判での通訳人を求めたにもかかわらず、それらが提供されなかったことを第14条3項(f)違反にあたらない、と判断する際に、通報者がグルジア語の知識が不十分であることを示していないと述べている。裁判地国で高等教育を受け、研究機関で働いていたという事実は、当該人物がその国の言語にかなり熟達していることを推測させる。したがって、規約人権委員会がDomukovsky氏に裁判で用いられる言語に通じていないということの立証を求めたことは合理的であろう。これらの規約人権委員会の先例から、被疑者・被告人に対して必ず母語での通訳を提供しなければならないわけではなく、彼らが提供された通訳言語を十分に理解しているのであれば、わが国の判例が是認するような運用は国際人権法上も認められるものである。したがって、日本語に十分通じていると考えられる被告人には、その国籍の如何を問わず、通訳人を付すことなく、日本語のみで手続を進めることにも問題はないし、被疑者・被告人の母語以外の言語による通訳の場合も同様に問題はないと思われる16)。

一方、欧州人権裁判所はBrozicek事件判決17)で言語の選択の問題に判断を示している。イタリアでの公務執行妨害および暴行罪について帰国後訴追された申立人が、送達されてきたイタリア語での「司法上の告知」を自分はイタリア語がわからず、逮捕時から母語もしくは国連公用語を用いるように要求しているという趣旨の手紙とともに転送したが、その後申立人の転居といった事情も加わって欠席裁判となり、有罪判決を受けたことに不服を申し立てたという事例である。申立人自身がその言語を理解していないことを表明し、国籍国の言語もしくは国際語での書面を明示的に要求していたのであれば、イタリア当局が申立人には司法上の告知を理解するに十分なイタリア語の能力があると立証しない限り、第6条3項(a)を充足するには申立人の要求に従うべきであり、その要求を満たしていない状況では、第6条3項(a)に違反すると判断している。

これらの先例を併せて考えると、被疑者・被告人が当初から明示的に捜査機関や裁判所で用いる言語が理解できないと述べている場合には、国内当局がその者は取調べや裁判で使用される言語を理解できると立証しなければ、そ

---

16) 江橋崇「アジア人労働者と『公正な裁判』を受ける権利」法と民主主義242号(1989年)5頁も同旨。
17) Brozicek v. Italy, European Court of Human Rights, Series A no.167.

の者が要求する言語での通訳を提供する必要があるが、その者が取調べや裁判で用いる言語を理解できると合理的に推測される場合には挙証責任が被疑者・被告人に転換される。したがって、原則として、通訳人を付さない場合もしくは母語以外の通訳人を付す場合には、当局側がその理由を被疑者・被告人に説明することが必要になるであろう。

5 通訳・翻訳を要求できる範囲について

(1) 一般論

　無料の通訳・翻訳は具体的にはどのような範囲において提供されるのかについて、これまで、国際人権法の先例では、公判手続のほか、逮捕時およびその後の被疑事実などの告知、そして防御の準備のために必要と思われる文書の翻訳等についての判断が示されてきた。

　公判手続で被告人は通訳人の援助を受ける。その際には、被告人の面前で行われる手続や打合せなど、あらゆる発言が逐語訳されることが望ましい。しかし、これでは被告人を含めた関係者すべてに過大な負担を負わせる事態が生じかねず、迅速な裁判という要請からも現実的なものではない場合がありうる。そのため、ある程度の取捨選択を行わざるをえない場合も生じよう。一審での判決言渡時に通訳を付さなかったことの違法性が争われた最判昭30（1955）・2・15（最高裁判所刑事判例集9巻2号282頁）は、裁判等の趣旨を了解させるためにも判決言渡時に通訳人を付すことも刑訴法第175条の趣旨に含まれると述べた。かつては被告人質問の問答のみを通訳させるという例もあったようである[18]が、近時では、それだけに限らず、裁判の内容や証人尋問等も説明されるようであり、起訴状朗読、黙秘権告知、冒頭陳述、証拠書類の要旨の告知、論告、弁論なども通訳させているという[19]。被疑者・被告人が公正な審理を受けるために必要と思われるあらゆる陳述および文書に対して通訳が提供されるべきだという国際人権法の要請からは、このような対応が望ましいであろう。「調書裁判」と揶揄されるような大量の供述調書を作成するためにも、捜査官や検察官が被疑者とコミュニケーションをとることが必要な捜査段階では、通訳

---

18) 長尾・前掲注13) 63〜65頁。
19) 植村・前掲注12) 120頁。

人の介在が不可欠である。したがって、罪体について取り調べる場合等取調べ段階では捜査官側の必要からも通訳人を付さないということはあまり考えられないと思われるが、現に、裁判所から当番弁護士に通訳を同行されたほうがよいと通知されるような語学力の被疑者に対し、権利告知、弁解録取、そして取調べの一部まで通訳人を付さずに行ったという事例が紹介されている[20]。権利告知等は被疑者・被告人が公正な審理を受けるために必要不可欠なものである。したがって、このような事態は国際人権法上許されるべきものではないであろう。

　国際人権法の先例では、具体的に公判廷での手続のどのような部分の通訳が必要的なものであるかを述べているものは見当たらないし、捜査段階についてもどのような範囲で通訳の提供が必要かについて判断を示しているものは見当たらない。公判手続については、欧州人権裁判所がKamasinski事件判決で、判決について、欧州人権条約は判決の翻訳書面まで要求していないという人権委員会の判断を支持している例があるだけである。しかし、Kamasinski氏の弁護人は通訳人の資格も持っており、一審での有罪判決後になんらかの支障を来たすことなく上告手続等を行うことができたことが特記されている。そして、公判廷では判決の通訳自体はなされている。

(2)　告知に関する通訳の問題

　逮捕時の告知という問題は自由権規約では第9条2項、欧州人権条約では第5条2項が適用される。逮捕時にその理由や被疑事実を告知しなかった場合について、規約人権委員会はGerald John Griffin v. Spain事件[21]とMichael and Brian Hill v. Spain事件[22]で判断を示している。前者は友人と旅行中のカナダ人Griffin氏が使用していたキャンピング・カーから薬物が発見され、共犯として有罪判決を受けたというものであったが、その際、逮捕時に通訳人がいなかったために逮捕理由と被疑事実を告知されなかったことが不服のひとつであった。規約人権委員会は、逮捕が深夜11時半に、Griffin氏も立ち会っていた薬物発見の直後になされ、その翌朝、予審判事が通訳人を介して逮捕理由を

---

20)　本上・前掲注11)253頁。
21)　Comm.No.493/1992(Gerald John Griffin v. Spain) A/50/40 vol.II.
22)　Comm.NO.526/1993(Michael and Brian Hill v. Spain) A/52/40 vol.II.

告知したことから、Griffin 氏が逮捕理由を知らなかったとすることは不合理であり、予審判事による告知で直ちにその理解する言語で被疑事実を告知されたことになると認定した。一方、Hill 事件は旅行先で放火事件を起こしたとして有罪判決を受けたものであるが、逮捕理由が直ちに告知されなかったことを不服のひとつとしている。委員会は弁護人同席の下で十分に告知できるように通訳人が到着するまで警察は3時間取調べを中断していると認定し、このような状況は第9条2項違反にはならない、と判断した。Griffin 事件での判断は、逮捕が現行犯逮捕に類似する状況であったこと、そして予審判事による被疑事実の告知以前には取調べを控えていたこと等を考慮して行われたのであろう。

　被疑者・被告人は逮捕の際に逮捕理由と簡単な被疑事実を告知された後、防御を尽くすために自らが問われている犯罪についてその理解する言語で速やかつ詳細に告知される権利を有することが、自由権規約では第14条3項(a)で、欧州人権条約では第6条3項(a)で述べられている。防御を尽くすために与えられている権利である以上、これらは自由権規約第14条3項(b)や欧州人権条約第6条3項(b)に規定される十分な時間と便宜の利用を可能ならしめるようなものでなければならない。すなわち、被疑者が取調べの途中で自らに対する被疑事実を知ったということは許されない。遅くとも、最初の取調べを開始する前には、捜査官側から被疑者に被疑事実・罪名・罰条を逮捕時に行った告知よりも詳細にその理解する言語で告知しなければならない。したがって、(1)で紹介した事例のように、罪体の取調べまで通訳人を付さないで取調べ等を行うということは、この点からも許されない。

　第14条3項(a)の告知は、起訴状謄本の翻訳問題にも深く関わる。外国人被告人に送達された起訴状謄本に翻訳が付されなかったことが多くの事例で争われた。東京地決平2(1990)・9・28(判例時報1362号61頁)で、検察官が起訴状謄本に翻訳文を添付して公訴提起することや裁判所が起訴状謄本を翻訳文とともに被告人に送達することを現行法は要求しておらず、このような公訴提起および起訴状謄本の送達にはなんらの違法もないとの判断が示されている。このような解釈はその後の判例に共通の解釈と思われ、いずれの判例でも、起訴状謄本送達時に翻訳文を添付するなどして起訴内容を告知することが好ましいと指摘しながらも、起訴状謄本のみを送達することの違法性を排

除している。この問題に関して、起訴状謄本に被告人が理解する言語での翻訳文を添えずに送達することは自由権規約第14条3項(a)および(b)等に違反し、無効だと主張して争われた事例がある。東京高判平3（1991）・9・18（東京高等裁判所刑事判決時報42巻1号37頁、判例タイムズ777号260頁）は、被告人の防御権の保障が自由権規約と憲法第31条の要請を満たしたものであるかは制度および手続の運用全体を総合的に考察すべきものとしたうえで、第14条3項(a)の「速やかに（promptly）」という文言を時間的即時性の比較的緩やかな訓示的表現であり、遅くとも、公判手続の冒頭で起訴状朗読がなされ、これが被告人の理解する言語で通訳されれば、最低限、その要請は満たされるものと解すべきであると判断している。

　規約人権委員会の一般的意見によると、第14条3項(a)のpromptlyという文言は、「権限ある当局によって最初に嫌疑をかけられたとき、直ちに（as soon as）」ということを要求し、この権利は捜査の過程で、裁判所または訴追当局が被疑者に刑事手続を開始することを決定した段階で生じる、とされている。そして、ここで提供することが求められる情報には嫌疑に関わる法および事実を含む。また、直接には第14条3項(a)について争われたわけではないが、前述のV. P. Domukovsky, Z. Teisklauri, P. Gelbakhiani and I. Dokvadaze v. Georgia事件では、グルジア語にかなり通じていると合理的に推定できるであろうDomukovsky氏にロシア語での起訴状を提供せずとも、第3項(f)には反しないと判断している。このような判断からは、裁判所で用いられる言語を理解したり話したりできない被告人にはその者の理解する言語での起訴状を送達しなければならないと思われる。

　欧州人権裁判所では、前述のKamasinski事件判決でこの問題についての判断を示している。認定された通訳人資格を有する弁護人が欠席した予審で起訴状の翻訳が行われ、公判での起訴状の朗読時には翻訳はされなかったが、Kamasinski氏が起訴内容を理解していると述べたうえで、Kamasinski氏と弁護人が起訴状の翻訳を放棄した。予審での翻訳の範囲については争いがあり、Kamasinski氏は罪名しか告知されなかったと主張して第6条3項(a)違反を申し立てた。人権裁判所は、裁判所で用いられる言語に通じていない被告人は起訴状の翻訳書面が提供されなければ実際には不利な立場に置かれるとしながらも、起訴内容と起訴状自体が複雑なものではなく、公判の6週間以上前に、

予審で十分に犯罪の詳細を知らされ、公判では英訳がないことに異議を唱えず、質問された時点で起訴内容を理解していると答え、英訳を放棄したことから英語による口頭での説明で第6条3項(a)にいう「その性質及び目的」を知らされた、と判断している。このような判断を推し進めると、起訴状の内容が複雑な場合に翻訳書面が必要な事態も存在することになる可能性もありうるだろう。

　以上のことから、先ほどの東京高等裁判所の判例における自由権規約第14条3項(a)の解釈には疑義を持たざるをえない。国際人権法の要求に沿って被告人に公訴事実を告知するには、起訴状謄本送達時に翻訳を添付するか、もしくは防御の準備のために十分に時間がとれるような時期に翻訳を行うことが求められるといえよう。そのような翻訳は、できれば書面であることが望ましく、複雑な事案については翻訳書面で行うことが半ば義務づけられるといえよう。起訴状謄本に翻訳を付してもその内容が簡単な概要にすぎないような場合には、防御の準備に支障を来たすおそれもあり、第14条3項(a)違反の可能性もありうる。また、わが国の判例では、弁護人が通訳人を同行して接見していることや捜査段階で取調べを受けたことを公訴事実の告知がなされたと解する一要因としているようである。しかし、条約上の権利を被疑者・被告人に保障すると約束しているのは国家なのであるから、その履行を一私人たる弁護人に押しつけるわけにはいかない。また、捜査段階で取調べを受けたとしても、1つの事実が複数の法的評価を可能ならしめることもあるし、取調べのときにはほとんど触れられなかった問題について起訴される場合も生じうるのであるから、取調べを受けたという一事をもって公訴事実の告知を行ったと解することにも無理があろう。

(3)　接見での通訳

　国際人権法上、無料の通訳は被疑者・被告人が公正な裁判を受けるために理解することを必要とする陳述および文書に及ぶ。したがって、無制限に認められるものではないかもしれないが、防御に必要な範囲で弁護人との接見にも適用される必要がある。国選弁護事件では、公判での法廷通訳人が接見に同行し、そのような通訳人の同行が不可能な場合にのみ別の通訳人の接見通訳の費用を国が負担するが、法廷通訳人が予断を抱く可能性を考慮して別の通訳

人を同行させる場合には国は費用負担を拒むようである23)が、法廷通訳人以外の通訳人を介在させてであろうと、防御に必要不可欠なものには無料の通訳が提供されなければならない。

　この点について、欧州人権委員会が消極的な判断を示したことがある。X v. Austria事件24)で、言葉の通じない被疑者・被告人には法律扶助弁護人の選任の際に配慮されるという国内実務を引用しながら、第6条3項(e)は弁護人との間には適用がない、と述べた。しかし、その10年後、Cafer Zengin v. the Federal Republic of Germany事件25)で公判前の被告人と弁護人との協議に第6条3項(e)の適用があるか否かを決する必要はない、として、この関係で無料の通訳を受ける権利を明白に排除することを避け、判断を拡張しているかに思われる。したがって、今後はこの関係にも無料の通訳を受ける権利が適用されるとの判断が示される可能性もなきにしもあらずであろう。

(4)　書面等の翻訳

　公正な裁判を受ける権利が保障されるためには、公判廷での手続だけでなく、書証や判決書面等の翻訳が提供されることも必要になる。このような書面のうち、先述したように、起訴状等の翻訳は防御の準備に必要な時間がとれるように、即座に被疑者・被告人に提供されるということが国際人権法の要請である。他の文書の翻訳については、具体的にどのような書面の翻訳が必要であるかはまだ不明確である。

　規約人権委員会は、Barry Stephen Harward v. Norway事件26)でこの問題を一般的に扱った。Harward氏はヘロインの密輸事件で有罪判決を受けた際に、起訴状・共同被告人の警察への供述・裁判記録の翻訳書面が提供されたが、1,100頁にわたる文書の全訳が提供されなかったために公判準備に支障を来たしたとして第14条3項(b)違反を申し立てた。これに対して、規約人権委員会は、被疑者・被告人が不利な文書に精通する機会を持つことは公正な審理の保障にとって重要であるが、そのような文書が弁護人に利用可能な限りで全

---

23)　和田重太「ナイジェリア人の刑事弁護」前掲注11)241、242頁。
24)　X v. Austria, Application No.6185/73, Decisions and Reports 2 p.68.
25)　Cafer Zengin v. the Federal Republic of Germany, Application No.10551/83, Decisions and Reports 63 p.5.
26)　Comm. No451/1991(Barry Stephen Harward v. Norway) A/49/40 vol.II.

文書の翻訳の提供を受ける権利を与えていないと判断し、Harward氏の弁護人が全文書にアクセスし、通訳人を介してHarward氏と接見しているのであるから、弁護人は記録に精通し、必要があればHarward氏にその翻訳を朗読する機会があり、このような状況では、防御の準備のための十分な時間と便宜があったと述べている。Hill事件でもこの判断が確認されている。欧州人権裁判所も、Kamasinski事件判決で、通訳人の援助は、被告人が当該事件についての知識を得、当該事件についての自分の考えを裁判所に伝えて防御を可能ならしめる範囲のものであり、すべての書証もしくは公式文書の書面での翻訳まで求めていない、と述べている。

　このように、国際人権法では、被疑者・被告人が事件の内容を知るうえで欠くことができないようなものには翻訳を提供すること必要であるとしながらも、弁護人が文書資料すべてにアクセスでき、その内容について被疑者・被告人に了知させることができるのであれば、文書資料のすべてを翻訳させる権利までは認めていない。

　わが国でとくに問題になるのは、捜査段階で作成され、証拠採用される供述調書の存在である。供述調書は読み聞けと供述者の署名押印で正確性が担保されるわけであるが、供述調書に書かれたもの自体が供述者の原供述そのものではない。通訳を介して作成される供述調書の場合、その通訳人の日本語の能力によるかもしれないが、通訳人が日本語で表現した供述が、それそのままにではなく、別の表現で供述調書に記録され、読み聞けの段階では、その調書の内容がそのままではなく、通訳人が理解・表現しやすいように捜査官が用いたより簡単な表現について再度通訳を行うという実務を判例[27]でも認容している。「原供述→通訳→録取→読み聞けのための通訳」というプロセス（内容に関しては、$A \to A' \to A'' \to A'''$ と表すことができよう）を経て、読み聞けが行われるわけであるが、録音・録画などの可視化が図られていない以上、$A'' = A'''$ もしくは少なくとも、$A'' \fallingdotseq A'''$ であることが、ひいては $A = A''$、もしくは少なくとも $A \fallingdotseq A''$ であることが必ずしも担保されているとはいえないことになる。供述者の供述調書が公判で大きな役割を果たす以上、防御に必要不可欠な文書として、被疑者が正確な内容を十分認識できるようにすることが、国際人権

---

27) 東京高判平8（1996）・7・16高等裁判所刑事判例集49巻2号354頁、判例時報1591号132頁。

法の公正な審理を受ける権利に照らして求められているといえよう。

6 通訳人の資質についての問題

わが国では、通訳人の能力[28]や公正性も問題となっている。すなわち、このような通訳を介して捜査段階で作成された供述調書の証拠採用の可否や、そのような通訳人を介してなされた原審の有罪認定の正当性である。判例は、大阪高判平3(1991)11・19(判例時報1463号143頁)といった例外[29]を除くと、いずれも、最終的には当該通訳人の能力・公正性には問題はないとして、供述調書を証拠採用したり、原審の認定を支持したりしている。捜査段階の通訳人の能力に疑問を呈すると裁判所の働きかけで検察官が供述調書の証拠調べ請求を撤回する場合もあるが、それは稀な場合であるとの紹介[30]もある。

規約人権委員会は、ヘロインの密輸事件で有罪判決を受けた通報者が通訳のまずさのために不利な回答をしたり、自分の供述の訳に誤りがあったりしたことが第14条3項(f)の違反になると主張したKlaus Werenbeck v. Australia事件[31]で、第14条3項(f)は法廷で用いられる言語を理解したり話したりできない被疑者・被告人に能力のある通訳人の無料の援助を提供することを当事国に義務づけている、と述べ、十分な資格を持った通訳人が公判で提供され、裁判官が全訳することを定期的に通訳人に指示していたのであるから、第14条3項(f)違反の主張を許容できないとしている。また、前述のHill事件でも、逮捕が第9条2項に反するものでないと判断する際に、当該通訳人が、専門的

---

[28] 通訳人の能力不足については、ガソリンスタンドであるpetrol pumpをパトロール・カーpatrol carと誤訳した警察官の通訳がよく引き合いに出される例である。水谷英夫・長沢弘・小島妙子・斎藤拓生・斉藤睦男・草場裕之「外国人刑事裁判と言葉の壁――中国人刑事事件を素材として」労働法律旬報1332号(1994年)30頁、水木万木子「司法手続き上のコミュニケーションにかかわる諸問題」長尾ひろみほか編『外国人事件における司法通訳の現状』(聖和大学人文学部、1997年)23頁など。水木23～24頁では、なぜこのような誤訳が生じたかについて詳細に説明している。

[29] ただし、差戻後の地裁判決である神戸地判平6(1994)・5・12(判例タイムズ879号284頁)も、第二次控訴審判決も最初の地裁での通訳人の能力には問題がないとして有罪判決を言い渡している。髙見秀一「外国人事件と公判弁護――公判のテープ録音と通訳の正確性」渡辺修編著『刑事手続の最前線』(三省堂、1996年)68頁以下。

[30] 梓澤和幸「外国人刑事手続における最近の問題点」季刊刑事弁護4号(1995年)42頁。

[31] Comm. No.579/1994(Klaus Werenbeck v. Australia) A/52/40 vol.II.

なルールに従って任命された公式通訳人であったこともそのような判断に達した一要素であると解せられる。したがって、自由権規約は有能な通訳人を提供することを当事国に求めており、当該通訳人が一定の専門的な認定基準に沿って認定された有資格者であることでこの要求が満たされるとしている。

わが国に法廷通訳人の資格認定制度がない以上、とくに、アジア系の言語では、通訳人の能力が玉石混淆になってしまうこともいたしかたないことなのかもしれないが、通訳人の能力について裁判所等は、このような自由権規約の要求をつねに意識する必要があろう。なお、在日米兵の強姦致傷事件について、「必要と認めたときは、有能な通訳を用いる権利」32)を認める日米安保条約に基く行政協定違反を理由に上告された最判昭34（1959）・2・6（最高裁判所刑事判例集13巻1号55頁）は、このような権利は被告人が必要な場合に自ら行使するものであって裁判所にそのような義務を負わせしめたものではないとの判断を示しているが、そのような権利の保障を国家が約束している以上、その権利を行使することを可能ならしめる方策を国家機関が講じなければならない。

7　むすび

以上、大まかに国際人権法上の通訳人を求める権利について述べた。すでに多くの国際人権法の先例がこの問題への示唆に富む判断を示している。取調べ段階での通訳の問題など、わが国でとくに問題になっていると思われる点に関する先例が見られないことは残念なことであるが、取調べにあたっても被疑者・被告人に公正な審理を受けさせるために理解することが必要な範囲の陳述に通訳人を付すという国際人権法の通訳人を求める権利の本質を尊重することが望ましいと思われるし、国は有能な通訳人を提供する義務を負うのだという認識が必要であろう。また、接見に関する問題や判決の翻訳などでは、わが国の実務がより広い範囲で通訳を提供しているように思われるとこ

---

32)　日本国とアメリカ合衆国との間の安全保障条約第三条に基く行政協定第17条9項「合衆国軍隊の構成員若しくは軍属又はそれらの家族は、日本国の裁判権に基いて公訴を提起された場合には、いつでも、次の権利を有する。……(f)必要と認めたときは、有能な通訳を用いる権利……」。

ろもあるが、自由権規約第5条2項が述べるように、規約を理由として規約が保障する以上の権利を制限することは許されない。したがって、そのような場合にはさらなる権利の充実をめざすことが必要であろう。

第2部
被拘禁者の処遇と国際人権法

第1章
被拘禁者の人権と拷問等禁止条約

●北村泰三

【国内法】憲法18条、36条、38条、刑法195条、刑訴法39条3項、319条、監獄法15条、47条、158条、監獄法施行規則9条
【国際人権法】世界人権宣言5条、拷問等禁止宣言、拷問等禁止条約、自由権規約4条、7条、10条、欧州人権条約3条、15条、米州人権条約5条、27条、欧州拷問防止条約、米州拷問禁止条約

1 はじめに

　わが国は、国連が採択した「拷問等禁止条約」(正式名「拷問及び他の残虐な、非人道的な又は品位を傷つける取扱い又は刑罰に関する条約」(以下では、拷問等禁止条約という)を1999年に批准した[1]。本条約の目的は、拷問および非人道的取扱いまたは刑罰の禁止を徹底し、加害者の責任追及に遺漏のないよう国内法で措置するとともに、拷問実行者等を処罰するための国際協力体制を構築することにある。

　わが国は、各国の対応を見定めたうえ、ようやく批准のための重い腰を上げたという観がある[2]。批准が遅れた背景には、わが国が一般に人権条約の批准にはあまり積極的でないという理由のほかに、すでに公務員による拷問は、憲法第36条および第38条により禁止され、行為者の処罰についても刑法第195条で特別公務員暴行陵虐罪が定められ、強制、拷問等による供述の証拠能力も刑訴法第319条により否定されているという理由もあるだろう。国内法でも

---

1)　拷問等禁止条約は、1984年12月10日採択、1987年6月26日発効。2002年2月8日現在、締約国数128カ国。本条約に関する基本文献として以下を参照。J.Herman Bergers and Hans Danelius, The United Nations Convention against Torture, Martinus Nijhoff, 1988; Nigel S. Rodley, The Treatment of Prisoners Under International Law, 2nd ed., Clarendon Press, 1999. 大倉一美編著『拷問禁止条約とは何か』(創史社、1998年)、アムネスティ・インターナショナル日本支部編、今井直監修『拷問等禁止条約——NGOが創った国際基準』(現代人文社、2000年)、今井直「拷問等禁止条約の意義」早稲田法学会誌36号(1986年)、同「拷問等禁止条約とは何か」自由と正義52巻9号(2001年)32～41頁。
2)　わが国は、1999年6月1日衆議院本会議にて承認(全会一致)、6月9日参議院本会議にて承認(全会一致)、同年7月29日発効。

二重、三重に禁止されているので、ことさら条約批准の必要性が認識されてこなかったと思われる。しかし、本条約は、狭義の意味での身体的な拷問だけでなく、精神的な拷問をも拷問の概念に含ませているほか、拷問には至らなくとも非人道的、品位を傷つける取扱いまたは刑罰をも禁止している点で、一連の国内法よりも広範な適用が予定されている。また、拷問を国際犯罪と規定し、国際的な防止体制の下で相互に拷問禁止のための法的枠組みを構築することも、拷問等禁止条約に加入することによって付加される面である。

さらには、わが国でも実際には、法執行職員による法の運用面での問題がある。とくに、警察留置場、刑務所などの拘禁施設、入管収容施設等における被拘禁者に対する暴行事件およびそれに準ずる処遇等の問題は、以前から発生してきたのであり、拘禁施設への第三者機関による立入調査制度の設置を求めている点で本条約批准の意味は決して少なくない[3]。本条約の趣旨を十分に活かして適用するならば、被疑者の取調べの段階から代用監獄での問題、刑務所等の拘禁施設における処遇など諸方面で精査の対象となるべき事項は多い。そこで本章では、国際社会における拷問禁止の意義を再確認し[4]、続いて本条約の内容を検討し、さらにわが国における実施に際しての問題点を検討する。

2 国際社会における拷問禁止

(1) 国際人道法分野

拷問禁止に関する国際法規は、国際人権法と武力紛争時に適用される国際人道法との両面において発展してきた。その意味で、拷問等禁止条約は両分野を架橋する結節点に位置している。

国際人道法の分野でも拷問、非人道的行為を国際犯罪として定義し、責任者を起訴し、処罰する体制の構築が長らく模索されてきた。第2次世界大戦後に戦争犯罪人を処罰するために設置された国際軍事法廷は、「人道に対する罪」

---

3) これらの指摘については多くの文献があるが、国際人権法の視点を強調したものとして、小池振一郎・海渡雄一『刑事司法改革──ヨーロッパと日本』（岩波ブックレット、1992年）、庭山英雄・西嶋勝彦・寺井一弘編『世界に問われる日本の刑事司法』（現代人文社、1997年）。
4) 拷問の実態については次を参照。アムネスティ・インターナショナル編『拷問はいま──癒されぬ傷跡』（現代人文社、2001年）、アムネスティ・インターナショナル編『アムネスティ人権報告9 拷問廃止』（明石書店、2001年）。

の概念を適用した。しかし、それには罪刑法定主義の観点から疑念がつきまとっていた。そうした疑念を払拭するために国連では、1948年に採択された「集団殺害罪の防止及び処罰に関する条約」(ジェノサイド条約)により、「集団構成員に対して重大な肉体的または精神的な危害を与えること」を禁止した。また、1949年の捕虜、文民、傷病者等を保護するためのジュネーブ諸条約の共通3条においては、拷問、非人道的取扱いが禁止された5)。

(2) 国連機関による調査

国連内部では、個人からの通報を受理し審査するシステムがあり、そこに寄せられた拷問に関する訴えに対して国連も当然に関心を払ってきた。一般に国連人権委員会においては、1235手続および1503手続の下で、拷問に関する訴えが一貫的かつ大規模な人権侵害事件として調査の対象とされるが6)、これらの手続では、どうしても大国よりは小国の人権侵害だけが取り上げられる傾向が見られるなど、二重基準であるという批判があった。そうした批判をかわすために、1980年代には、「強制的または非自発的失踪に関する特別報告者」が設けられたのを端緒として、いくつかの重要な人権課題について「主題別特別報告者」の制度が創設された。その一環として、1985年には「拷問特別報告者」の制度が作られた。特別報告者は「拷問等禁止宣言」(1975年)の履行を監視し、拷問に関する事実調査を実施し、必要に応じて関係政府に実態についての報告書を起草し、人権委員会に討議のために提出する任務を負うことになった7)。この制度は、監視と勧告の任務が中心であり、拘束力のある決定を行うものではない。これを担保する方法としては、国連人権委員会の討議に付し、さらに高次の国連人権システムにおいて監視を強化する方法がある8)。

---

5) 詳しくは、Meron, Theodor, The Humanization of Humanitarian Law, American Journal of International Law, Vol. 94-2 (2000) p.239-278.
6) 久保田洋『国際人権保障の実施措置』(日本評論社、1993年)109～147頁。
7) 特別報告者の制度には、そのほかにも「略式または恣意的処刑に関する特別報告者」(1982年設置)がある。
8) 拷問特別報告者は、1995年にはわが国の被拘禁者についても報告を行った。そのほかの点では、国連総会が1981年に設立した「拷問犠牲者のための国連ボランティア基金」は、被害者救済の活動にあたっている団体を支援している。竹本正幸「国際連合による人権保障体制」田畑茂二郎編『21世紀・世界の人権』(明石書店、1997年)37～58頁。

(3) 拷問禁止の条約化

世界人権宣言第5条は拷問および非人道的な取扱いを禁止していたが、その趣旨を徹底するため拷問禁止を条約化する作業が試みられた。1966年には国際人権規約が採択されるが、これとは逆行して1960年代に世界各地で増え始めた軍事政権は、70年代に入ると世界中の至る地域に蔓延した。とくに、ラテンアメリカやアジア、アフリカの途上国においては、経済発展を優先し、個人の人権に抑圧的な権威主義的体制、または開発独裁と呼ばれる全体主義的政権が成立し、国家非常事態等を理由として憲法の人権保障を一時的に停止させ、政治的反対派に対する拷問、失踪、恣意的処刑などの大規模人権侵害が頻発した[9]。そうした状況下でNGOの活動に影響を受けて、1975年に国連総会は「拷問等禁止宣言」を採択した[10]。これをきっかけとして、70年代後半からアムネスティ・インターナショナルや国際法律家委員会などのNGOや北欧諸国などが中心となって条約化の動きが高まり、1985年の国連総会において拷問等禁止条約の採択へと結びついていった[11]。

国連だけではなく、欧州と米州の地域的機関の内部でも拷問禁止の条約化が行われている。欧州審議会 (Council of Europe) 諸国間では、欧州人権条約の実施を通じて拷問に関する判例法を展開させてきたし[12]、さらに拷問禁止

---

[9] 北村泰三「非常事態における人権保障」熊本法学41号 (1984年) 1～70頁。
[10] 拷問に関する国連総会決議には、「拷問等禁止宣言」(Declaration on the Protection of All Persons from Being Subjected to Torture and Other Cruel, Inhuman or Degrading Treatment or Punishment (9 Dec. 1975) A/RES/3452 (XXX)) がある。ほかにも、医師が拷問に関与している場合があることから、国連総会は、「被拘禁者の拷問等からの保護に際しての医師の倫理原則」(Principles of Medical Ethics relevant to the Role of Health Personnel, particularly Physicians, in the Protection of Prisoners and Detainees against Torture and Other Cruel, Inhuman or Degrading Treatment or Punishment (18 Dec. 1982) A/RES/37/194) を採択した。同様に、1988年の被拘禁者保護原則第6条でも「拷問、非人道的取扱い又は刑罰の禁止」を掲げている。
[11] 詳しくは、Bergers and Danelius, 前掲注1) 31～110頁。
[12] アイルランド対英国事件の欧州人権裁判所判決では、英国の北アイルランド地方の特別権限法の下での予防拘禁措置と、緊急措置法の下での被疑者取調べの方法が拷問にあたるとして、アイルランド政府が訴えを提起した事件である。英国は、この措置が条約第15条に基づく緊急時に認められる例外的措置であることを理由に条約違反なしと主張したが、欧州人権委員会は、被疑者の頭部に頭巾をかぶせたり、昼夜に及ぶ尋問手段が条約第3条の定める拷問および非人道的取扱いにあたると認定した。その後、人権裁判所は、当該行為は非人道的取扱いとして第3条違反にあたるが、拷問とまではいえないとした。1978年1月8日判決。Series A. Vol.25 (1978). 宮崎繁樹編『基本判例叢書国際法』(同文館、1981年) 134頁。

の徹底化を図るために、1987年に「拷問及び非人道的、品位を傷つける取扱いまたは刑罰の防止に関する欧州条約」(欧州拷問等禁止条約)を採択した13)。この条約では、欧州拷問防止委員会を設置し、調査のために拘禁施設を定期的にまたは随時立ち入る権限を与えている14)。立入検査のためには関係国家に事前に通告することになっているが、調査箇所について事前の許可は必要とされない。拘禁施設の透明性を確保することにより拷問行為の発生を防止しようとする制度である15)。

米州諸国間では、米州人権条約第5条で拷問、非人道的行為について一般的に禁止するとともに、1985年に「米州拷問禁止条約」を採択した16)。米州条約は、国連条約とほぼ類似の構造を有している。ただし、拷問の定義については、国連条約と比べて広義に定めている。

拷問は、かくして条約上の国際犯罪として定義されることとなったが、他方で、拷問および非人道的行為を処罰するための国際的な体制の構築は立ち遅れた。しかし、冷戦体制が終焉を迎えた1990年代になってようやく変化が生じた。国連安全保障理事会は、とくに「民族浄化」(ethnic cleansing)などの残虐行為が行われたユーゴ紛争とルワンダの部族間抗争に伴う大量虐殺事件に直面して、旧ユーゴスラビア国際刑事法廷、ルワンダ国際刑事法廷を設置した17)。これらの裁判所で処罰する犯罪のひとつとして、拷問、非人道的行為を

---

13) European Convention for the Prevention of Torture and Inhuman or Degrading Treatment or Punishment 1989年2月1日発効。締約国数42 (2002年4月末現在)。
14) 欧州拷問禁止委員会 (European Committee for the Prevention of Torture and Inhuman or Degrading Treatment or Punishment, CPT) は、発足以来、2002年4月末までに、91回の定期的巡回訪問と43回の臨時的訪問を行った。同委員会は、自由に立会人を介せずに被拘禁者らと面会し、報告書を締約国に提出する権限を有する。R. Morgan, M. Evans, Combating torture in Europe - The work and standards of the European Committee for the Prevention of Torture, Council of Europe (2001) .その活動は、Yearbook of the European Convention for the Prevention of Tortureにより公表されている。ロッド・モーガン「拘禁を規制すること――ストラスブールからの見解」庭山・西嶋・寺井編・前掲注3) 226～240頁。
15) Kaiser Gunther, Internationale Massnahmen gegen die Folter unter besonderer Beruckeichtigung des europaischen Antifolterausschusses: Konventionen, Implementationspraxis unde Wirkungen.『日本比較法研究所50周年記念』(1998年) 819～850頁。ミシェル・マッセ、白取祐司訳「ヨーロッパにおける被拘禁者の人権」自由と正義52巻4号 (2001年) 14～21頁。
16) Inter-American Convention to Prevent and Punish Torture.1985年12月9日採択、1987年2月28日発効。締約国数16。

置いた。1998年に採択された国際刑事裁判所（International Criminal Court, ICC）の設立条約では、そこで管轄する人道に対する罪のひとつとして拷問が挙げられている（第7条）18)。

3 条約の内容と問題点

　拷問等禁止条約は、拷問禁止の趣旨を徹底し、これを防止し、処罰するための積極的な義務を締約国に課している。そのため拷問をいかなる事情の下でも絶対的に禁止し、締約国に対してこれを行った者を訴追し、処罰する義務を課する。本条約の構成は、前文、第1部（実体規定、第1～16条）、第2部（実施措置、第17～24条）、第3部（最終条項、第25～33条）の33カ条からなる。実体規定には、拷問の定義（第1条）、拷問および非人道的の行為の禁止（第2条）、拷問のおそれのある場所への追放、送還等の禁止（第3条）、裁判管轄権（第5条）、被害者の人権保護、犯罪人引渡し（第8条）、加害責任の明確化と加害者の処罰に関する規定を含んでいる。

(1)　拷問の意義

　また、本条約上の拷問の意義については、以下の諸点が基準となる19)。
　第1に、加害性である。すなわち、拷問とは、重い苦痛を故意に与える行為であって、その苦痛は身体的なものであるか精神的なものであるかを問わないとされる（第1条）。身体的苦痛とは、典型的には拷問のための用具を用いて、または殴打の繰り返しなどによって苦痛を故意に与えることである。精神的な苦痛が拷問にあたるかどうかは判断が難しい。被拘禁者保護原則第6条に付された解釈では、視聴覚等の感覚を剥奪する行為や場所を告げないことなど

---

17)　旧ユーゴ国際刑事法廷については、古谷修一「旧ユーゴ国際刑事裁判所に対する協力義務の性格──国内実施立法の検討を中心に」早稲田法学74巻3号（1999年）189～209頁。
18)　1993年5月25日に国連安保理によって採択された同裁判所規程第2条では、拷問の禁止を含む1949年のジュネーブ法規の重大な違反を管轄権の対象としている。国際刑事裁判所については、ジュリスト1146号の特集「国際刑事裁判所の設立」を参照。
19)　村上正直「拷問等禁止条約が定める拷問の定義について」阪大法学137号（1986年）129～164頁。今井直「拷問等禁止条約とは何か」自由と正義52巻9号（2001年）32～41頁。Burgers & Danelius前掲注1)114～123頁。

が精神的な拷問に該当するとされている20)。

　国会でも質疑がなされたが、精神的な苦痛であっても、脅迫罪、暴行罪等により処罰可能であるので、法改正の必要はないとの答弁であったが、疑問がある21)。

　また、本条約で拷問と並んで禁止している「非人道的行為」とは、いかなる行為をいうのであろうか。条約の起草過程では、この点についても定義を置くべきであるとの意見もあったが、この概念の複雑、多義的な要素を考慮すると、概念的定義を置くよりも、条約の実施機関の解釈や慣行の発展によって解釈を積み重ねていくことにより、概念を明確化していくという方針がとられた。欧州人権条約の判例では、非人道的行為とは、苦痛の程度において拷問に至らない行為をいうとされている。すなわち、非人道的行為とは個別、具体的な状況により判断すべきであるが、一般的には加害性または苦痛の程度において拷問にまでは至らない行為をいうとされる22)。

　第2に、その目的性が挙げられる。すなわち、「情報や自白の獲得」、「罰として」、脅迫、強要などの目的を持って、それ以外にも「なんらかの差別に基づく理由」による場合も含まれる。これらの目的は例示的なものであって、網羅的なものではない。「その他これらに類すること」も含めて、目的とする行為を幅広く対象としている。差別に基づく理由とは、人種の偏見に基づく強制的収容などがその典型であるが、精神病院への強制収容もなんらかの差別的理由による場合や病院における身体の拘束が拷問、非人道的行為にあたるかどうか問題がある。国会における批准問題の討議でもこの点について質問がなされ、外務大臣は、「医療施設に公権力により強制的に入院させられている者に対して行われる行為も、一定の場合には本条約で禁止されている拷問にあたる」と答弁した23)。人間の尊厳を著しく傷つけるような身体の拘束は、本条約の趣旨から再点検される必要があるだろう。

---

20)　欧州人権裁判所のアイルランド対英国事件判決では、問題とされた尋問手段は、「連携して故意にかつ長時間用いられることにより、それらは実際の身体的損害ではないが、強度の肉体的、精神的苦痛を与え、激しい精神の錯乱を引き起こした」ことについて、拷問とまではいえないが第3条の意味での非人道的取扱いであるとした。
21)　今井直は、法改正の必要性を説いている。
22)　European Court of Human Rights, Ireland v. United Kingdom, Series A. Vol.25 (1978).
23)　第145回国会衆議院会議録25号（1999年4月22日）。

第3に、行為主体の公権力性が挙げられる。つまり、拷問は「公務員その他の公的資格で行動する者により又はその扇動により若しくはその同意若しくは黙認の下に行われるものをいう」としている。本条約が禁止する行為は、公権力の行使の過程において行われた行為であって、公務員が私的に行った行為や純粋に私人による行為は含まない趣旨である。公務員とは、一般には警察官、監獄における刑務官等の拘禁施設に勤務する者が大半であろう。これらの職員に対する拷問禁止教育を徹底すべきことも条約第10条によりとくに求められている。ただし、公権力により権限を委ねられた私人が行った拷問行為が禁止の範囲に入ることはいうまでもない。

　第4に、合法的制裁に通常伴う苦痛は、拷問、非人道的取扱いに該当しない。刑罰に付随する自由の剥奪に伴う拘禁自体も一般的には苦痛を伴うこともあろうが、通常認められる適正な刑罰である限りにおいては、正当であり拷問にはあたらない。「合法」の意義は、国内法的にも国際法的にもという意味である。矯正と社会復帰という拘禁の目的（自由権規約第10条3項）に反するか、または拘禁目的との均衡が欠ける場合には、たとえ国内法上合法であるといえども、本条約の下では拷問または非人道的行為に該当する場合があるといえよう。

(2)　わが国における実施上の問題点

　以下では、わが国における拷問等禁止条約の適用上問題となる3つの事項に絞って取り上げたい。第1は、代用監獄問題である。第2は、刑務所における長期の独居拘禁問題を検討する。第3は、これまで論じられて来なかった問題だが、拘禁施設に対する第三者機関の立入調査との関連で、弁護士会の人権擁護委員会による調査権の法的意義についても言及したい[24]。入管収容施設における外国人被収容者に対する虐待等の問題も大きな問題ではあるが、これは、第3章で取り上げる[25]。

---

24)　村井敏邦「拷問を実効的に禁止するには」法学セミナー44巻2号（1999年）92〜96頁。五十嵐二葉・殷勇基・津田玄児ほか「日本における拷問等禁止条約の実施における分野ごとの課題」自由と正義52巻9号（2001年）52〜75頁。
25)　関聡介「入管手続と国際人権法（特集 国際人権法のじょうずな使い方）」法学セミナー44巻2号（1999年）33〜35頁。高橋徹「入管収容施設での人権侵害（特集2 どうなる、日本の人権救済制度）」法学セミナー47巻1号（2002年）56〜57頁。

(a) 代用監獄問題

　締約国は、「自国の管轄の下にある領域内において拷問に当たる行為が行われることを防止するため、立法上、行政上、司法上その他の効果的な措置をとる」義務がある（第2条1項）。さらに拷問を刑法上の犯罪とすることも求めている（第4条）。

　わが国は、批准に際してなんら特別の立法その他の措置をとらなかった。しかし、本条約の趣旨を実現するにはいくつかの重要な問題がある。

　国会において本条約の批准を検討する際に、第4条の犯罪化との関連で、立法措置の必要性に関する質問がなされた。法務大臣の答弁は、本条約第1条が拷問と定める行為には、特別公務員暴行陵虐罪（刑法第195条）に該当するもののほかにも、暴行罪、脅迫罪等の刑法等に該当するものもあり、いずれも現行法の罪で担保されており、したがって新たな立法措置は必要ないと答弁している。しかし、実効的措置には、事後の処罰化だけではなく、行政的、立法的側面からの防止措置をとる義務もある。したがって、拷問、非人道的行為の発生を未然に防止するために監獄等の拘禁施設を改善すべき義務があるとも考えられる。わが国では、代用監獄をめぐる議論がある。この点につき今回国会でも質疑がなされた。すなわち、代用監獄では、警察が被疑者を24時間完全に管理でき、（拘置所では不可能な）深夜にわたる取調べもできること、「第三者の目の届かない代用監獄で拷問もしくはそれに類する行為が行われ、虚偽の自白を生み、冤罪の温床となるとの批判があること」について質疑がなされた[26]。

　これに対する法務大臣の答弁は、「代用監獄においては、捜査を担当しない部門に属する留置担当官が、監獄法等の関係する法律等に基づき、その責任と判断において、人権に配慮して、勾留された被疑者の処遇を行っているところであり、いわゆる代用監獄における被疑者の身柄拘束が、取調べに不当に利用されるおそれはない」とし、さらに「代用監獄での身柄拘束が、拷問またはそれに類する行為の発生の可能性を生じせしめるものではない」と答弁した。しかし、この答弁は、1998年の規約人権委員会の報告審査の際に国際的にも喝破された説明を繰り返しただけにすぎない。すなわち同委員会は、起訴前勾留

---

[26]　1999年4月22日、公明党赤松正雄議員の質問。官報（号外）第145回衆議院会議録第25号（平成11年4月22日）。

が、警察の管理下で23日間もの長期間にわたり継続すること、司法の管理下に迅速かつ効果的に置かれず、また保釈される権利を与えられていないこと、取調べの時刻と時間を規律する規則がないこと、被疑者に国選弁護人が保障されないこと、刑訴法第39条3項に基づき弁護人の接見制限、取調中に弁護人の立会権がないことなどの諸点を挙げて、わが国の起訴前勾留制度において「規約第9条、第10条および第14条の保障が完全に満たされていないことに深く懸念を有する」とし、規約の規定に従い速やかに改革がされるべきことを強く勧告したのであった27)。法務大臣の答弁は、上の指摘をまったく無視したものである。

もちろん、改革に名を借りて、代用監獄制度を恒久化するような提案は、拷問等禁止条約にも明らかに違反するといえよう。代用監獄は、抜本的な改革または廃止が行われない限り、今後は規約人権委員会だけでなく拷問禁止委員会における政府報告書の審査においても今後精査されよう。

(b) 長期の独居拘禁

被拘禁者の処遇に関する問題も拷問等の行為を防止するうえで重要な課題になる28)。独居拘禁とは、監獄法の規定による収監の態様の一形態であり、とくに介護または懲罰のためもしくは集団処遇に適さない者を収監しておく手段として多用されている。まず監獄法第15条では「在監者ハ心身ノ状況ニ因リ不適当ト認ムルモノヲ除ク外之ヲ独居拘禁ニ付スルコトヲ得」として独居拘禁の根拠を定めている。監獄法施行規則第47条では、戒護のため「在監者ニシテ戒護ノ為メ隔離ノ必要アルモノハ之ヲ独居拘禁ニ付ス可シ」と定める。また規則第158条では、懲罰事犯取調中の者につき「懲罰事犯ニ付取調中ノ者ハ之ヲ独居拘禁ニ付シ又ハ夜間独居監房ニ拘禁ス可シ」と定めている。ただし、独居拘禁の期間については、規則第27条で「独房拘禁ノ期間ハ六月ヲ超ユルコトヲ得ス但特ニ継続ノ必要アル場合ニ於テハ爾後三月毎ニ其期間ヲ更新スルコトヲ妨ケス」とし、第2項で「二十歳未満ノ者ハ特ニ必要アリト認メタル場合ヲ除ク外三月以上継続シテ之ヲ独居拘禁ニ付スルコトヲ得ス」と限定して

---

27) 代用監獄と国際人権法との関係について詳しくは、北村泰三「国際人権法と代用監獄問題に関する一考察」世界人権問題研究センター研究紀要1号(1996年)。
28) 菊田幸一「矯正裁判例の検討⒁──独居拘禁の相当性」判例評論451号(判例時報1570)(1996年)171～175頁。

いる。わが国の問題は、10年以上にも及ぶ間、独居状態に置かれている収監者が多数存在することである29)。

以前の判決では、5年ないし6年に及ぶ独居拘禁が違法でないとした判例がある30)。これらの判例は、国際人権法の視点を提起したものではなかったが、10年を超える長期の独居拘禁が日本国憲法および国際人権法に違反するとして争われた事件がある。

旭川刑務所において無期懲役により収監されている受刑者が独房に13年以上終日拘禁されたのは、憲法第18条、第36条および自由権規約第7条、第10条などに違反するとして国に損害賠償を求めた事件がある。旭川地裁は、1999（平成11）年4月11日、本件独居拘禁下においても新聞の閲覧やラジオの聴取、外部との手紙の発受信は認められていたので、独居拘禁の継続は、拘禁目的を達成し、刑務所内の規律および秩序を維持するために必要やむをえないものであって、その具体的な処遇内容も刑罰制度の執行に必然的に伴う合理的な範囲内の制約であるということができるから、たとえ13年2カ月の長きにわたったとしても、憲法第18条にいう奴隷的拘束または憲法第36条にいう残虐な刑罰に該当するものということはできないとした。同様に、これが自由権規約第7条前段の「拷問又は残虐な、非人道的な若しくは品位を傷つける取扱い」には該当せず、また、「自由を奪われたすべての者は、人道的にかつ人間の固有の尊厳を尊重して、取り扱われる」という規約第10条1項の規定に違反するということもできないと述べた31)。

この判決は明らかに国際人権法の理解を欠いている。国際人権法では、独居

---

29) わが国では、全国で2,000人以上の受刑者が独居拘禁下に置かれており、10年以上の長期の独居拘禁の状態に置かれている受刑者が28人いると報告されている。吉峯康博・海渡雄一「自由権規約の実施状況について——未解決の問題を中心に」自由と正義53巻3号（2001年）24頁。

30) 暴力団幹部であることを誇示して反抗的言動を繰り返し、他の受刑者から危害を加えられるおそれが極めて大きい等の事情のある受刑者を、昼夜間独居拘禁に付し、実質的に20回にわたってその期間を更新し、5年余の期間これを継続した刑務所長の措置に違法はないとされた事例がある。広島高判松江支判昭61（1986）・12・24訟務月報33巻10号2396頁。また、約6年半にわたる昼夜間独居拘禁の措置に違法はないとされた事例として、高松高判昭63（1988）・9・29判例時報1295号71頁、判例タイムズ698号217頁、訟務月報35巻4号551頁。

31) 旭川地判平11（1999）・4・11判例集等未登載（『判例体系CD-ROM』〔第一法規〕判例ID28060178）。

拘禁については、被拘禁者処遇最低基準規則第32条により、医師が被収容者を診察しかつその者がこれに耐えられると書面によって証明した場合を除いて密閉拘禁が禁止されており、独居は、一時的、例外的な場合に限って許しているのである。さらに、被拘禁者保護原則は、「懲罰としての独居拘禁の廃止またはその使用の制限に向けられた努力がなされ、促進されなければならない」と定める（原則7）。これは独居拘禁を禁止したものではないが、その使用は例外的な場合にのみ認められ、かつ将来の廃止が望ましいとの立場を述べたものである。

また、自由権規約第10条に関する規約人権委員会の一般的意見によれば、長期間の不定期の反復的な独居拘禁は禁止されると指摘している[32]。1998年のわが国の政府報告書審査に際しても、規約人権委員会は、監獄での革手錠の使用や長期間に及ぶ独居拘禁などの適用の実態は、被収容者に対する拷問もしくは非人道的取扱いとなりうると述べた（革手錠については第2章を参照）。刑務所を訪問し、被拘禁者の実態を調査する権限を有する第三者機関が存在しないわが国の現状において、長期間にわたって独居拘禁を継続することが社会復帰を目的とした処遇の本質にかなっているとは思われない。本件では、外部からの情報に接することができたとしても、新聞とラジオに限られ、親族の居所から遠く隔絶された場所において、その訪問もままならない状態においては、外部との人間的な接触がほとんど遮断された状況下に置かれていたことは想像に難くない。

監獄法の規定を見ても、原則的に独居期間は6月以上であってはならずとあり、またその規定は、上位規範である人権条約の条項に即して解釈、適用されなければならないだろう。必要性が認められる場合には例外的に独居期間の延長が認められるにしても、自ずとその延長には制度に内包された合理的限界があり、長期に及ぶ機械的、自動的な延長は、国際人権基準に即した監獄法の解釈を誤ったものである。その点で、本件では刑務所長の裁量権の濫用があり、違法を免れないと考える。

(c)　第三者機関の調査と弁護士会の調査権

本条約の趣旨からすれば、締約国内において権限ある当局による迅速かつ

---

[32]　自由権規約人権委員会、一般的意見20/44（1991年4月3日）。北村泰三『刑事施設と国際人権』（日本評論社、1996年）52〜53頁。

公平な調査の制度の設置が求められており、拷問等の被害者は権限ある当局に申し立てる権利が確保されなければならない（第12～13条）。わが国の監獄法上の救済手段としては、所長への面接（監獄法施行規則第9条1項）、法務大臣への請願（監獄法第7条）などが規定されているが、いずれも行刑当局内部の手続であって実効性に欠ける。諸外国にも見られるような、監獄等の拘禁施設に対する外部機関の定期的訪問制度の確立が従来から求められてきた[33]。その導入の如何に関しても国会で質問がなされたが、政府は消極的な答弁に終始した。現在、国会で審議されている「人権擁護法案」でも、刑務所への立入調査権は規定されていない。しかし、こうした制度は諸外国においても実施されており、前述のように欧州拷問等防止条約では、欧州拷問禁止委員会が各国の刑務所を査察する権限が認められている[34]。わが国の拘禁施設の透明性と信頼性を高めるためには、積極的な検討が求められる。

　弁護士会の人権救済のための調査との関係で、現在係争中の興味深い事案がある[35]。広島刑務所に服役中の受刑者Aより刑務官からの暴行について人権救済の申立を受理した広島弁護士会人権擁護委員会が、調査委員を選任して刑務所より事情説明を受けた。その後Aは、刑務所内の調査により申立の事実を否定されたとの結果を告げられたが、納得がいかないので、弁護士会に対して暴行の目撃者であるB受刑者から事情説明を聞いてほしい旨要望した。広島弁護士会の人権擁護委員会は、その必要性を理解し、事実関係の確認・調査のために受刑者Bおよび暴行を行ったとされる刑務所職員との面会を申し入れたところ、刑務所長は、「施設の管理運用上の理由」等から調査の申入を拒否した。これらの処分に対して、広島弁護士会および担当弁護士は、弁護士および弁護士会の人権擁護委員会の活動は弁護士および弁護士会にとっての社会的使命そのものであり、当該処分はこの活動を妨害するものであり、また、刑

33）　海渡雄一「刑事拘禁施設における人権侵害（特集　どうなる人権救済制度）」法学セミナー565号（2002年）54～55頁。稲田隆司「市民による起訴前身柄拘束状況の監視——イギリスのレイ・ビジター（Lay Visitors）制度について」熊本法学91号（1997年）1～21頁。
34）　拷問禁止条約の選択議定書が現在、国連人権委員会において検討されている。これは、欧州拷問禁止条約の例にあるように、拘禁施設への立入りを無条件で認めることを骨子としている。わが国政府は、国会答弁においてこれらの構想については消極的な立場であることを明らかにしている。
35）　広島地裁平成10年(ワ)第1038号損害賠償請求事件。

務所長の接見不許可処分は故意もしくは過失に基づき違法であると主張して、国家賠償法に基づき損害賠償請求訴訟を提起した。

本件では、弁護士会の調査権の侵害が法律上保護される利益の侵害であるかどうかが焦点であるが、自由権規約第7条（非人道的取扱い等の禁止）および第10条（人道的処遇の権利）を第2条3項（規約の実施のための積極的義務）とあわせて理解するならば、刑務所内における暴行や非人道的取扱いに関する苦情申立を調査するため、締約国は、監獄当局から独立した第三者機関を設置し、そうした申立について救済措置を講じる義務があると思われる。しかし、1998年の第4回日本政府報告書に関する最終見解で規約人権委員会が触れているように、わが国において、調査権を伴うような効果的な第三者機関は存在しない。

思うに、弁護士会の職務は、弁護士法の定めにあるように社会正義の実現と人権の擁護という点にあり、本件において広島県弁護士会が受刑者の処遇に関する実態について強い問題関心を有しており、人権侵害があったか否かを確認し人権の実現に奉仕しようとする動機に基づくものであり、弁護士が接見しようとした目的には、このような弁護士としての職責あるいは弁護士会の社会的任務を果たそうとする現実的な要請があったものと考えられる。したがって、本件で弁護士会が実施しようとした調査は、わが国の制度的欠缺を補う意味をも併せ持っており、保護される法的利益である。よってこれを妨げた刑務所当局の処分は違法性を免れないであろう。

(d) 非常事態における保障停止の禁止

本条約では、締約国は「戦争状態、戦争の脅威、内政の不安定又は他の公の緊急事態であるかどうかにかかわらず、いかなる例外的な事態も拷問を正当化する根拠として援用することはできない」と定める（第2条2項）。

この規定の趣旨は、国家的な緊急事態においても保障を停止してはならない趣旨を定めたものであり、拷問禁止の絶対的性質を述べた規定である[36]。本条と同趣旨の規定は、自由権規約第4条がある。そこでは、戦争や国家の生存を危うくする国の非常事態に際して、条約によって認められた権利の保障を一時的に停止することを認めているが、拷問の禁止に関する第7条をはじめと

---

36) Burgers and Danelius 前掲注1) 123〜124頁。

して、一定の権利（第6条、第8条1および2、第11条、第15条、第16条ならびに第18条の規定）は、いかなる理由にせよ保障を停止することはできないと定める。欧州人権条約第15条、米州人権条約第27条でも同様の規定が見られる。さらには、前述のように国際人道法の分野でも1949年のジュネーブ条約共通3条および1977年の非国際的武力紛争ジュネーブ条約第2追加議定書において、武力紛争下においてさえ捕虜や文民に対する拷問、非人道的取扱いの禁止を定めている（第4条）。

　これらの諸種の条約において拷問、非人道的行為の禁止が規定されているところから、拷問・非人道的取扱いの禁止は条約上の規範にとどまらず、国際法上の強行法規（ユス・コーゲンス）としての性格を有するとの説も有力である。現に旧ユーゴスラビア国際刑事法廷は、拷問禁止の強行法規性を認めている。すなわち、「拷問の禁止はそれが保護する価値の重要性を理由として、強行法規すなわちユス・コーゲンス、つまり条約法および一般の国際慣習法よりも法規範の位階構造において上位の地位を占める法として成熟するようになった。この上位規範の最も著しい影響は、この原則が国際条約または地域的もしくは特別の慣習もしくは一般慣習法によって国家が停止することができないものである」と述べた37)。要するに、理由は何であれ、拷問を正当化することはできないのであり、拷問の禁止は絶対的性質を有するとされるのである。現在、有事関連法案が国会で取り沙汰されているが、こうした視点は法案では欠落している38)。

(e)　裁判管轄権（第5条～7条）

　本条約第5条ないし第7条は、裁判管轄権問題について規定する。まず、第5条1項において、(a)属地主義、(b)属人主義、(c)消極的属人主義を規定し、第2項において普遍主義も採用している。つまり、第三国において拷問行為を行ってその後逃亡などにより締約国内の管轄下にいる者であっても、訴追し処罰するかさもなければ引き渡す義務を負う。第8条では拷問を引渡犯罪として見なすことを規定する。

---

37)　ICTY: Procecutor v. Fudundzija, ILM, Vol.38, 1999, para.153, p.349.
38)　武力攻撃事態法案第21条2項は、「事態対処法制は、国際的な武力紛争において適用される国際人道法の的確な実施が確保されたものでなければならない」としているだけで、国際人権規約や拷問等禁止条約には言及していない。

また元国家元首であって、直接的に拷問の実行にあたったことがなくとも、指揮、命令、黙認等のかたちでのなんらかの関与が証明されれば、責任を免れることはない。

チリのピノチェト（Pinochet）元大統領の引渡しをめぐる事件は、外国の元国家元首の裁判をめぐって国際問題となった重大事件である[39]。本件は、消極的属人主義と普遍主義とが混在したケースであり、また、とくに拷問等の人権の大規模侵害の責任者が引渡しの対象となるかをめぐって国際的関心を集めた。スペインは、チリ在住の自国民が1974年のクーデター以後の軍政時代に拷問の被害を受けたことに対して、ピノチェトの責任を追及するために治療のため滞在中の英国政府に対して引渡しを請求した。この問題の背景には、拷問を禁止し、責任者を訴追し処罰する国際法上の義務が、国の指導者の訴追免除を認める伝統的国際法を破るかどうかという問題があった。イギリス上院は、異例の2度にわたる判決を行った。最終的に上院は、1999年3月25日の判決において、拷問等禁止条約が関係国によって批准された1988年以後の拷問行為についてのみ引渡しの対象となりうるとの判断を示した[40]。このように拷問等禁止条約は、拷問の防止および違法化と被害者の救済に加えて、加害者を処罰するための国際協力体制を確立することを目的としている[41]。

(f)　実施措置（第19条～22条）

条約の第2部は実施規定を定める[42]。10名の委員からなる拷問禁止委員会（Committee against Torture, CAT）が設置されている。締約国は、自国について条約の効力が生じた後1年以内に、この条約に基づく約束を履行するためにとった措置について報告する義務を負う（定期的報告制度、第19条）[43]。そ

---

[39]　薬師寺公夫「ピノチェト仮拘禁事件」国際人権10号（1999年）87～89頁。
[40]　その後、ピノチェト元大統領の身柄はスペインへの引渡しのために英国内で拘束されたが、2000年3月、「裁判を受けられる健康状態ではない」との判断により、チリに送還され、チリ国内での裁判に付されることとなった。
[41]　藤田久一「国家元首と犯罪――ピノチェト事件をめぐって」関西大学法学会誌45号（2000年）1～11頁。植木俊哉「国際法は個人をいかに裁くのか？――国際刑事裁判所の設立とピノチェト事件」月刊法学教室238号（2000年）17～20頁。
[42]　Nigel S. Rodley、海渡雄一訳「拷問禁止委員会による条約実施の権限と手続」自由と正義52巻9号（2001年）42～51頁。
[43]　わが国は、2000年7月29日までに第1回の報告書を提出すべきことになっていたが、2002年5月現在、この報告書は未提出であり、当然審査も行われていない。

の後は、4年ごとに報告を提出しなければならない。委員会は、一般的性格を有する意見を表明することができる。第20条では、調査の権限を定めている。これは、欧州拷問禁止委員会のような強力な調査権ではなく、締約国の協力を受けて調査を行うものであり、関係国の同意があれば領域を訪問することができる[44]。

　また、委員会は、締約国からの報告を検討し、他の締約国が条約上の義務を履行していないと見なす締約国は、委員会に通報を宛てることにより委員会の審査を申し立てることができる（国家通報制度、第21条）。個人通報制度も規定しているが、任意規定であり、わが国はこれを受諾していない（第22条）。国会の質疑においても「検討中」と答えるだけで今後の受諾の方針については一切触れられなかった。

4　今後の課題

　わが国で拷問等禁止条約の批准が遅れた背景には、国民の間にこの条約の批准を求める声があまり広がらなかったことがあるのではないかと思われる。拷問が行われたのは、過去の暗い時代のことであるとか、あるいは裁判例にも見られるように、受刑者が一般社会とは隔離された塀の中で拘禁目的を達成するためには人権の制約もやむなしとする一般の先入観があるかもしれない。しかし、拷問やそれに至らなくとも、非人道的な処遇の問題は決して過去の遺物ではない。しかも、わが国のような留置場、刑務所等に対する客観的な外部機関によるチェックが存在せず、処遇上の問題で裁判に訴えると処遇上の不利益を被るなどの考慮から裁判に訴えるにもままならない状況がある。いずれもが自由権規約および拷問等禁止条約の関連規定の趣旨を入れて適正な対処が必要とされる点であろう。

　これらを是正するためには、各方面から指摘されているように[45]、拘禁施設に対して立入調査権を有する第三者機関の存在が不可欠であろう。人権擁護法案では刑務所への立入調査権が規定されないならば、広島弁護士会の提起した弁護士会の調査権を全面に据えて主張を展開することも検討してよい。

---

[44]　トルコとエジプトについて過去2回調査が試みられたことがある。トルコは1993年に調査に協力したが、エジプトは委員会の訪問を拒否したため、現地での調査は実現しなかった。

当番弁護士の前例に見られるように、弁護士会が社会正義を実現するための積極的な役割を有していることを自覚的に実践することによって、現実を動かすこともありうる。

最近国連の経済社会理事会で可決され、今秋（2002年）の国連総会で採択される予定の拷問等禁止条約選択議定書（案）では、拘禁施設に対する独立の機関による定期的調査システムの設置が予定されている。すなわち締約国は、自国内に拷問および非人道的行為を防止するために国内の調査機関を設置する義務を負い、さらに10人の委員によって構成される拷問等禁止小委員会が議定書批准国の管轄権内にある拘禁施設を調査し、改善のために勧告を行う権限が与えられる46)。

また、刑務所等における被拘禁者の処遇問題が争われる事件では、自由権規約および拷問等禁止条約の解釈、適用に関する内外の学説、判例（欧州、米州の人権条約の判例法、自由権規約委員会、拷問禁止委員会の事例も含む）を広く検証し、訴訟の過程で活用し、その趣旨を実現していく機会を探るべきであろう。

今後も、国際的な人権の視点を活かし、近く再度予定されている自由権規約の政府報告審査や拷問禁止委員会に対する第1回の政府報告書の提出に向けて、人権NGOによる準備の連携ときめの細かい対応が必要となってくる。

---

45) 1999年7月29日の本条約の発効にあたってアムネスティ・インターナショナル日本支部など人権NGOは、日本政府に対して拷問等禁止条約の趣旨を実現するよう要請した。すなわち、①個人通報制度の早期受諾、②独立した人権救済機関を設置（第12条・13条）すること、③条約の規定について十分な教育・研修の実施を保障すること、④拷問の定義について国内規定の再検討を行うこと、⑤規約人権委員会によるわが国報告書に関して示した「最終所見」を十分に踏まえ、拷問等禁止条約の実施を推進することなどである。また、個別の問題として、刑務所・拘置所など刑事施設における懲罰手続を適正化すること、革手錠、独居拘禁などの処遇の改善、警察留置場における過酷な取調べの改善、代用監獄を司法のコントロールの下に置くこと、入国管理局の外国人収容施設における処遇と難民認定手続の改善を挙げている。

46) 経済社会理事会は、2002年7月24日に拷問等禁止条約選択議定書案を採択し、国連総会に送った。わが国は、議論が不十分であることを議定書案に反対した。朝日新聞2002年7月26日。

第2章
監獄における拘束具の使用と非人道的取扱い
革手錠と保護房収容

●北村泰三

【国内法】憲法36条、38条
【国際人権法】世界人権宣言5条、自由権規約2条3項(a)、6条、7条、9条、10条、13条、14条、被拘禁者処遇最低基準規則33条、拷問等禁止条約4条、16条、欧州人権条約3条

1　はじめに

　わが国の行刑制度は、拘禁二法案の議論についてはさておき、戦前からの旧態依然たるシステムをいまなお踏襲している。今日の国際人権法から見ると、わが国の刑事処遇制度は、ことのほか矛盾を内在しているといえよう。1998年秋に行われた自由権規約に基づく第4回日本政府報告書の審査の際には、規約人権委員会は、わが国の法制が規約の規定に照らして多くの点で見直すべきものであるとして、是正すべき事項について具体的勧告を行っている。すなわち、「委員会は、日本の行刑施設の制度の多くの側面に深い懸念を有しており、これらは、規約第2条3項(a)、第7条および第10条との適合性に重大な疑問を提起する」と述べ、具体的には、厳しい所内行動規則、頻繁な独居拘禁の使用を含む厳しい懲罰の執行、公平かつ公開の懲罰決定手続の欠如などとともに、「革手錠等、残虐かつ非人道的取扱いとなりうる保護措置の頻繁な使用」について懸念を指摘していた[1]。同委員会は、自由権規約の国際的実施機関として規約の適用を監視する機関であり、その勧告はわが国の行刑制度に対する国際的評価として重く受け止めなければならない[2]。

　これに先立ち、国際人権NGOのアムネスティ・インターナショナルも、1998年7月にわが国の監獄収容問題について報告書を公表した[3]。そこにおいて、軽微な理由による懲罰の頻繁な使用、厳格すぎる所内規則、保護房および革手錠の使用などについて改善を勧告した。

本章では、以上のような問題状況を前提として、とくに監獄における被収容者の戒護の一環として行われている保護房収容および革手錠の使用が国際人権法の要請に合致しているかという問題に絞って検討を加えてみたい。以下では、まず革手錠などの戒具の使用に関するわが国の法制度および判例を簡潔に確認する。次に、拷問および非人道的取扱いを禁止する人権条約の規定内容とその趣旨について検討する。また、自由権規約第7条、第10条および欧州人権条約第3条等の解釈に関しては判例も含めて検討を加える。これらを通じて、わが国の監獄における戒具の使用の点で、規約人権委員会が指摘したような違反があるかどうかを見ることとする。

2　戒護および戒具の使用

(1)　監獄法・同法施行規則の定め

監獄法上では、在監者の逃亡、暴行もしくは自殺のおそれがあるときは、戒具の使用が認められている（同法第19条）。これらの、被収容者に逃走、暴行または自殺のおそれがある場合に被収容者の身体に対して実力を行使することを戒護という。これは、被収容者が規律に違反したときに、間接強制のかたちで科せられる懲罰とは異なるものとされている。また、戒具とは、そのような実力行使を行う場合に用いることが認められている身体拘束具のことである。その使用目的は、刑事施設自体の、または在監者の秩序と安全を維持するためとされている。使用するには、所長の命令により、または直後の承認を得

---

1)　規約人権委員会の意見では、以下のように述べられている。「委員会は、日本の行刑施設の制度の多くの側面に深い懸念を有しており、これらは、規約第2条3項(a)、第7条および第10条との適合性に重大な疑問を提起するものである。とくに委員会は、次の諸点に懸念を有する。(a)言論、結社およびプライバシーを含む、被収容者の基本的権利を制限する厳しい所内行動規則、(b)頻繁な独居拘禁の使用を含む、厳しい懲罰の使用、(c)規則違反で摘発された被収容者に対する懲罰を決定するための公平かつ公開手続の欠如、(d)刑務官による報復に対して不服申立を行う被収容者の不十分な保護、(e)被収容者の不服申立を調査するための信頼できる制度の欠如、および(f)革手錠等、残虐かつ非人道的取扱いとなりうる保護措置の頻繁な使用」。Concluding Observations of the Human Rights Committee, 19/11/98. CCPR/C/79/Add.102.
2)　1998年11月28付朝日新聞社説「人権委勧告　指摘に耳を傾けよう」参照。
3)　Amnesty International, Abusive Punishments in Japanese Prisons, June 1998, AIINDEX: ASA 22/04/98.

ることが必要とされる。戒具の種類については、監獄法では命令をもってこれを定めるとしている。これを受けて監獄法施行規則（明治41年制定）で、戒具の種類は、鎮静衣、防声具、手錠、捕縄の4種類とし、その製式は、法務大臣が別に定めるとしてる（同規則第48条）。

　また、「戒具製式の件」（昭和4年5月14日司法大臣訓令、行甲第740号）によれば、戒具の規格が細かく定められている。鎮静衣は暴行または自殺のおそれある在監者、防声具は制止に従わずに大声を発する在監者、手錠および捕縄は暴行、逃走もしくは自殺のおそれがある在監者または護送中の在監者であって必要があると認められる者に限ってこれを使用することができる（施行規則第50条）。現在では、鎮静衣、防声具は、緊縛の度合いが強度であって、生理的にはなはだ苦痛であるから、これらの使用は極力差し控えられているか、または一般に使用されなくなっているといわれている[4]。また手錠の種類は、「金属手錠」と「革手錠」とに分けられている。

　このように革手錠とは、監獄法にいう戒具の一種である。その形状は、1本の腹部革バンドのベルトに2個の腕輪状の革手錠を装着する構造となっている。材質は牛革製であり、規格寸法は、長さ140センチメートル以内、幅4、5センチメートルである。牛革が二重構造となっており、銅線をその間に挟むことによってその強度を保っている。バックル部分に相当する留め金をかける穴が4個ある。2個の腕輪の部分は腹部革バンドと同様の材質でできており、腹部革バンドに固定させるための金具がついている。腕輪の内径は、被使用者の手首の太さによって調節できるようになっている。

　革手錠の使用は、保護房への収容と併用される。その際、「また割れパンツ」、「また割れズボン」の着用を強制される。これらは、またの部分に切れ目が入っており、しゃがむことによって切れ目部分が開くようになっているものである。実際の装着に際しては、指揮者が装着を命じ、革手錠や腹部革バンド等を装着する際には、被使用者の行動を抑制させるために数人の職員がうつぶせにさせて装着させる。革手錠の腕輪部分から腕が抜けるおそれがあるので、さらに手首に金属手錠を装着して抜けなくする[5]。

　革手錠は、被収容者を保護房に拘禁する際に用いられる。保護房収容と革手

---

[4]　山下知克「武器・戒具とその使用」重松一義編『監獄法演習』（新有堂、1980年）159～169頁。

第2章　監獄における拘束具の使用と非人道的取扱い　　127

錠とはセットのものである。保護房とは、傷つきやすく情緒不安定な兆候を示していると見られる受刑者を収容するための特別の房である。そこには、リノリウム（またはウレタン）製の床と洗面器とトイレ以外には、家具は何もない。保護房の壁は木でできており、内部は24時間ビデオカメラによる監視が行われている。保護房拘禁の法的根拠は、曖昧な点がある。すなわち、監獄法および同法施行規則上「保護房」との名称を用いた規定は存せず、保護房拘禁を許容した直接の規定は存在しない。ただ同法第15条は「在監者ハ心身ノ状況ニ因リ不適当ト認ムルモノヲ除ク外之ヲ独居拘禁ニ付スルコトヲ得」と規定し、同規則第47条は「在監者ニシテ戒護ノ為メ隔離ノ必要アルモノハ之ヲ独居拘禁ニ付ス可シ」と規定している。この規定に基づき1967（昭和42）年12月21日付の「保護房の使用について」と題する通達（矯正局長通達矯甲1203）が、被拘禁者の要件として「逃亡、暴行・傷害、自殺、自傷のおそれがある者、制止に従わず、大声または騒音を発する者及び房内汚染、器物損壊等異常な行動を反復するおそれがある者で、普通房内に拘禁することが不適当と認められる被収容者に限ること」と規定しており、これを根拠に保護房拘禁がなされている。

　また、戒具は自由な行動を奪うものであるから、戒具を使用する際には、刑務所長の命令がなければならないとされている。ただし、緊急を要するときはこの限りではなく、使用後直ちにその旨を所長に報告しなければならない（施行規則第49条）。

　しかし、問題は「戒護」の名の下に革手錠、保護房が事実上の「懲罰」手段となっていると指摘されている点である。しかも、刑務所、拘置所を問わずに、監獄内の一挙一動を細密に定めた規律や刑務官の単純な指示に従わなかったなどの理由により、繰り返し頻繁に用いられているのである。

　規約人権委員会に対する第4回日本政府報告書には、規約第7条に関する記述としては、「第3回報告で述べたとおり」とし、「法執行官による被疑者等に対する暴行・陵虐行為は、刑事罰の対象となるほか、厳重な懲戒処分の対象となる」とごく簡略に触れていた。第10条についてはやや具体的に触れており、

---

5)　革手錠の問題性は、それがわが国の監獄内では頻繁に用いられていることである。監獄法改悪とたたかう獄中者の会編『全国監獄実態〔増補新装版〕』（緑風出版、1996年）175～181頁。

刑事拘禁施設における接見交通権、「矯正施設における処遇状況」につき「刑務作業」、「生活指導」、「居室」、「保健衛生および医療」、「規律および秩序」について説明している[6]。わが国の監獄処遇制度が、規約の趣旨に合致していることを説明するために工夫、腐心した跡がうかがわれる。

(2) わが国の判例

革手錠等の戒具の使用が問題となる場合としては、①戒具使用状況発生の情勢判断の適否と②適切な戒具が使用されているか、および③現在使用中の戒具そのものの合法性という諸点が考えられる。これらのうち、判例では①および②の点について限定的な事情の下での違法性を認めたものがある。しかし、③の点について踏み込んだ検討をしたり、違法とした裁判例はない。

旭川刑務所に服役中の原告が、同房の服役者から暴行を受けて傷害を負った際、この一部を目撃した刑務官が原告にも暴行のおそれがあるなどとして、直ちに金属手錠を使用して原告を拘束し、そののち暴行のおそれなどが継続しているとして、金属手錠を革手錠に変更したうえ、そのまま原告を保護房に収容したことに対して、刑務官の措置が違法であるとして、国に損害賠償を請求した。原告は、金属手錠および革手錠の使用が違法である理由として、原告に監獄法第19条の定める逃亡、暴行、自殺のおそれがなかったと主張するとともに、保護房収容の違法性に関しては、保護房に関する法的根拠がないことなどを主張した。そして、判決は、革手錠を使用して保護房に収容したことのうち、革手錠の使用の点については、その直前に刑務所係官が行った原告らの事情聴取の結果などからして、原告の興奮状態は激しいものではなく、法に定める戒具使用の要件である暴行のおそれがないにもかかわらず、あると判断を誤った点に違法があるとした。また保護房収容については、本件では暴行のおそれがないにもかかわらず、あるとの判断のもとに保護房収容が適当であると判断したことには、裁量権の逸脱、濫用があり、違法だとした。本件では、憲法は引用したが、国際人権法そのものを原告側も主張しなかったので、裁判所の判断も国内法的観点に限られている。しかし、革手錠の使用が場合によっ

---

6) CCPR/C/115/Add.3.日本政府「市民的及び政治的権利に関する国際規約第40条1項(b)に基づく第4回報告書（仮訳）」。本報告書の原文は非売品であるが、外務省等から入手できる。一般の印刷物としては、部落解放研究119号（1997年）71〜127頁に収録されている。

ては違法となりうることを判示した点で、すなわち①につき判断している点で注目できる7)。

　千葉刑務所の保護房に一昼夜拘禁され、その間両手後ろの状態で革手錠をかけられていたことが、自由権規約第7条および第10条違反であると訴えた事件がある。本件の原告は、革手錠を装着させられたうえ、居住性の極めて劣悪な保護房へ拘禁されたことは、非人道的かつ品位を傷つける取扱いであり、憲法第13条および第36条のみならず規約の規定に違反する旨を主張した。すなわち、上措置は、自由権規約第7条前段に定める「拷問」にあたるか、少なくとも非人道的な品位を傷つける取扱いにあたり、さらに、規約第10条1項に違反し違法であると主張した。1998（平成10）年1月21日の控訴審判決は、保護房においておよそ一昼夜の間、違法に両手後ろの方法により革手錠および金属手錠を使用した点について、身体的、精神的に強度の苦痛を被ったことは明らかとして慰謝料の支払いを国に命じた。しかし、規約については、原則的に関連条項が直接適用可能であり、「条約である同規約の効力は、国内法である監獄法及び規則の規定に優位する関係にあるから、右条項に抵触する監獄法及び規則の関係規定は、抵触する限度で、その効力を否定されることになる。そしてこのことは、監獄法及び規則の関係規定は、それが可能である限り、B規約7条前段及び10条1項に抵触することがないように解釈され、適用されなければならない、ということを意味する」、しかし、「B規約の右条項の保障する権利・自由の性質、内容及び範囲自体は、憲法の右各規定（13条、36条）が保障する権利・自由の性質、内容と異なるものではなく、その範囲を超えるものでもないと解されるところである」と述べ、続いて規約と憲法との文言を表面的に比べて、その結果「B規約違反に関する控訴人らの右主張は、つまるところ監獄法及び規則違反の主張に帰着する」というべきであるとして、規約違反の主張を斥けた8)。

　こうした論理は規約の実体規定の具体的内容をなんら斟酌せず、ただ単に表面的に規約の文言を一瞥しただけであって、規約の解釈とはかけ離れている。自由権規約は、単なるアクセサリーではなく、実質を伴う国際義務の内容を具体化した法規範であることを看過している。規約を解釈、適用する裁判所

---

7)　札幌地判平5（1993）・7・30判例タイムズ835号165〜184頁。
8)　東京高判平10（1998）・1・21判例時報1645号67〜78頁。

の判断としては、極めて不十分であるといわざるをえない。規約人権委員会も指摘していたように、わが国の裁判所のこうした消極的姿勢の背景には、規約に対する無理解、無感覚という面があるように思われる9)。

革手錠、保護房収容の違法性を争って裁判係属中の事件としては、横浜刑務所・看守暴行国賠請求事件10)や、千葉刑務所拘置監革手錠事件11)などがある。

これらの事件では、国際人権法上の主張が行われている。規約第7条および第10条1項に違反し、被拘禁者処遇最低基準規則第33条で禁止されている枷（かせ）の使用にあたると主張している12)。

3 国際人権法における関連規定とその意義

監獄における処遇に関する人権条約は、どのような規定を置いているだろうか。まず、それらの規定内容と趣旨を見ておきたい。

---

9) 規約人権委員会の勧告でも、次のようにいっている。「委員会は裁判官、検察官および行政官に対し、規約上の人権についての教育がなんら用意されていないことに懸念を有する。委員会は、かかる教育が得られるようにすることを強く勧告する。裁判官に関しては、彼らを規約の規定に習熟させるための司法上の研究会およびセミナーが開催されるべきである。委員会の一般的な性格を有する意見および選択議定書に基づく通報に関する委員会の見解は、裁判官に提供されるべきである」（パラグラフ32）。

10) 刑務所職員による暴行を訴えようとしたA氏を革手錠で拘束し、4日間保護房収容とした事例である。詳しくは、田鎖麻衣子「『報復』としての保護房・革手錠――横浜刑務所・看守暴行事件」海渡雄一編『監獄と人権』（明石書店、1995年）67頁。

11) 本件の事実関係は、概略次のようであった。覚醒剤取締法違反事件で千葉刑務所拘置監において勾留されていたA氏が、糖尿病のため病舎で加療収容中のところ、通常定められている向きとは反対になって寝ていたので、それを注意した職員との間で口論状態となった。駆けつけた職員らは、A氏を取り押さえ、取調室に連行していった。A氏は、取調室において、職員の指示に従うよう再度指示されたところ、姿勢のとり方をめぐってさらに反抗的態度があったと受け取られたために、さらに職員数人でA氏を保護房に連行し、革手錠（右手前、左手後ろ）で拘束し、さらに金属手錠を併用した。その際、原告に対して右前額部、左前腕部などを負傷させたというものである。原告は本件の暴行、および保護房内での金属手錠および革手錠の使用が監獄法、同施行規則に違反するのみならず、それらが国際人権法に反する違法なものであると主張した。筆者は、原告側代理人・四宮啓弁護士の依頼を受けて1998年12月7日、千葉地方裁判所での本件審理において原告側証人として国際人権法の視点から本件の法的問題について証言を行った。

12) 枷とは、国語辞典の定義によれば、鉄や木で作り、刑具として罪人の首や手足にはめたり、また、家畜につけたりして、自由に行動できないようにするものを指す。「手枷、足枷」などの用法がある。小学館『国語大辞典』より。

(1) 自由権規約

　前述のような日本政府報告書の記述は、規約人権委員会の関連条項の解釈から導き出されている。その解釈は、規約人権委員会の「一般的意見」と、自由権規約選択議定書に基づく個人からの通報の審査を通じて形成されてきた「判例法」に基づくものである[13]。

　規約人権委員会は、前記のように第2条3項(a)、第7条および第10条との整合性について問題としている。まず、第2条3項(a)は、自由権規約上の権利が、公的資格で行動する者によって侵害された場合でも、「効果的な救済措置を受けることを確保すること」を締約国に求めている。この規定は、抽象的で当然のことをいっているまでのようであるが、実際には、非常に重要な点をいっている。「効果的な救済」(本来は、「実効的救済」と訳すべき)とは、損害賠償の権利を有するという意味だけでなく、立法や慣行を廃止または改正する義務を締約国に課している。締約国は、自国の管轄下にある個人に対して、自己の権利を享受することが可能とするように具体的な措置をとることを求めている[14]。したがって、監獄において処遇上の問題で人権侵害が行われた場合には、被害者は損害賠償の権利を有するだけでなく、そのような処遇が法制度や行政慣行に原因がある場合には、締約国は改廃すべき積極的義務を負うのである。

　監獄における処遇問題に適用される自由権規約の条項は、第7条と第10条であろう。

　まず、規約第7条は、「何人も、拷問又は残虐な、非人道的な若しくは品位を傷つける取扱い若しくは刑罰を受けない。特に、何人も、その自由な同意なしに医学的又は科学的実験を受けない」と簡潔に定める。また、第10条は、「自由を奪われたすべての者は、人道的にかつ人間の固有の尊厳を尊重して、取り扱われる」とも定めている。第10条2項は、(a)未決囚と既決囚との分離収容を定め、未決囚にはその「地位に相応する別個の取扱いを受ける」べきことを定める。(b)少年と成人との分離収容を定める。第3項は、行刑について重要な規

---

[13] 日本弁護士連合会編『国際人権規約と日本の司法・市民の権利』(こうち書房、1997年) 410〜469頁。規約人権委員会の一般的意見の法的意義については、北村泰三『国際人権と刑事拘禁』(日本評論社、1996年)。
[14] 一般的意見3/13、1981年7月28日採択。

定である。すなわち、「行刑の制度は、被拘禁者の矯正及び社会復帰を基本的な目的とする処遇を含む。少年の犯罪者は、成人とは分離されるものとし、その年齢及び法的地位に相応する取扱いを受ける」と定めている。これらの解釈に際しては、規約人権委員会が公表している「一般的意見」(general comments)を参照すべきである。

まず第7条についての一般的意見15)によれば、「第7条における禁止は身体的苦痛をもたらす行為だけでなく、被害者に対し精神的苦痛をもたらす行為にも及ぶ。委員会の見解では、さらにその禁止は、体罰、すなわち犯罪に対する処罰としての、または教育的、懲戒的措置としてのいきすぎた処分を含む体罰にも及ぶ」。

第7条の規定の絶対的権利性については次のようにいう。「第7条の正文はいかなる制限も認めていない。委員会は、本規約第4条に引用されている公の緊急事態の状況においてすら第7条の規定の停止は認められず、その規約の効力を持続することを再確認する。委員会は同様に、上司または公的権力からの命令に基づくことなどのいかなる理由についても、第7条違反を免れる正当化根拠、または酌量すべき情状にならないと考える」。

独居拘禁については、「委員会は、長期間の被拘禁者または受刑者の独居拘禁も、第7条によって禁止される行為にあたる場合があることを指摘する」と触れ、独居拘禁が条件によっては第7条違反の問題を惹起することを述べる。

さらに、第7条違反の行為が発生しないよう予防すべき積極的な義務を負っていることを強調する。すなわち、「委員会は、(拷問または非人道的な)取扱いまたは刑罰を禁止し、あるいは、これを犯罪とするだけでは、第7条の実施として十分ではないと指摘したい。締約国は委員会に対し、その管轄下の領域における拷問または残虐な非人道的なもしくは品位を傷つける取扱いに該当する行為を防止し、処罰するためにとった立法・行政・司法およびそれ以外の措置を報告しなければならない」(パラグラフ8)。

以上のように、規約人権委員会は、拷問、非人道的取扱い、品位を傷つける取扱いなどの用語の意義については、概念的定義を試みようとしていない。その理由は、これらの意義は、ケースバイケースにより、個別的な状況を総合的

---

15) 一般的意見20/44、1992年4月3日採択。

に判断して決定されるべきであると考えているからであろう。品位を傷つける取扱いといっても、本人の年齢、健康状態、性別、文化的背景等により、一律に一定の行為がこれに該当するとはいいきれない。独居拘禁が第7条によって禁止される場合があるということや曖昧な表現も、このような文脈から理解されるものである。

次に、規約第10条に関する一般的意見[16]では、まず、権利の適用範囲について「すべての被拘禁者(刑務所・病院、とくに精神病院・拘置施設・矯正施設またはそれ以外の場所で拘禁されている者)」とする。

「第10条1項は、締約国に対し、自由を奪われているため、とくに弱い立場にある人々に対する積極的義務を課し、第7条に含まれる拷問または残虐な、非人道的なまたは品位を傷つける取扱い、もしくは刑罰の禁止規定の補完をなすものである」。

被拘禁者は、第7条に違反する取扱い(人体実験を含む)に服さなくてよいだけでなく、「自由の剥奪から生ずる以外の苦しみや圧迫にも服する必要はない」のである。被拘禁者の人格の尊厳は、一般人と同一条件の下で保障されなければならない。さらに、「閉鎖された環境ゆえに避けられない条件は別として、規約に規定するすべての権利を享有する」とされている。この点は、重要である。被拘禁者は、拘禁目的にかなう制限のみを受けるのであって、「自由の剥奪から生ずる以外の苦しみや圧迫にも服する必要はない」。

(2) 国連諸決議

規約人権委員会は、第10条との関係で、国連の関係規則に言及している。「締約国はその報告書において、国際連合の基準を拘禁者の取扱いに対しどの程度適用しているのかを示すよう求められている。すなわち、『被拘禁者処遇最低基準規則(1957年)』、『あらゆる形態の拘留又は拘禁の下にあるすべての者の保護のための諸原則(被拘禁者保護原則1988年)』、『法執行官のための行動綱領(1978年)』、『拷問及びその他の残虐な、非人道的な若しくは品位を傷つける取扱い又は刑罰から被拘禁者及び被抑留者を保護することについての保健職員、特に医師の役割に関係のある医学倫理の原則(1982年)』等である」

---

16) 一般的意見21/44、1992年4月6日採択。

(パラグラフ5)。

　これらの諸文書のうち、とくに監獄での処遇に関連するものは、国連最低基準規則である。その第33条は、拘束具について「手錠(handcuffs)、鎖(chains)、枷(irons)、拘束服のような拘束具は、懲罰の手段としては絶対に用いられてはならない。鎖または枷は拘束具としても用いられてはならない」として、懲罰としての拘束具の使用を完全に禁じている。その趣旨は、被拘禁者の取扱いに関するすぐれた原則や慣行として一般に認められたものを列挙したものであり、処遇に関する最低の基準である[17]。そのほかにも、「被拘禁者保護原則」(国連総会1988年決議43・173)が挙げられる。同原則6は、「あらゆる形態の抑留または拘禁の下にある者は何人も、拷問または残虐な、非人道的なもしくは品位を傷つける取扱いもしくは刑罰を受けない。いかなる状況も、拷問または他の残虐な非人道的なもしくは品位を傷つける取扱いまたは刑罰を正当化するものとして援用することはできない」と定める。

　これらの文書は、国連決議であって、条約ではないから、厳密な意味で法的拘束力を持つものでない。しかし、採択されてから40年以上が経過しており、また規約の報告書のなかでもその履行状況についての報告が求められているということは、一種の履行監視システムになっているとも見なしうる。他の条約でも触れられているようなとくに基本的な規定については、慣習法化しているといえるのではないか。

(3)　ジュネーブ人道法諸条約共通3条

　自由権規約の規定は、なんらかの権利制約理由を明記していることが多い。たとえば、「公共の安全、公の秩序、公衆の健康もしくは道徳、他の者の基本的権利など」(第18条)である。しかし第7条は、これらの権利の制約事由を何も明記していない。それだけでなく規約第4条は、戦争や国の生存に関わるような「公の緊急事態」において自由権規約上の権利の保障を停止することができる旨を認める。これは戦争やその他の緊急事態(国によって法制度の違いがある。一般には、戒厳または国家非常事態〔State of seige〕には、一時的に権利の制約を認める趣旨である。しかし、第7条の権利は、そうした例外的状況の下

---

17)　ピナル・リフォーム・インターナショナル著、村井敏邦監訳、葛野尋之ほか訳『刑事施設と国際人権』(日本評論社、1996年)。「国際準則と矯正」刑政105巻5・6・7号(1995年)。

でも停止されてはならないことになっている。また、1949年のジュネーブ人道法条約と呼ばれる、戦時における捕虜の待遇、文民、傷病者の保護を定める条約がある。その共通3条でも、拷問、「侮辱的で体面を汚す待遇」を禁止している[18]。これは、この権利の絶対的性質を物語っている。国際法上は、拷問、非人道的取扱いの禁止は「強行法規」、すなわちいついかなるときにも逸脱が許されない法規として、国際社会で認められた法（条約法に関するウィーン条約第53条）とする説が有力である。

(4) 拷問等禁止条約[19]

本条約は、拷問を禁止し、締約国に「拷問」を刑法上の犯罪として処罰する義務を課している。条約上の拷問には、肉体的苦痛だけでなく精神的、心理的苦痛を与える行為も含まれている。また、差別的動機、黙認といった要素も拷問の定義に含まれている。拷問行為の実行者の個人の責任を定めている。すなわち、公務員によって公務遂行中に行われた行為であっても、その行為が拷問の定義に該当するならば、その責任は免れない。締約国は、拷問行為を国内法で禁止し、処罰することを約束する（第4条）。裁判管轄権の点では普遍主義を取り入れ、容疑者が自国の管轄権内に所在している締約国は、外国で行われた拷問行為であっても、当該国に引き渡さない限り、訴追し、処罰しなければならない[20]。すなわち、公務員であっても、拷問の実行者は個人責任を免れず、いずれの締約国もその者を訴追し、処罰するか、そうしない場合には処罰のために引き渡す義務を負うのである[21]。また本条約は、拷問に至らない非人道的

---

18) 人道法条約については、藤田久一『国際人道法〔新版〕』（有信堂高文社、1993年）。
19) 正式名は、「拷問及び他の残虐な、非人道的な又は品位を傷つける取扱い又は刑罰に関する条約」という。1984年採択、1987年発効、締約国数129カ国（2002年7月現在）。大倉一美編『拷問禁止条約とは何か』（創史社、1998年）。わが国は、1999年6月9日国会承認、同7月29日発効。
20) 1998年10月以後、チリのピノチェト元大統領の訴追がイギリスで問題となったのは、こうした文脈からである。英内相は1998年12月9日、ピノチェト元チリ大統領の引渡手続を開始することを決定した。これは、英上院が、11月25日に英国内でのピノチェトの逮捕を合法とする判断を下したことを受けたものである。今回の逮捕合法判断は、英高等法院の元国家元首には「免責特権がある」とする決定を覆したもの。「拷問、殺害など国際法上の犯罪となる行為は免責対象となる政治的行為には含まれない」としている。拷問や大量殺害などの人権犯罪を国際的に裁く道を開く。
21) これを「普遍的管轄権」という。山本草二『国際刑事法』（三省堂、1991年）。

行為も同様に禁止している（第16条）。また、条約の履行確保のために「拷問禁止委員会」を設置し、個人からの通報の審査を含む、広範な調査権限を付与した。さらに、拷問禁止を目的とする地域的人権条約として、米州拷問等禁止条約（1985年）、欧州拷問等禁止条約（1987年）がある。

普遍主義に基づく実際の判例としては、アメリカ合衆国の国内判例として著名なFilartiga事件がある。本件は、アメリカ国外（ウルグアイ）で行われた拷問行為の実行者を訴えた事例であるが、原告であるFilartigaに連邦外国人不法行為法に基づく損害賠償請求権を認めた[22]。

拷問、非人道的取扱いおよび刑罰の禁止については、国連以外にも地域的な人権条約が存在する。なかでも欧州人権条約（1951年採択、1953年発効）は、その第3条で自由権規約第7条とほぼ同様の規定をおいている。その実施機関である欧州人権委員会と欧州人権裁判所の判例法は、自由権規約の解釈に際しても斟酌すべき有力な指針を与えている。欧州審議会には、そのほかにも欧州拷問等禁止条約がある。また、刑務所制度については、「欧州刑務所規則（European Prison Rules）」がある。ほかに、米州人権条約やアフリカ諸国人権憲章などの基本的人権を保護するための条約は、諸国の憲法と同様に、拷問および非人道的取扱いを禁止している。

4　国際判例法の傾向

(1)　自由権規約委員会

個人からの通報の審査において規約人権委員会は、個人と政府との間の事案の友好的解決をめざす。第7条および第10条に関する訴えは多数に上っている。なかでも、1980年代はウルグアイに関する事件が多く、1990年代にはジャマイカに関する事件が多い。

代表的かつ重要な先例として、Rodriguez v. Uruguay事件に関する規約人

---

22)　軍事独裁政権下にあったパラグアイで息子が拷問により殺害されたと主張する男性が、拷問実行者たるパラグアイ警察高官をアメリカの国内裁判所に訴えた。拷問はパラグアイで行われ、その加害者、被害者はパラグアイ人であった。詳しくは、岩沢雄司「アメリカ裁判所における国際人権訴訟の展開——その国際法上の意義(1)(2)」国際法外交雑誌87巻1号（1988年）48～84頁、5号（1988年）1～42頁。

権委員会の見解がある。本件は、1983年の軍政下に秘密警察による電気ショックなどの執拗な拷問を受けた被害者からの通報に端を発する。ウルグアイは1985年に民政移管したが、新政府は1986年に恩赦法を制定し、軍政時代の人権侵害の訴えに対して不処罰（impunity）の方針を採用した。通報者は、軍政時代の秘密警察による電気ショックなどの行為が第7条、第9条、第10条、第14条等の一連の侵害にあたると主張したが、とくに第7条違反の問題を中心として審議するよう委員会に求めた。また、政府が拷問の事実を調査せず、責任者を処罰しないことも訴えていた。委員会は、ウルグアイの軍事政権時代の拷問などの大規模人権侵害が規約第7条に違反し、その結果、政府は人権侵害を調査、処罰する義務を免れないとして次のように述べた[23]。「委員会は、とくに拷問などの重大な犯罪に関係する場合には、前政権による規約の権利の侵害を調査する義務を負わないという締約国の主張に賛成できない。規約第2条3項(a)は、各締約国は（実効的救済）の義務を負うと明白に定めている。第7条は第2条3項とともに解釈すべきである」。恩赦は、規約第7条違反を調査すべき義務と一般に両立しない、国家は個人から実効的救済に対する権利（補償および社会復帰を含む）を奪うことはできない。「委員会は、大規模人権侵害に対する恩赦法などの法は、規約上の締約国の義務と両立しないという立場を再確認する。同法の採択は、多くの事件において過去の人権侵害を調査する可能性を事実上排除することになり、また締約国がこれらの犠牲者に対する実効的救済を提供する責任を果たすことを妨げるという点を深い関心をもって留意する。さらに、委員会は、同法の採択により、締約国は、民主的秩序を毀損するかもしれない不処罰の雰囲気を作ることに貢献し、いっそう憂慮すべき人権侵害を引き起こすということを懸念する」と述べた。

　ジャマイカの刑務所における囚人への暴行、虐待を訴えた一連の通報がある。それらは、公正な裁判や残虐な非人道的な取扱いを受けているとして第7条違反を主張していた。ライフルの銃座で殴られ負傷したり、死刑の模擬執行、診療拒否などは、品位を傷つける取扱いとされた。同時に、これらの場合には、第2条3項(a)に従って実効的救済を受ける権利が侵害された[24]。第7条と第10条1項は同様の文脈で理解されている。拘禁中の者については、第7条違反

---

[23]　Rodriguez v. Uruguay, No. 322/1988, U.N. Doc.CCPR/C/51/D/322/1988 (1994).
[24]　Maurice Thomas v. Jamaica, No.532/1993. U.N. Doc. CCPR/C/61/D532/1993.

の問題は、同時に第10条1項違反を生じさせると理解されている。

　アフリカのいくつかの国々に対する通報も、暴行や虐待を訴えていたものがある。Miha v. Equatorial Guinea 事件の通報者は、元国会議員で外交官でかつ野党の支持者でもあった人物である。1988年8月に治安部隊により誘拐され、拷問を受け、1週間にわたって食事と水を奪われた。1990年3月に何の説明もなく釈放され、その後、スペインに亡命した。政府は、通報者が1982年にスペインの国籍を取得したこと、現在スペインで生活していることなどにより、自国の管轄下にない者からの訴えであるので、許容性の要件を満たしておらず、委員会がこれを審理するのは内政干渉であると主張した。その後、委員会からの情報提出要請には無回答だった。結局、委員会は、政府の抗弁を斥け、第7条、第10条1項ほかの多くの人権規約の条項違反を認定した[25]。

　カメルーン政府に批判的な立場のジャーナリストであったMukong氏は、1988年7月に英国BBC放送の記者とのインタビューで大統領を批判したとして、逮捕された。その間の抑留の状況（過剰収容、食料と衣服の不足、死の脅迫および外部との連絡を絶たれた抑留であること）が第7条に違反すると主張した。国（カメルーン）側は立証責任は申立人側にあり、かかる状況は発展途上国に付随するものであると論じたが、委員会はこれを認めなかった。申立人により一応の証明がなされた場合は、立証責任は国側に転換され、一定の最低限の条件（被拘禁者処遇最低基準規則）は発展の段階にかかわらず、遵守されなければならないものである。本件の状況は第7条に反する残虐、非人道的かつ品位を傷つける取扱いであった。逮捕と抑留は、合法ではあったが、当該状況下において合理的でも必要でもなかったから、第9条1項に違反するとした。本件では、経済的資源の不足は第7条違反を正当化しないとしたことに注目できる。また、被拘禁者処遇最低基準規則が参照されている点でも重要である[26]。

　ザンビアの政治活動家である申立人が公安法により逮捕され、釈放後も監視下に置かれた。委員会は、抑留の状況（娯楽禁止、時として食料と医療措置が欠乏していたこと）は残虐、非人道的または品位を傷つける取扱いとするには十分でないが、第10条1項には違反すると認めた。言論と移動の自由に対

---

25)　Essono Mika Miha v. Equatorial Guinea, No. 414/1990, U.N. Doc. CCPR/C/51/D/414/1990 (1994).
26)　Mukong v. Cameroon, No.458/1991, CCPR/C/51/D/458/1991.

する制約、申立人に罪状を告知するにあたって1カ月遅延したこと、および裁判官または司法官の面前に引致されるまで3年半も抑留されていたことが、規約違反と判断された27)。

　ハンガリーの刑務所の処遇に関する事件では、1989年に詐欺と横領の幇助により有罪とされた申立人が、未決勾留中のさまざまな処遇上の問題を指摘した。委員会は、朝の洗顔などの時間として1日5分間しか許されず、シャワーが1週1回、戸外運動が1日5分間しかなかったことは第10条1項に違反するとしたほかは、すべて排斥した（1名別意見）28)。本件事実はハンガリーが選択議定書を批准する前に発生したものであったが、有罪とする判決そのものは批准後であったとして、政府は委員会の管轄権を認めた。1名の反対意見は、委員会の管轄権を否定する立場であった。

　殺人罪で抑留されたKelly氏は、裁判官の面前に引致される前、5週間にわたって拘束され、弁護士にも家族にも連絡をとることが許されなかった。これは、第9条3項および第4項違反である。彼は基本的な医療措置も受けられず、戸外運動時間は1日30分しか許されなかった点で、第10条1項違反であるとした。ほかの点でも、申立人は逮捕後、数週間、なんらの逮捕理由（被害者の特定も含む）も告げられなかったことにより、第9条2項違反であり、また弁護人が申立人と打合せせずに控訴を放棄したこと、および控訴棄却後5年以上も判決書が作成されなかったことは第14条違反である、上訴が認められなかったこととともに第6条違反を構成するとした29)。

　スペインの刑務所での劣悪な環境を規約違反と認定したケースがある。本件の通報者はカナダ人で、スペイン旅行中に麻薬不法取引の容疑により警察に逮捕され、8年の懲役判決を下された。通報者は、通訳の誤りにより有罪判決が下されたとして、冤罪を主張した。また投獄されたMelilla刑務所の古く、不衛生で、劣悪な環境（1室30名の過剰収容、窓のない房、尿の染みついた毛布・マットレス、海水のシャワー、高い自殺率、喧嘩、など）は、第10条1項および2項に違反するとした30)。政府が刑務所の処遇に関する部分については

---

27) Henry Kalenga v. Zambia, No.326/1988, CCPR/C/48/D/326/1988.
28) Parkanyi v. Hungary, No. 410/1990, 325-332, CCPR/C/45/D/410/1990 (1992).
29) Paul Kelly v. Jamaica, No. 253/1987, CCPR/C/41/D/253/1987.
30) Griffin v. Spain, No. 493/1992, CCPR/C/53/D/493/1992 (1995).

反論をしないので、委員会は通報者の主張を基礎に判断を下した。

手錠が問題とされた事件として、コロンビア人がエクアドルを旅行中に麻薬取締法違反容疑でエクアドル警察とアメリカ合衆国麻薬捜査官らに逮捕され、その夜、手錠をかけられ、椅子、机につながれたまま一晩放置された事件がある。本件でも規約第7条、第9条、第13条の各条の違反を認定した31)。

以上の点を要約すると以下のようになる。まず、規約人権委員会は、自由権規約第7条の拷問、非人道的または品位を傷つける取扱いの一般的定義を与えていない。刑罰の執行とは直接関係のない肉体的苦痛は、拷問、非人道的取扱い、または品位を傷つける取扱いとなりうる。いかなる場合にいずれの認定をするかは、個別具体的な事情を総合的に判断することによっている。また規約第10条1項の人道的処遇の原則は、第7条を補完するものであり、その具体的基準は国連の被拘禁者処遇最低基準規則等を参照とする。

第7条の侵害を受けた個人は、実効的救済を受ける権利を享有し、国家は事実を調査し、実行犯を訴追し、処罰し、被害者に補償を与える義務を負っている。この救済を受ける権利は、重大な人権侵害だけでなく、公務員による暴行を受けた場合などにも援用可能である。

(2) 欧州人権条約の判例

欧州人権条約第3条は、自由権規約第7条と同様の文言において「拷問、非人道的取扱いおよび刑罰の禁止」を定める。他方、欧州人権条約には規約第10条に該当する規定はない。しかし、これまでの解釈により、欧州条約第3条は、監獄収容関係はもちろん、その他のさまざまな状況において援用され、適用されてきた32)。欧州人権条約の実施機関は、条約第3条の拷問、非人道的取扱いおよび刑罰、品位を傷つける取扱いの適用に際して、それらの用語の意義を明確にしようと試みている。

---

31) Jorge Villacres Ortega v. Ecuador, No. 481/1991, CCPR/C/59/D/481/1991 (8 April 1997).
32) 判例法によれば、条約第3条が適用された例には、警察勾留中の暴行や虐待、刑務所収容関係、体罰、出入国と難民、犯罪人引渡し事件、エイズ患者の本国送還などがある。Lawson and Schermers, Leading Cases of the European Court of Human Rights, Nomos, 1997. D. J. Harris, M O'Boyle C. Warbrick, Law of the European Convention on Human Rights, Butterworths, 1995.

その先駆的な重要事件としては、デンマーク、ノルウェー、スウェーデン、オランダの４カ国が、1968年のギリシア軍事クーデターに端を発する数々の人権侵害を訴えた事件がある。本件では、政治的反対派に対する恣意的逮捕、拷問、非人道的取扱いなどが問題とされた。欧州人権委員会は、すべての拷問は、非人道的かつ品位を傷つける取扱いであると述べ、非人道的な取扱いとは、「精神的または肉体的に過酷な苦痛を故意に引き起こす取扱い」であり、個人の取扱いまたは処罰は、「他の者の前でひどく辱めを与えたり自分の意志に反する行動をとるよう強制する」場合には、品位を傷つけることになるといった。また、拷問とは、情報を得たり自白を獲得したり、処罰を加えるなどの目的を持つ非人道的取扱いであり、一般に非人道的取扱いのなかでも著しいものをいうとした[33]。

アイルランド対イギリス事件も第３条に関する重要な判例である[34]。本件では、アイルランド政府がイギリス政府を相手として、英領北アイルランドにおける警察によるテロリスト容疑者に対してとられている尋問手段が、条約第３条に違反すると訴えたものである。それらは、①壁に向かって直立姿勢で数時間立たせておくこと、②頭部を頭巾様の布で覆うこと、③騒音を聞かせ続けること、④睡眠の剥奪、⑤飲食物の提供拒否などであった。英国政府は、テロ容疑者に対する取調べの必要性と緊急事態が布告されていたことを理由に抗弁した。人権委員会は、一連の尋問手段が精神的にも肉体的にも個人の人格に影響し、苦痛も一定のレベルに達しているので第３条にいう拷問にあたるとし、英国による条約違反を認定した。その後、人権裁判所は、拷問とは「非常に重大かつ残虐な苦痛を引き起こす意図的な非人道的取扱い」と定義し、これらの尋問方法が、「拷問」という用語が意味する強烈な響きや残酷なほどの苦痛を引き起こすまでには至らなかったが、「非人道的、品位を傷つける取扱い」にあたるとし、その点での条約違反を認めた。人権裁判所は、委員会と異なり、英国政府の立場に配慮して、拷問というひときわ陰湿な印象を与える認定を避けようとしたと推量される。

Tomasi v. France事件もテロを背景としていた。Tomasiは、コルシカ民族解放戦線によって行われた爆弾事件へ関与した容疑により、フランス警察に

33）　Greek case, Yearbook of the European Convention on Human Rights, Vol.12.
34）　Ireland v. U.K., 18 January 1978, Series A. Vol.25 (18.1.1978).

逮捕された。Tomasiは、約40時間にわたる取調中に、後ろ手に手錠をかけられたまま、長時間立たされ続けたうえ、平手打ち、足蹴り、殴打、肘打ちなどの暴行を受け、さらに開いたままの窓の前に裸で立たされ、食事を奪われ、武器で脅されるなどのさまざまな目にあった。これらは、第3条によって禁止される拷問、非人道的な取扱いにあたると主張した。人権裁判所は、受けた傷について医師の証明があり、政府側もそれを否定しなかったところから、本件では「非人道的かつ品位を傷つける取扱い」があったと認定した[35]。

　欧州人権裁判所は、最近に至るまで拷問の認定をしたことはなかった。しかし、トルコ内のクルド人との民族的争いを背景に起きた事件に関する最近の判例では、「拷問」を認定した。Aksoy v. Turkey事件では、クルド人反政府組織（クルド労働者党）に属する申立人が1993年11月に警察によって逮捕され、取調中に自白を強要され、暴行を受けた。さらには、両手を後ろに縛られたまま体を吊すなどの方法による拷問を受けた。その後、12月に釈放され、これらの点について欧州人権委員会に人権条約違反を申し立てた。しかし、同人は1994年4月に、外出中に何者かによって銃で狙撃され死亡した。そこで息子に代わって父親が人権委員会への申立を継続した。委員会は、トルコ政府がとくに反論することもなかったので、本件は条約第3条に違反する拷問にあたることを認めた。人権裁判所も拷問の定義を援用して、典型的な拷問であり条約第3条違反であることを認めた[36]。同じくトルコに関するAydin v. Turkey事件では、警察勾留中の17歳のクルド人少女に対する強姦その他の暴行、陵辱行為が条約第3条に違反する拷問であることを認めた[37]。これらの例に見られるように、欧州人権条約の文脈では、「拷問」という概念は、非人道的取扱いのなかでもとくに甚だしく人格を蹂躙する行為に留保されている。

　Ribitsch v. Austria事件では、麻薬の違法取引容疑で逮捕された申立人が警察取調中の暴行を受けたことが、第3条違反にあたると主張された。委員会の認定を経由して人権裁判所は、第3条違反の認定にあたって判断基準となりうる指標を示した。すなわち、「自らの行動によって厳密に必要とされない有形

---

35)　Tomasi v. France, Series A. Vol.241-A, 1992, EHRR, Vol.15-1, pp.1-61.
36)　Aksoy v. Turkey, Judgment of 18 December 1996, EHRR, Vol.23-6, pp.553-600.
37)　Aydin v. Turkey, Judgment of 25 September 1997. Human Rights Law Journal, Vol.19.2-4, EHRR, Vol.25-3, pp.251-334.

力の行使は、人間の尊厳を損なうものであり、原則として条約第3条に定められた権利を侵害する」というものである。この基準に従って、Ribitsch事件では人権裁判所は、虐待が一定の程度に達していたことを認めた38)。

アイルランド対英国事件とは違って、Tomasi事件とRibitsch事件の加害行為は、それ自体としては制度的なものではなく、とくに後者の場合は被害の程度は重大なものではなかった。これらの2事件では、身体の自由を奪われた人に対する肉体的暴力は、たとえその結果としての傷が軽度のものであったとしても、通常は第3条の下での問題を発生させるという点を明らかにした。このことは、身体への加害行為は、品位を傷つける取扱いにあたるということを明らかにしているように思われる。この点で、裁判所は、身体の自由を奪われている人に対する物理的力の行使は、いかなるものであっても原則として条約第3条に定められた権利の侵害にあたることを強調した。

「非人道的取扱い」、「品位を傷つける取扱い」であることを主張するには、最小限度の苦痛の程度に達していることが必要とされる。この論理に立てば、一定レベルの苦痛を受けたことが条約違反の前提となる。

Raninen v. Finland事件では、良心的兵役拒否者の申立人が当局から身柄を拘束される際に公衆の面前で手錠をかけられ、連行される間2時間ほど手錠をかけられていたことが条約第3条に違反する「品位を傷つける取扱い」にあたると主張された。人権委員会は、手錠そのものが条約違反にあたるわけではないが、本件では、逃走のおそれもなかったことなどから品位を傷つける取扱いにあたるとした39)。その後、人権裁判所は、最小限度の苦痛の程度までは達していなかったとして、第5条1項（身体の自由および安全の権利）違反のみを認定し、第3条の違反はなかったとした。

被拘禁者の処遇については、1970年代に人質誘拐事件や爆弾テロを行っていた西ドイツ赤軍派のバーダー・マインホフ・グループの事件で、食事の拒否などの態度をとっていた被告人について、24時間の監視、照明、テレビ、ラジオ、新聞の禁止などが第3条に違反するかどうかが問われた。しかし、外部の者との接触の機会が保障されていることなどから、条約違反にはならないと

---

38) Ribitsch v. Austria, Series A-336, EHRR, Vol.21-6, 1996, pp.573-606.
39) Raninen v. Finland, Application No.10972/92, Report of the Commission, 24 October, 1996, Judgment of the Court 16 December 1997, EHRR, Vol.26-5, pp.563-598.

した40)。

　以上のように、欧州人権条約の監獄収容関係に関する判例法では、第3条についてはある種の規範的段階構造が見受けられる。すなわち、「拷問」は最も著しい違反である。アイルランド対英国事件の欧州人権委員会と裁判所の間では、若干の食い違いがあった。非人道的取扱いについては、Ribitsch判決が一応の判断基準を示している。Tomasi事件とRibitsch事件では、拷問の認定に十分なほどには著しい虐待があったわけではないが、「一定程度の身体に対する有形力の行使があれば、原則的には非人道的かつ品位を傷つけるものである」とされている。

　このように欧州人権条約の判例法では、第3条の「拷問」「非人道的取扱い」「品位を傷つける取扱い」の用語的意義は、苦痛の程度で判断される結果になっている。これらの意義を区分する意義は、ひとつには各用語の違いに応じて違法性の評価に軽重を認め、損害賠償の認定の際に程度に応じて責任追及を可能とするためである。その結果、精神的な面での苦痛は必ずしも十分に考慮されないことになろう。外形的な判断でよいかという問題が残る。

　アイルランド対英国事件やRaninen事件で委員会と裁判所との判断に違いが生じたのは、苦痛の程度をいかに評価すべきかの点で見方が分かれたからにほかならない。人権裁判所では、第3条を適用する場合には、拷問の認定は伝家の宝刀のごとくできるだけ回避し、非人道的取扱いの認定をめぐる議論に集約させる傾向が見られる。また、他の条項の適用によって国家に責任を問うことが可能な場合には、できるだけ第3条違反の認定を回避しようとする力学が働いているのではないかと思われる。このような慎重さは、第3条違反を軽々しく持ち出すことにより、逆にその意義を損なわないようにするためでもある。

5　むすび
──拷問・非人道的取扱いの禁止の意義と革手錠・保護房

　以上に見てきた拷問、非人道的取扱い、品位を傷つける取扱いおよび刑罰の

---

40)　Application 6166/73, Yearbook of the European Convention on Human Rights, Vol.18, 1975, p.132.

禁止規定が、「絶対的権利」を定めたものであるかが議論されている 41)。

　絶対的権利とする論拠のひとつとして、自由権規約第7条、欧州人権条約第3条等の人権諸条約中の拷問等の禁止規定には、例外を認める明文規定はないし、また戦争やその他の国家の安全に関わる公の緊急事態においても、これらの権利の保障を停止してはならないとされていることが挙げられる。ギリシア事件やアイルランド対英国事件では、公の緊急事態下で発生した事件であるが、第3条違反を認めるうえで有効な抗弁とは認められなかった。ジュネーブ人道法条約共通3条の規定でも、同様に拷問、非人道的取扱いの禁止が定められている。テロリズムの鎮圧のためといった理由は、非人道的取扱いを正当化しない（Tomasi事件、アイルランド対英国事件）。

　第2に、拷問等の実行者に対しては、拷問等禁止条約により普遍的管轄権が認められていることも絶対的権利の論拠として挙げられよう（Filartiga事件）。いつ、いかなる場所でも、拷問、非人道的行為の実行犯を捕らえて、訴追し、処罰することが可能な体制を作ることにより、国際社会からこれらの行為を除去しようとしているのである。

　第3に、仮にこの権利の侵害がなされた場合には、調査、救済手段が確保されなければならない。規約第2条3項の効果的な救済の要請と密接に関係してくるのである（規約人権委員会、Rodriguez v. Uruguay事件）。

　以上のことなどから、拷問および非人道的取扱いの禁止規定は、絶対的権利としての性質を有すると考えられる。それは、換言するならば国際社会の「強行法規」（ユス・コーゲンス、条約法に関するウィーン条約第53条）として、国際人権秩序の根幹をなす基準として例外なく受け入れられているということである。

　したがって、拷問や非人道的行為等を正当化する余地はないようであるが、それでもなお本権利に本来的に内在するか、あるいは人権の全体的把握を前提として本権利に制約を認めることがありうるかという議論の余地がある 42)。しかし、極限状況において、密室状況での国家権力の判断に委ねられている限

---

41)　Michael K. Addo and Nicholas Grief, Does Article 3 of the European Convention on Human Rights Enshrie Absolute Rights?, European Journal of International Law, Vol.9, 1998, pp.510-524.
42)　たとえば、逃亡する犯人を警察官が射殺しても正当化される場合が認められるのに、すべての場合に物理的な力の行使を否定できるか、というような疑問が指摘されている。

り、あまりにもその議論は危険を伴うであろう。

仮に例外が認められるとするならば、欧州人権裁判所がRibitsch事件でいったように、「自己の行為の結果」として物理的力の行使が必要とされる場合、すなわち、たとえば被拘禁者に逃亡または自殺のおそれが十分にある場合などに限定されるであろう。その際、目的と手段との均衡を考慮しなければならない。

さて、わが国の監獄法制では、革手錠および保護房は、「戒護」のため使用できる旨定められている。本来戒護のための力の行使は、逃亡や自殺予防および暴行のおそれがある場合に、厳密に必要とされる範囲内で許される。しかし、実際的には、刑務所職員の指示に対する「抗弁」を理由に、懲罰的あるいは単なる「こらしめ」の手段として使用されている。加えて、監獄の規則は、規律、秩序の偏重に傾き、著しく不合理なものも多い[43]。その結果、恣意的な指示が濫用される危険を増大させている。

革手錠は監獄内での戒護という「意図」に基づいて制度的に使用が許されており、使用されたときの苦痛の程度は、前述の「非人道的取扱い」に相当し、かつ「品位を傷つける取扱い」の要件を満たしていると思われる。装着方法が両手後ろであるか片手前後であるかというのは、枝葉末節の議論である。違法性の存在は、拘束具の使用の際の状況判断に誤りがあったかどうかに依存するものではなく、こうした拘束具の使用を認める法制度そのものにあるというべきである。

保護房については、自殺予防等の場合、その必要性自体は必ずしも否定しがたい面があるかもしれない。しかし革手錠とさらに金属手錠をかけられ、また割れズボンを強制され、24時間ビデオカメラの監視下に置かれる現在の保護房収容は、「非人道的かつ品位を傷つける取扱い」というに十分である。これが、被収容者の健康状態が悪化したり期間が数日に及べば、「拷問」の定義に該当する可能性も否定できない。したがって、革手錠を認める監獄法施行規則の条項およびそれを具体化した通達は、自由権規約第7条および第10条の趣旨に反するので、無効もしくは改正が必要と考えられる。保護房の運用のあり方も、規約の趣旨に反するので、使用条件等につき検討が必要であろう。用いるべき

---

43) 前掲注10)『監獄と人権』参照。

場合には、革手錠と併用すべきではない。仮に戒具を用いる必要がある場合には、金属手錠だけでも十分である。

　アムネスティ・インターナショナルによるわが国に関する報告書では、被拘禁者の人権保障のために、多くの勧告を行っている。①独立の機関による拘禁施設への立入りを認めることによって、日本の刑務所を覆っている秘密性を除去すること、および②現在のかたちの軽屏禁を廃止することを指摘する。もっともな指摘である。また、③拘束具および保護房の使用できる場合を、例外的場合に限定し、それを明示した立法を実施することを指摘している。この点については、必ずしも賛成できない。たとえば、医師の判断や上級公務員の許可がある場合に限って革手錠の使用を認めればよいだろうか。否であろう。なぜならば、こうした制度化自体が腐敗の温床となりうるからである。結局その運用が監獄当局に委ねられている限りにおいては、十分な歯止めにはならないどころか、逆に濫用のおそれを増幅させることになりかねない。これは、あくまでも①と組み合わせて提案されていることに留意すべきである。

第3章
入管被収容者の人権問題
退去強制、上陸拒否事件との関連で

●北村泰三

【国内法】国家賠償法6条、入管法24条、被収容者処遇規則
【国際人権法】自由権規約2条1項、2条3項8(a)、7条、9条、10条、13条、難民条約1条(A)、33条、拷問等禁止条約3条、人種差別撤廃条約5条(a)(b)、世界人権宣言14条、領事関係に関するウィーン条約36条1項

1 はじめに

　わが国では、この10数年来、就労等の目的をもって来日して資格外就労および不法残留（オーバーステイ）等の理由により、退去強制処分に付される外国人の数が増加してきた[1]。それに伴い、入管収容所に拘禁中の外国人に対する人権侵害事件が多発している。また、空港等における入国審査時に適正な旅券等の書類を所持している場合でも、上陸を拒否され本国に送還される外国人の数も毎年相当数に上っており、これら上陸拒否者の取扱いをめぐって人権侵害事件も頻発している[2]。そこで本章では、退去強制および入国拒否との関連で、入管収容所等に拘禁されている外国人被収容者に対する人権侵害について、国際人権法の視点から検討を加える。
　以下では、「出入国管理及び難民認定法」（以下、入管法という）第24条に該当する不法入国者、不法上陸者、資格外活動者、不法残留者等が、退去強制手

---

1) 1999年中に、全国の地方入国管理官署が出入国管理及び難民認定法（以下「入管法」という）違反により退去強制手続の対象とされた外国人は55,167人で、1998年（48,493人）より6,674人増加した。このうち不法就労者は46,258人とされている。
2) 2000年1月1日現在の不法残留者総数は224,067人で、前回調査時（232,121人）と比べ8,054人（3.5％）減少している。毎年5万人もの不法残留外国人を退去強制処分としていることを反映して、1994年に29万人を超えた不法残留者は、以後減少している。1999年中に退去強制手続をとった外国人は55,167人で、このうち不法入国者は9,337人と前年に引き続き増加した。

続のために拘禁されている間に生じている人権侵害事件のうち、次のような諸点を抽出して検討する3)。

　まず、入管収容施設内で生じる人権侵害の背景には、施設の密室性が強く影響していると思われるので、公平な第三者機関による入管収容施設内への立入調査権の承認などの措置が必要であると国内外から重ねて指摘されてきた。この点について、現行制度の問題点を指摘しておきたい。

　次に、「ノン・ルフールマン原則」（迫害を受けるおそれのある場所への送還を禁止するため難民条約第33条に定められた原則）の新たな展開を見ることにより、資格外就労、オーバーステイ外国人等の退去強制に伴う問題を考えたい。その際、自由権規約や拷問等禁止条約に反映している拷問、非人道的取扱いの禁止という人権規範が難民条約の原則に影響を与えていることを論ずる。

　さらに、外国人被拘禁者とその母国の領事との面会権が、最近の国際判例において外国人被収容者に対する法の適正手続の保障の一環として位置づけられていることを確認するとともに、わが国の現行法上の問題点を指摘しておきたい。併せて、入管職員等による暴行事件などで外国人が国を相手として訴えている裁判において、国側が主張している国家賠償法第6条にいう「相互保証主義」の矛盾を明らかにしておきたい。

2 入管収容所における人権侵害と国際人権基準

(1)　出入国管理と国際人権法

　資格外就労やオーバーステイなどの入管法違反者は、通常の罪を犯した刑事事件の被告人ではなく、行政拘禁下にあり、法務省出入国管理局の収容施設に拘禁される4)。また、わが国の空港等での入国審査の段階で上陸を拒否される上陸拒否者は、上陸拒否から送還までの間、空港等の上陸防止施設に拘禁され、その間に入管職員による暴力等の事件や空港の警備会社の社員による暴行事件まで発生している5)。

---

3)　2000年末現在の外国人被収容者数は4,794人であり、そのうち外国人受刑者数は3,557人となっている。
4)　上陸拒否件数は、1996年度は16,166人であったが、1999年度は9,457人、2000年度は8,273人であり、件数は一時期に比べて減少する傾向が見られる。

入管被収容者の処遇については、被収容者処遇規則(1981年11月10日、法務省令第59号)が制定されている。本規則は、国会により制定された一般の法律ではなく、法務省規則であり、その運用は入管当局の広範な裁量に委ねられている。

　このような人権侵害が発生する背景には、入管法違反容疑者の収容手続が、通常の刑法犯罪の場合の被疑者とは異なり、裁判所の発行する令状によることを必要とせず、入国警備官の請求により行政官である主任審査官が発付する収容令書により行うことになっていることがある。また、退去強制対象者は、すべて収容所に収容することを原則とする全件収容主義をとっているため、逃亡等のおそれのないものまで拘禁しているケースがある。そのうえ、入国審査はしばしば通訳や翻訳文書も介さず日本語で行われるので、外国人にとっては理解できない場合もある。このように退去強制手続は、迅速かつ効率的な運用を優先させる構造になっており、被収容者の人権に対する配慮は二の次になっている。さらに、わが国では近年、オーバーステイ者、資格外就労者の取締りが強化されていることが、こうした傾向に拍車をかけているように思われる。

　他方、国際人権法の下においては、以下のような諸権利の保障が入管被収容者にも及ぶものと考えられる。まず、自由権規約第2条1項の「内外人平等の原則」から見て、第7条(拷問、非人道的取扱等の禁止)、第9条(身体の自由、恣意的抑留の禁止)、第10条1項(人道的処遇)等の保障は、入管被収容者にも及ぶ[6]。

　退去強制との関係でも、第7条の拷問、非人道的行為の禁止の規定は重要な意義を有する。すなわち、規約人権委員会の意見によれば、「締約国は、ある者を犯罪人引渡し、追放または送還によって他国に帰還させることにより、この

---

5)　入管問題調査会編『密室の人権侵害――入国管理局収容施設の実態』(現代人文社、1996年)、入管問題調査会編『入管収容施設――スウェーデン、オーストリア、連合王国、そして日本』(現代人文社、2001年)。退去強制手続の詳細については、坂中英徳・齋藤利男『全訂 出入国管理及び難民認定法逐条解説』(日本加除出版、2000年)を参照。
6)　自由権規約委員会の規約第10条に関する「一般的意見」では、第10条の諸権利は、「締約国の法律と権威の下で自由を剥奪され、刑務所、病院――とくに精神病院、拘置施設、矯正施設またはそれ以外の場所――で拘禁されているすべての者に適用する」とし、「締約国はこの条文に規定された原理が、その管轄下にあり、被拘禁者が拘禁されているすべての施設で遵守されることを確保しなければならない」と述べる。

者を拷問または残虐な非人道的なもしくは品位を傷つける取扱いまたは刑罰を受ける危険にさらしてはならない」のである[7]。この原則は、後述のように、退去強制手続において考慮されるべき重要なポイントである。

自由権規約第7条のほか、「拷問等禁止条約」も重要な意義を有する。本条約は、外国人の収容施設において行われる暴行その他の非人道的取扱い等を禁止すると同時に、実行者の訴追、処罰と救済手段の確保を締約国に義務づけている。また、外国人の追放等との関連では、本国への送還、追放等の結果、その者が拷問または非人道的な取扱いまたは刑罰を受けるおそれがある場合には、送還自体を禁止していると解釈されている。この原則は後に触れるように、難民条約のノン・ルフールマン原則から派生したものであり、かつそれを発展させている。

自由権規約第13条は、外国人の恣意的追放を禁止する趣旨である[8]。同条は、追放に関する異議申立権の保障を締約国に義務づけており、これが保障されている限り、外国人の追放を禁じているわけではない。また本条は、合法的に締約国の領域内にいる外国人を保護の対象としており、不法入国者や不法残留者には、適用がないとされているが、当該外国人の入国または在留の合法性が争われている限り、その追放に関する決定は本条に一致するようになされたものでなければならない[9]。

国連の「被拘禁者保護原則」では、「逮捕、抑留又は拘禁に責任を有する機関が使用する言語を十分に理解し又は話すことができない者は、その者が理解する言語で、原則10（逮捕理由の告知）、原則11の2（抑留理由の告知）、原則12の1（逮捕の理由）および原則13（被抑留者の権利の告知）にいう情報を速やかに受領し、かつ、もし必要な場合には無料で、逮捕後の法的手続に関して通訳の援助を受ける権利を有する」（原則14）と定めている。

(2) 入管当局による人権侵害事件

わが国の入管手続は、これらの国際人権法の基準から見て批判されるべき

---

7) 規約人権委員会一般的意見20（パラグラフ9）。
8) 宮崎繁樹編『国際人権規約』（三省堂、1996年）175～179頁。
9) Joseph, Sara (et al), The International Covenant on Civil and Political Rights, Oxford (2000) p.270.

問題点を多数抱えている。たとえば、規約人権委員会は、98年の第4回日本政府報告書の審査に際して公表した最終見解において、以下のような指摘を行った。

「19. 委員会は、収容の厳しい条件、手錠の使用および隔離室での収容を含む、出入国管理手続中に収容されている者に対する暴力およびセクシュアル・ハラスメントに関する申立について懸念を有する。入国者収容所の被収容者は、6カ月間まで、また、いくつかの事例においては2年間もそこに収容される可能性がある。委員会は、締約国が収容所の状況について再調査し、必要な場合には、その状況を規約第7条および第9条に合致させるための措置をとることを勧告する」[10]。

より最近では、2002年5月にアムネスティ・インターナショナルは、わが国の入管収容施設における人権侵害の状況に関する報告書を公表し、上記のような外国人に対する暴力、母国領事に対する通報権の不告知等を挙げて改善を勧告している[11]。

入管当局による具体的な人権侵害事件は枚挙にいとまがない。ここでは、それらのなかから訴訟にまで発展した例のうちいくかを挙げるにとどめる[12]。

①アムジャディ事件は、93年に5月6日から2週間にわたって東京入国管理局の隔離室に手錠のうえ収容されていたイラン人男性に対して、入管職員が暴行を加えたことにより、腰椎骨折の重傷を負ったことに対して訴えた事件である。東京地裁は、2001年6月26日の判決により、隔離収容の点については不当に長期で違法と判断し、国に100万円の賠償を命じたが、暴行傷害については証拠が不十分として退けた[13]。

---

10) 規約人権委員会は、選択議定書に基づく通報の審査において、退去強制処分のための収容が規約第9条にいう身体の自由の侵害にあたることを認めた（Hammel v. Madagascar事件）。したがって、入管収容施設における外国人被収容者の処遇は、品位を汚す取扱いにあたるものであってはならない。
11) Amnesty International, Japan: Welcome to Japan?, AI Index, ASA 22/002/2002. May 2002.
12) 入管による人権侵害に関する最近の新聞記事から見出しと日付を紹介しておく。「中国男性『こん包』護送・入管センター、強制送還時に」朝日新聞2001年11月11日、「ベトナム人が収容所で自殺・大阪・茨木の入管センター」朝日新聞2001年11月8日、「実情にそぐわぬ入管法適用・中国残留邦人の子・孫、服役後」朝日新聞1999年6月22日、「手紙の一部、削除求め線引かせる　ビルマ人収容者に　入管センター」朝日新聞1999年1月12日。
13) 毎日新聞2001年6月26日。

②不法残留の疑いで大阪入国管理局に収容され、その後強制送還された韓国人男性が、入管の警備官から暴行を受けてけがをしたとして国家賠償を求めた訴訟の控訴審で、大阪高裁は1999年12月15日、男性の請求を棄却した一審・大阪地裁判決を変更し、国に55万円の支払いを命じる判決を言い渡した。判決は、男性のけがの状態などから、一方的な攻撃だったと推認せざるをえず、入国警備官の正当な職務の範囲内だったとはいえないなどと指摘した14)。

③1997年8月に、不法残留容疑で東京入国管理局第2庁舎に収容中のイラン人男性ミール氏が不審死した事件がある。本件は、入国警備官による「制止措置」の一環として、金属手錠が後ろ手にかけられたうえ、革手錠で両手後ろに固定し、足を捕縄で縛ったうえ、さらに捕縄の端を手錠に回して締め上げ、毛布で簑虫状に巻いて隔離室に収容したところ、意識不明となり死亡したという事件である。ミール氏の両親が、息子の死亡は入管職員の暴行によるものだとして国を相手取って損害賠償訴訟を提起したが、入管当局は、ミール氏の自損行為が原因であると主張した。2002年2月26日、第一審の東京地裁は、死亡の原因は「本人の自損行為によるもので、入管職員の暴行があったとは認められない」と述べ、請求を棄却した15)。当初、警視庁赤羽署は98年2月、入管職員8人を傷害致死容疑で書類送検したが、東京地検はなぜか不起訴処分にしていた。入管当局による拷問、暴行、虐待の容疑は払拭できない。

④成田空港において入国を拒否されたチュニジア人の2青年が空港内の上陸防止施設において、入管当局より業務の代行を請け負った警備会社の社員による警備費用の徴収を拒否したところ、暴行を加えられた事件がある16)。彼らは、空港の上陸防止施設において帰国便を待つまで5日間拘禁されたうえ、負傷を負ったにもかかわらず医療を拒否され、チュニジア大使館との連絡も拒否されたというものである。

---

14) 朝日新聞1999年12月16日。
15) 毎日新聞2002年2月26日。
16) 関聡介「外国人特有の問題に対処する」季刊刑事弁護21号(2000年)78〜80頁。高橋徹「今も続く入管施設内での外国人の虐待――改善に向けて(道遠い共生――「犯罪者」はどちら側か)」ヒューマンライツ148号(2000年)10〜13頁。

3 入管被収容者の処遇上の問題点

(1) 第三者機関による立入調査

　これらのほかにも、女性被収容者に対する強姦、セクハラを含む深刻な人権侵害事件に鑑みて規約人権委員会の98年最終見解では、警察および出入国管理当局による不適正な処遇に対して調査と救済のために申立を行うことができる独立した当局が存在しないことに懸念を有するとし、そのような独立した機関または当局が締約国により遅滞なく設置されるべきことを勧告した。

　こうした国内外からの批判を受けて法務省は、近年、1998（平成10）年と2001（平成13）年に被収容者処遇規則の一部を改正し、入管行政においても人権への配慮を示そうとしている。

　第1は、被収容者の処遇に際して、「人権尊重」の文言を挿入した点である（第1条）。これは、従来、被収容者の人権への配慮義務を明文で定めていなかったことが多数の人権侵害を誘発する要因でもあったであろうから、いまさらながら当然のことである。入管職員への人権意識の啓発という点では有効であるが、これを実質化する努力が伴ってこそ意味がある。

　第2は、98年改正により被収容者からの処遇に関する意見の聴取、収容所等の巡視その他の措置を講じて、被収容者の処遇の適正を期する、とした点である。この意見聴取の規定がどれほど内実のある措置であるか不明であり、自戒的な措置の域を出ないと思われる。また巡視等の措置は所長等の内部的な措置であることからみて、その実効性には疑問があるといわざるをえない。

　第3は、制止等の措置を命じるにあたってその行為を制止し、その他その行為を抑止する措置をとるにあたって、「合理的に必要とされる限度で」との制約をつけたことである（第17条の2）。しかし、戒具として革手錠の使用を認めているなどの問題は残っている。

　第4は、不服申出に関する規定を置いたことである。被収容者は、自己の処遇に関する入国警備官の措置に不服があるときは、当該措置がとられた日から7日以内に書面により不服を申し出ることができる、とした（第41条の2）。所長は、必要な調査を行い、申出の日から14日以内に判定の結果を不服申出人に通知することになる。

　これらの措置は、規約人権委員会の上記勧告に対する応答として準備され

たものと思われるが、はたして勧告の実現という意味を有しているであろうか。

これらの措置のなかで主要な改革は不服申出制度の新設であるが、残念ながら本制度は、法務省・入管当局内部の手続にすぎないことから見て、前示勧告の内容を実現したものとは思われない。

入管行政において人権侵害が繰り返し発生してきた大きな原因は、入管業務の密室性という問題にある。国際的にも、密室における人権侵害を防止するために、たとえば欧州拷問防止条約のように拘禁施設に対する第三者機関の無条件の立入調査権を確立することによって拘禁施設の透明性と信頼性を確保する措置がとられている。したがって、入管収容所における人権侵害の再発を防止するために重要な課題は、――刑務所の場合と同様に――権限のある第三者機関による、立入調査権限を認めることであろう。その点では、以上の改正はまだ不十分であり、国会に提出すべく準備された人権擁護法案においても、新設される予定の人権委員会自身が法務省の外局としての位置づけであり、完全な第三者機関ではないので、法務省の管轄下にある入管収容施設内での人権侵害に対してどの程度まで踏み込んで調査等の対象とできるかどうか疑問といわざるをえない17)。

(2) 領事面会権の保障
(a) 被収容者保護規則と領事関係条約との整合性

外国人被拘禁者は、「領事関係に関するウィーン条約」第36条において自国領事との面会権が認められている18)。すなわち同条では、自国民保護のための領事に与えられる権限として「派遣国の国民と自由に通信し、かつ、面接することができる」と定めると同時に、派遣国の国民も逮捕、拘禁された場合に同様の権利を有することを規定している（同条1項(a)）。接受国の当局は、外国人を逮捕、拘禁した場合には、本人からの要請により、領事官にその旨を遅滞な

---

17) 山崎公士「日本の人権保障制度のゆくえ――人権擁護法案と人権委員会構想の問題点」国際人権ひろば43号（2002年）4〜6頁。
18) 「領事関係に関するウィーン条約」1963年採択。わが国は1983年5月13日に国会承認、9月27日加入書寄託、10月1日公布、11月20日効力発生。横田喜三郎『領事関係の国際法』（有斐閣、1974年）参照。1981（昭和56）年に制定された被収容者処遇規則は、領事関係条約との整合関係について詰められていないように思われる。

く通報しなければならない旨を定める(1項(b))。また、当局は、外国人被収容者にこの権利を遅滞なく告知する義務を負っている(1項(c)) 19)。

これに対して、わが国の被収容者処遇規則でも、外国人被収容者の母国の領事官等との面会に関する規定は存在するが、領事官または弁護士等からの面会申出に対して許可方式で規定しており、しかも面会を許可するときは、時間、場所その他面会について必要な事項を指定することができると、当局の大幅な裁量に従って認める旨を定めている(第33条)。外国人被収容者の領事との面会は権利ではなく、恩恵的な許可に服する趣旨である。被収容者に対する領事面会権の告知については、何も定めていない。実際に、外国人被収容者に領事面会権を告げないだけでなく、本人から領事への通報、面会の要求があった場合にもこれを拒否する事例があると報告されている 20)。よって同規則第33条の規定およびそれに基づく入管当局による実際の運用は、国際法上、外国人本人に認められた領事との面会権を侵害しているとの疑いを惹起している。もとより、領事面会は、関係国の国内法の規定に従って実施されるものではあるが、上国内法は、領事関係条約の趣旨に一致するものでなければならない。

(b) 個人の権利としての領事面会権

領事関係条約の規定は、ただ単に国家機関としての領事職務のひとつを規定したものであるのか、それとも外国人である被拘禁者に対して本国領事と

---

19) 領事関係に関するウィーン条約第36条は次のとおり。「1 派遣国の国民に関する領事任務の遂行を容易にするために、(a)領事官は、派遣国の国民と自由に通信し、かつ、面接することができる。派遣国の国民も、同様に、派遣国の領事官と通信する自由及び面接することができる。(b)接受国の権限ある当局は、領事機関の領事管轄区域内において、派遣国の国民が逮捕された場合、留置された場合、裁判に付されるため勾留された場合又は他の事由より拘禁された場合において、当該国民の要請があるときは、その旨を遅滞なく当該領事機関に通報する。逮捕され、留置され、勾留され又は拘禁されている者から領事機関にあてたいかなる通信も、接受国の権限のある当局によって、遅滞なく送付される。当該当局は、その者がこの(b)の規定に基づいて有する権利について、遅滞なくその者に告げる。(c)領事官は、抑留され、勾留され又は拘禁されている派遣国の国民を訪問し、当該国民と面談及び文通並びに当該国民のために弁護人をあっせんする権利を有する。領事官は、また、自己の管轄区域内において留置され、拘禁され又は拘禁されている派遣国の国民を訪問する権利を有する。ただし、領事官が当該国民のために行動することに対し、当該国民が明示的に反対する場合には、領事官は、そのような行動を差し控える。2 1に定める権利は、接受国の法令に反しないように行使する。もっとも、当該法令は、この条に定める権利の目的とするところを十分に達成するようなものでなければならない」。
20) 入管問題調査会編・前掲注10)『入管収容施設』18頁。

の面会権を保障したものであるのか解釈が分かれる。しかし、近年、条約や諸種の決議等において、個人の権利として領事面会権を定めるものもあることから、個人の権利として確立しているとの説も有力である。

その例として、国連総会が採択した「外国人の権利に関する宣言」の第10条では、「いずれの外国人も、自らが国民である国の領事官または外交使節団といつでも自由に通信することができる。それらが駐留しない場合には、居住する国においてその者が国民である国の利益の保護を委託された他のいずれかの国の領事館または外交使節団といつでも自由に通信することができる」と定める21)。

わが国は未批准だが、「すべての移住労働者とその家族の保護のための条約（移住労働者保護条約）」は、逮捕・拘禁された場合に、母国の領事・外交機関への通報ならびにそれらの公館職員と連絡する権利（第16条7項）を規定する22)。また、この権利は、「性、人種、皮膚の色、言語、宗教、信条、政治的な意見またはその他の意見、社会的出身、国籍等のいかなる区別もなく」すべての移住労働者とその家族に適用される。条約中の諸権利は「移住の準備、出国、通過、ならびに雇用地国に滞在し報酬活動に従事する全期間中、および出身地国または常住地国への帰国を含む、移住労働者およびその家族構成員のすべての移住過程において適用されなければならない」と定めている（第1条2項）。

さらに、領事面会権に関する最近の注目すべき国際判例は、この権利を個人の権利として捉える立場にとって有利な見方を示している。

---

21) 正式には「在住する国の国民ではない個人の人権に関する宣言」国際連合総会決議。1985年12月13日採択。A/RES/40/144, 13 December 1985.
22) 移住労働者条約の規定は次のとおり。「移住労働者およびその家族構成員が逮捕されまたは刑務所もしくは裁判中のために拘置所に収監され、あるいは他の方法で抑留された場合は、(a)逮捕または抑留その他の理由を同人の要請があるときは、本国あるいはその国の利益を代表する国の領事または外交当局に対して遅滞なく通報される。(b)関係個人は、上記当局と連絡をとる権利を有する。関係個人による上記当局のいかなる通報も、遅滞なく伝達され、また、同人は上記の当局から送られる通報を遅滞なく受理する権利を有する。(c)関係者は、上記当局の代表者と連絡をとり、接見し、その代理人と協議する権利を認められるもので、関係国間に適用される関連条約があるときは、遅滞なく知らされなければならない」。移住労働者条約については次を参照。金東勲編著『国連・移住労働者権利条約と日本』（解放出版社、1992年）、江橋崇訳「すべての移住労働者とその家族の権利保護に関する条約（特別企画 移住労働者保護条約とは）」法学セミナー36巻10号（1991年）73～81頁。北村泰三「外国人労働者の人権保障と移住労働者条約」熊本法学75号（1993年）119～185頁。

1999年にドイツがアメリカを相手に国際司法裁判所に提訴したLaGrand事件判決がある23)。本件は、アメリカのアリゾナ州においてドイツ国籍のLaGrand兄弟が銀行強盗の容疑で逮捕され、裁判の結果、死刑判決を受けたことに端を発する。彼らは、監獄で拘禁中に州当局により領事面会の権利を有している事実を告げられなかったことにより、ドイツは領事関係条約で認められた自国民被拘禁者と面会する機会を持つことができなかった。これによりドイツは、国際法上認められた在外自国民保護の権利を行使する機会が得られなかったので、アメリカはドイツの権限を侵害したと主張した。また、領事面会の機会が与えられなかった点で法の適正手続を欠いていたので、ドイツ人2名に対する死刑判決は無効であるとも主張した。弟はすでに99年2月に執行されたが、同年3月3日に迫った兄の執行の期限を延期するようドイツはアメリカ側に求めたが、拒否されたので、国際司法裁判所に仮保全措置の申請を行った24)。同裁判所は、99年3月3日に、仮保全措置命令を発して、本案判決を待つまでの間、死刑執行を停止するよう求めた。本件では、ガス室による執行が残虐刑かどうかも争われたが、合衆国連邦最高裁が執行を許可したので、国際司法裁判所の介入にもかかわらず、予定どおり3月3日に本人の希望によりガス室による執行が行われた。

　この事案では、執行停止の仮保全措置命令が下されたにもかかわらず、州当局は死刑を執行した。そこで、ドイツは、自由権規約第14条に定められた法の適正手続の保障の一環として領事面会権の規定を読みとろうとし、アリゾナ州当局の不作為によって自国民を保護すべき任務を遂行できなったという点でアメリカ側の領事関係条約第36条違反を主張し、また再発防止の保障を

---

23)　国際司法裁判所、ドイツ対アメリカ事件（LaGrand事件）仮保全措置命令、1999年3月3日。同裁判所のホームページ（http://www.icj-cij.org/）に、仮保全措置決定、口頭弁論書判決等が掲載されている。Monica Feria Tinata, Due Process and the Right to Life in the Context of the Vienna Convention on Consular Relations; Arguing the LaGrand Case, European Journal of International Law, Vol. 12, No.2 (2001), p.363. 国際司法裁判所判例研究会（坂元茂樹執筆担当）「判例研究・国際司法裁判所ラグラン事件——仮保全措置の申請」国際法外交雑誌101巻1号（2002年）101～117頁。
24)　仮保全措置とは、国際司法裁判所規程41条に基づき、同裁判所が、紛争当事国の権利を保全するために指示する措置をいう。緊急性の要請に基づいて指示されるため、管轄権判決前に出されるのが通常である。仮保全措置の効果に関しては、杉原高嶺『国際司法裁判所』（有斐閣、1996年）。

第3章　入管被収容者の人権問題　159

ドイツ政府に与えるように求めた。同裁判所は、2001年6月27日に判決を下し、アメリカによる領事関係条約の当該規定の違反および仮保全措置命令の不応諾が国際法に違反することを認めた25)。

本件は、被拘禁者とその母国の領事との面会権が国家の権利であるとともに、個人の権利でもあることを認めた26)。ただし、その権利がドイツの主張のように基本的人権の一環であるとまでは断言していない。

領事関係条約の領事面会権の規定が人権的性格を有するとの見解は、1999年10月1日の米州人権裁判所の勧告的意見により一歩踏み込んだかたちで確認された27)。メキシコ政府は、同裁判所に対して「法の適正手続の保障の枠組みの中での領事の援助に関する告知を受ける権利」について勧告的意見を請求した。これに応じて、同裁判所は、外国人被拘禁者が領事面会権の告知を受ける権利は個人の享有する人権の一部としての性格を有する、という趣旨の意見を表したのである。

以上のように、自国領事との面会権は、国家が自国民を保護するために有する権利として従来の国際法により認められてきただけでなく、外国人被拘禁者が有する人権の一部であることが認められている。ただし、ラグラン事件は刑事被告人である外国人の権利が問題になった事案であったので、領事面会権が入管被収容者にも保障されるべきものであるかどうか疑問なしとしない。この点については、条約の明文規定が明らかにしている。すなわち、領事関係

---

25) 国際司法裁判所、LaGrand事件本案判決2001年6月27日。本案判決は、死刑制度の是非論には踏み込まなかったが、ある国で外国人が死刑判決を受けた場合、司法裁の仮保全命令があれば執行が一時停止されるとの見解を示したことになる。Aceves, William J., International Decision: LaGrand (Germany v. United States), AJIL, Vol.96, pp.210-218. 判決文は国際司法裁判所のホームページ（前掲）を参照。

26) 同様の事件として、1998年4月にパラグアイ政府は、バージニア州で死刑を宣告された自国民が領事との面会権を知らされていなかったのは、領事関係に関する国際法等で定められた国際法違反であると主張して、国際司法裁判所に執行停止の仮保全措置を求めた事件がある。同裁判所は、1998年4月9日に仮保全措置命令を下して、死刑執行の一時停止を求めた。パラグアイ政府は、執行延期を求め、国務省も執行の一時停止を求めた。しかし、米国連邦最高裁はパラグアイ政府の請求を斥けたことにより、執行が行われた。AJIL, Vol.92-3(1998) p.517.

27) Aceves, William J., The Right to Information on Consular Assistance in the Framework of the Guarantees of the Due Process of Law, Advisory Opinion OC-16/99. Inter-American Court of Human Rights, October 1, 1999, AJIL, Vol.94, pp.555-.563.

条約の領事面会権は、逮捕、留置、勾留等の場合のほか、「他の事由により拘禁された場合」(is detained in any other manner 第36条1項(b))を含むものであるから、刑事被拘禁者に限定される趣旨ではない。よって、刑事手続以外にも、入管手続の下で拘禁されている外国人等の行政的拘禁下にある者にも領事面会権の規定が及ぶことは当然であろう。わが国の被収容者処遇規則の規定は、領事面会について権利として認める趣旨ではなく、告知義務も定めていないなどの点でわが国の国際的義務に一致していない。領事関係条約の明文の規定と近年の領事面会権に関する国際的解釈に合致するよう、被収容者処遇規則を改正する必要があると思われる。

(3) 退去強制処分の限界――ノン・ルフールマン原則の新展開

　退去強制処分の対象となってる外国人のなかには、送還先の国において迫害を受けるおそれがあるとの理由により、難民申請を行っている者がいる。ところが、わが国の難民認定制度では、難民性の判断が厳格であるため、本来は難民として認定されるはずの者までが、難民認定を受けられずに退去強制処分に付されるおそれが払拭できない[28]。実際に、わが国では、退去強制処分の取消訴訟を提起している件で訴訟が継続中であるにもかかわらず退去強制を執行した事件があり、これらは規約の趣旨に反する疑いがある[29]。

　難民であるか否かの基準は、外国人が退去強制処分により送還された国において、「人種、宗教、国籍若しくは特定の社会的集団の構成員であること又は政治的意見を理由に迫害を受けるおそれのあるという十分な恐怖を有する」ことである。また、難民は迫害を受けるおそれのある国に送還してはならないとのノン・ルフールマンの原則は、退去強制事件において最大の留意点である。

　最近の退去強制事件においてアフガニスタンへの退去強制処分が争われている事件のほか、男性同性愛者を処罰する法制度を有する国に対する退去強制処分がノン・ルフールマン原則等の国際人権法に違反するか否かが争われている。わが国でも、イラン人男性の同性愛者の退去強制処分の適法性をめ

---

28) わが国の難民認定手続に関する全般的な検討については、次を参照。難民問題研究フォーラム『日本の難民認定手続き――改善への提言』(現代人文社、1996年)、同『難民と人権――新世紀の視座』(現代人文社、2001年)。
29) 林桂珍事件、福岡地判平4(1992)・3・26判例時報1436号、判例タイムズ787号137頁。

ぐって係争中の事件がある30)。

　拷問等禁止条約第3条の定めによるならば、「締約国は、いずれの者であっても、拷問を受けるおそれがあると信ずるに足る実質的根拠（substantial grounds）がある場合には、他の国への追放、送還、引渡しが禁止される」。この原則は、難民条約第33条に定められた「ノン・ルフールマンの原則」（迫害の待ち受けている場所への難民の送還禁止）と共通の考え方に基づいている31)。ただし本条は、拷問および非人道的な取扱い等からの保護を目的としているので、次の点でノン・ルフールマン原則に新たな要素を付加している32)。

(a)　特定の社会的集団の構成員──難民性との関連で

　最近の外国人の追放、送還、退去強制をめぐって国際難民法と国際人権法との接近という現象が見られるようになった。すなわち、難民条約上の「難民」は、人種、宗教、国籍、特定の社会的集団の構成員であること、および政治的意見等により迫害を受けるおそれのある者という基準に該当する者であるが、これらの者が、拷問または非人道的な取扱いまたは刑罰に処せられるおそれがある場合には、退去強制自体が、これを行う国の国際人権条約上の義務にも違反するという論理が次第に承認されるようになってきている。こうした現象は、拷問、非人道的取扱いの禁止が強行法規性を認められる傾向を強めてきたことが一因である。また、従来の人種等の理由による迫害を受けるおそれに加えて、「特定の社会的集団の構成員としての迫害」を受けるおそれを理由とする難民認定申請が増加してきていることも、最近の傾向である。そのような社会的集団に属する者としては、AIDS患者33)、HIV感染者、女性であることまたは同性愛者のように性的特性を理由として迫害を受けるおそれのある者な

---

30)　チームS・難民認定申請者イラン人シェイダさん（仮名）の救援グループのホームページを参照。http://www.sukotan.com/shayda/shayda_top.html
31)　難民条約第33条1項のノン・ルフールマンの原則。
32)　J.Herman Bergers and Hans Danelius, The United Nations Convention against Torture, Martinus Nijhoff, 1988; Nigel S. Rodley, The Treatment of Prisoners Under International Law, 2nd ed., Clarendon Press, 1999. pp.124-128.
33)　英領セントキッツ（St Kitts）よりイギリスへ入国時にコカインを所持していたとして逮捕され有罪判決を受け、服役の後、仮釈放を得た申立人に対して退去強制処分の決定が下されたところ、欧州人権裁判所は、同人がAIDS患者であるとの理由により医療体制が不備で親類縁者のいないセントキッツへの退去強制処分が、条約第3条に違反すると認定した。Judgement of the European Court of Human Rights, D. v. the United Kingdom, 2 May 1997.

どが挙げられる34)。

　判例法としては、欧州人権裁判所のJabari v. Turkey事件判決では、イランから偽造旅券を用いてトルコに不法に入国したイラン人女性がイランへ強制送還された場合には、ある男性との不貞を理由として鞭打ち刑(flogging)や投石刑(stoning)という残虐な方法により処刑されるおそれがあるので、イランへの送還自体が欧州人権条約第3条(拷問、非人道的取扱の禁止)に違反するとの判断が示されている35)。

　国連拷問禁止委員会のケースでも、類似の個人通報事例がある。殉死したイラン軍人の寡婦である女性が、宗教指導者の命令により再婚を強制されそうになったので、これを拒否したところ、キリスト教徒の男性との不貞の関係を理由に警察に勾留され、尋問を受けたなどの理由により身体への危険を感じ、スウェーデンに入国して難民認定を申請したところ却下された。同女は、スウェーデン国内での救済手続を完了した後、拷問禁止委員会に通報を提出し、イランへの送還が拷問等禁止条約第3条の違反にあたると主張したところ、同委員会はこの主張を認め、本件退去強制が行われた場合には残虐な刑罰を受ける可能性があるので、送還は条約に反するとの認定を下した36)。

　同性愛者についても、カナダ37)、オーストラリア38)、アメリカ合衆国39)の国内判例により、難民条約第1条(A)にいう『特定の社会的集団』の一員としての認定に道が開かれてきた。

　国連難民高等弁務官事務所(UNHCR)が2002年5月に公表した「特定の社会的集団の構成員」の意義に関する新ガイドラインでは、「『特定の社会的集団』

---

34)　高見智恵子「女性難民の認定手続の現状と諸問題」前掲注28)『難民と人権』144～162頁。UNHCR, Symposium on Gender-Based Persecution, Geneva 22-23 February 1996, International Journal of Refugee Law, Special Issue, Autumn 1997.
35)　Jabari v. Turkey, ECHR, Judgment of 11 July 2000. Cases and Comments, International Journal of Refugee Law, Vol.12-4(2001).
36)　Communication No.149/1999, CAT/TC25/D149/1999. 15 February 2001. Nilsson, Jonas, Case Comment, Nordic Journal of International Law, Vol. 70 (2001) pp.257-261.
37)　Daley, Krista & Kelley Ninette, Particlar Social Group: A Human Rights Based Approach in Canadian Jurisprudence, IntlJRL, Vol.12-2 (2000) pp.148-174.
38)　Walker, Kristen L., Sexuality and Refugee Status in Australia, International Journal of Refugee Law, Vol.12-2 (2000) pp.175-211.
39)　Hernandesz-Montiel v. INS, 225 F.3d 1084 (9th Cir.2000). Also See, Case Comment: Harvard Law Review, Vol.114 (2001) pp.2569-2575.

とは、迫害を受ける危険性のほかに共通の特徴を享有するかまたは社会によって集団として認知されている人々の集団である。この特徴とは、生来の変更不可能な特徴であるかまたはその者の個性、良心または人権の行使にとって不可欠の要素であるようなものをいう」と説明されている40)。ここで重要なポイントは、性的指向が生来のものであるか、それとも変更不可能な性質を有しているかどうかであろう。一般的には女性であることがまさしくそうであるように、性同一性障害（gender identification disorder）者としての同性愛者もその要件に合致しているであろう。

　欧州審議会の議会総会も、自己の性的指向を理由とする迫害のおそれが十分にある同性愛者は、特定の社会集団の構成員として難民条約上の難民であり、したがって難民の地位を認められるべきであるとの勧告を採択している41)。

　以上の諸傾向を総合的に判断するならば、女性であるがゆえに特別の迫害を受けるおそれがある場合には、女性が難民条約上の「特別の社会的集団」として認知されるのと同様に、男性同性愛者を処罰する立法を有し、現実にそれが適用されるおそれがある場合には、同性愛者は「特別の社会集団」の意義要件を備えることになるだろう。したがって、同性愛者をそれらの国に対して退去強制処分に付すことも、人権条約上および難民条約上も認めらないことになると思われる42)。

　資格外就労、オーバースティなどの理由により外国人をその本国に退去強制処分に付する場合、または犯罪人引渡しを行う場合にも、送還先の国で迫害、拷問や非人道的な刑罰または取扱いを受ける可能性があるならば、送還等を行ってはならないという国際人権法上の規範が成立している43)。わが国の入管難民認定法上の難民認定手続においても、このような国際人権法の規範を

40）UNHCR, Guidelines on International Protection, "Membership of a particular social group" within the context of Article 1A(2) of the 1951 Convention and/or its 1967 Protocol relating to the Status of Refugees, HCR/GIP/02/02, 7 May 2002.
41）Situation of gays and lesbians and their partners in respect of asylum and immigration in the member states of the Council of Europe, Parliamentary Assembly Recommendation 1470 (2000).
42）McGhee, Derek, Persecution and Social Group Status: Homosexual Refugees in the 1990s, Journal of Refugee Studies, Vol.14-1 (2001) pp.20-42.
43）北村泰三「犯罪人引渡と人権基準の要請」国際法外交雑誌98巻1・2号（1999年）156～193頁。

十分に配慮し、遵守する必要がある。

(b) 迫害を受けるおそれの判断基準

次に、難民申請者を本国に送還すべきか否かの審査に際して、迫害を受けるおそれの有無は、難民条約上の基準であると同時に人権関係諸条約およびとくに拷問等禁止の解釈との連関において解釈されるべきである。この場合、非人道的取扱いまたは刑罰を受けるおそれの立証義務の程度は、従来わが国が採用してきた難民条約上の迫害を受けるおそれの立証義務よりは緩和されるであろう。

欧州人権裁判所の前記判例では、必ずしも当該本人に対する訴追状などの具体的証拠の提示を必要とせず、アメリカ国務省の2000年人権報告書、アムネスティ・インターナショナルの1999年報告書等の信頼度の高い資料を参考として、迫害のおそれを認定している（Jabari事件判決パラグラフ31～32）。

拷問禁止委員会は、「第3条の実施に関する一般的意見」を採択して、その基準を述べている[44]。それによれば、通報者は、第3条の適用については拷問を受けるおそれがあると信じるだけの実質的な根拠がある必要があり、一見して明白な（prima facie）事実を証明する責任が通報者にある（パラグラフ4）。また、拷問の危険性は単なる憶測や疑い以上の理由がなければならないが、「高度の蓋然性テスト」（the test of being highly probable）を満たす必要はない（パラグラフ6）。権限のある当局は、「拷問のおそれがあるかどうかを決定するにあたり、すべての関連する事情（該当する場合には、関係する国における一貫した形態の重大な、明白かつ大規模な人権侵害の存在を含む）を考慮することができる」（第3条2項）。拷問を受けるおそれの立証は、個別具体的かつ十分な証拠を伴わなくても、当該国家における人権状況に関する「すべての関連事情」を含めて、一般的な証拠で足りるものと思われる[45]。委員会は、関係国の機関が認定した事実を相当程度重視するが、この認定に拘束されないし、事案ごとに事実を自由に評価するとも述べている。

以上のように、必ずしも明確な指針とはいえないが、具体的な立証を必ずしも必要としていない点などでは、わが国の難民認定手続よりは柔軟な基準と

---

44) CAT, General comment No.1, Implementation of article 3 of the Convention in context of article 22, adopted 21 November 1997.
45) Burgers and Danelius、前掲注32）128頁。

いえよう。

(4) 相互保証主義の矛盾

わが国では、こうした入管職員等による人権侵害に対して国家賠償請求を提起して争っている事件において、入管当局側は、国家賠償法第6条（「この法律は、外国人が被害者である場合には、相互の保証があるときに限り、これを適用する」との規定）に基づく「相互保証主義」、すなわち当該外国人の母国において公権力により日本人の権利が侵害された場合に、国家賠償請求権が認められることを前提として、上外国人の国家賠償請求権が認められるという考え方に立って初めて適用されると主張している[46]。つまり、相互の保証とは、日本の国家または公共団体の公務員の公権力行使によって外国人が被害を受けた場合において、その外国人の母国で日本人が同様の被害を受けたとき、日本人がその国または公共団体に対し賠償請求できることを条件に、日本の国または公共団体がその外国人に国家賠償法第1・2条の損害賠償責任を負うことをいう[47]。

しかし、「相互の保証という要件は、開かれた国際社会の一員たることを目指す諸国では、不当かつ時代に合わないものとされている」との指摘にもあるように、今日では批判されている[48]。仮に、この原則が有効であるとすれば、わが国において国家賠償請求権を有する外国人とこれを有さない外国人とがあることを認めることになり、外国人の間に明確な差別を設けることになる。しかも、一般的には先進国は相互保証の対象となっているのに対して、開発途上国はそうでないと考えられるので、先進国からの外国人と途上国からの外国人との間に差別を設けることになるだろう。相互保証主義がはらんでいるこのような矛盾を疑う余地はない。これは、内外人平等とともに外国人の間での法の下の平等を基本とする国際人権法の原則に反する旧時代的な思想の残滓であり、国際的通用性をすでに失った議論である。

---

[46] たとえば、入国警備官から暴行を受けたことに対して国家賠償請求訴訟を提起したイラン人のアムジャディさんの事件で、国側はこのような主張を行っていた。前掲注5）『密室の人権侵害』15頁。

[47] 山内惟介「国家賠償法と相互の保証」『ジュリスト渉外判例百選』127〜128頁。

[48] 1981年のドイツ国家責任法第35条では、相互の保証という要件を一般的に廃止した。山内・前掲注47）参照。

人権条約は内外人平等の原則を基本的前提として、締約国に対して国籍を問わず当該国家の管轄権内にいるすべての者に対して、いかなる差別もなく人権を保障すべき義務を課している。さらにこの点は、自由権規約第2条1項において、まず内外人平等の原則を確認し、次いで「この規約において認められる権利又は自由を侵害された者が、公的資格で行動する者によりその侵害が行われた場合にも、効果的な救済措置を受けることを確保する」義務を負っていると明白に述べていることによって補強されている(第2条3項8(a))。
　以上と同様の趣旨は、わが国が批准している人種差別撤廃条約に基づく政府報告書の審査に際して人種差別撤廃委員会が公表した最終見解においても確認されている。すなわち、「委員会は、国家賠償法が相互主義に基づいてのみ救済を与えていることを懸念する。これは条約第6条に合致しない」と述べているのである[49]。以上に鑑みれば、国賠法第6条は、憲法第17条および国際人権法の基本原則に反しているので、すでに妥当性の基盤を失い、適用できない状態に置かれていると考えられる。

4 むすび

　被収容者処遇規則の改正による異議申立手続の導入は、入管収容施設の透明性の確保という課題について、規約人権委員会の勧告に配慮したものと思われるが、規約人権委員会の98年勧告の実現までにはまだ不十分である。本質的に同一の機関の内部審査では基本的な問題点は是正されないであろう。強制力のある第三者機関による立入調査権限の承認が必要不可欠である。
　わが国の退去強制手続および難民認定制度の問題点は、以前より指摘されてきた。本章では、それらのなかのいくつかの点に限って検討を行った。
　不法残留者等で難民認定を申請している事案の判断に際しては、難民条約第1条(A)にいう「特定の社会集団の構成員」の意義のなかに、女性や性同一性障害者を含むよう解釈する傾向を斟酌すべきことである。第2は、迫害を受けるおそれの有無の判断基準として、自由権規約第7条および拷問等禁止条約上

---

[49]　CERD/C/58/Misc.17/Rev.3（将来的には(CERD/C/58/CRP) 2001年3月20日。村上正直「人種差別撤廃委員会の最終見解を読む(パート1)・最終見解の一般問題をどのようにとらえるか」法学セミナー559号(2001年)60～63頁。

の義務を考慮して判断すべきことである。

　入管法の難民認定手続上では、難民性の判断基準は、わが国の独自の基準のみに従って行えば足りるという考え方がとられてきたが、迫害のおそれのある場所への送還禁止という難民法上の原則であるとともに国際人権法により補強されてきたこの原則は、わが国の難民認定審査の段階においても、UNHCRのガイドラインを考慮するなどにより国際的な視野からの適用が求められている。

　入管収容施設の透明性確保という要請を実現するためにも、被収容者処遇規則上の領事面会権に関する消極的規定も改正する必要がある。同規則によれば、外国人被拘禁者の領事面会権については、領事関係条約第36条の明文規定にある告知義務についてさえ規定せず、また外国人被収容者からの領事との面会要請を母国領事に伝える義務も明記していない。国際法では、母国領事との面会権は、外国人の母国の権利であると同時に被拘禁者個人の人権でもあり、この権利は、自由権規約第14条に定められた法の適正手続の保障の一環として、退去強制等のために収容されている外国人に対しても保障される権利に含まれる。

　国家が出入国管理権を有し、不法入国者や不法残留者等に対する退去強制権を有すること自体は、国家に固有の権利として否定するものではないが、適正な法の手続の下においてそれが運用されてこそ制度の信頼性が担保されよう。その点で、わが国の入管法は自由権規約、難民条約および拷問等禁止条約等に合致するよう解釈、適用するよういっそうの改善努力が求められている。

第3部
国際人権法の解釈と適用をめぐる問題

第1章
国際人権法の解釈とわが国の裁判所
徳島刑務所受刑者接見訴訟を振り返って

●北村泰三

【国内法】憲法13条、32条、98条2項、監獄法45条、50条、監獄法施行規則127条
【国際人権法】自由権規約14条1項、3項(b)、欧州人権条約6条1項、3項(c)、条約法に関するウィーン条約

1 はじめに

　わが国の国内裁判所において人権条約の解釈・適用が争われる事件が次第に増えている。最近のいくつかの判例では人権規約を積極的に解釈する例も出てきていた。そのうち、被拘禁者の権利をめぐる判決として注目されるのは、徳島刑務所における受刑者と弁護士との接見拒否等をめぐる国賠訴訟事件に関する一連の判決である。本件は、第一審の徳島地裁判決[1]および控訴審の高松高裁判決では[2]、国際人権法に基づく解釈が部分的に採用され、原告受刑者側の一部勝訴判決を得たが、最終的には、2000年9月7日の最高裁判決が[3]上告棄却の判断を下したことによって、原告敗訴が確定した。結果的には、最高裁の判決によってわが国の監獄制度にはなんらの変更も生じさせることは

---

1)　徳島地判平8 (1996)・3・15判例時報1597号115頁。『平成8年度重要判例解説（ジュリスト1113号）』264頁［芹田健太郎］、法律新聞（平8・5・24）［北村泰三］、国際人権8号（1997年）［金子武嗣］、阿部浩己「一国人権主義の終焉──徳島地裁判決に思う」『人権の国際化──国際人権法の挑戦』（現代人文社、1996年）308～312頁。なお、第一審段階で私は、原告側の要請に応じて法廷において自由権規約の解釈につき証言を行った。
2)　高松高判平9 (1997)・11・26判例時報1653号117頁。愛知正博「受刑者の接見制限と自由権規約（いわゆるB規約）14条1項」『平成9年度重要判例解説（ジュリスト1135号）』(1998年)200～201頁。
3)　最一小判平12 (2000)・9・7判例時報1728号17頁、判例タイムズ1045号109頁。上告審判決について、『平成12年度重要判例解説（ジュリスト1202号）』196～197頁［前野育三］、只野雅人「最新判例批評」判例時報1746号（2001年）201～205頁、国際人権12号92～94頁［米倉由美子］、片山巌「最近の判例から」法律のひろば54巻2号（2001年）54～59頁、山中俊夫「最新重要判例評釈(48)3」現代刑事法3巻8号（2001年）81～89頁。

なかったのだが、原審から上告審までにおいて争われた点のなかには、わが国の受刑者の人権に関する問題にとどまらず、より広く裁判所における人権条約の解釈・適用上の諸問題が凝縮している。そこで、本件の論点を正確に理解するためにも、一審段階から最高裁判決に至るまでの議論を振り返りつつ、わが国における国際人権法の解釈・適用のあり方について考えてみたい。

2 事実の概要

　本件原告は、徳島刑務所に収監されている受刑者Aとその訴訟代理人である弁護士である。Aは、刑務所内において刑務官らにより暴行を受けたとして、国に対して損害賠償請求を提起し、そのための訴訟打合せなどのため訴訟代理人である弁護士との接見を申し出た。しかし、刑務所側は、いくつかの理由により面会を不許可にしたり、許可した場合でも監獄法施行規則に従って接見時間を30分以内に制限し、また刑務官の立会いを条件とした。そこでAとその弁護士らは、これらの措置が自由権規約第14条1項等に保障された公正な裁判を受ける権利の実質的な侵害にあたり、精神的苦痛を被ったなどとして損害賠償を国に求めて提訴した。

　本件の第一審および控訴審判決は、自由権規約の直接適用性の承認を前提として、監獄法およびその施行規則の解釈運用も上規約の枠の中でなされなければならず、刑務所長の裁量権がその限りで制約されるとした。すなわち、受刑者が裁判を受ける権利の一環として、訴訟代理人たる弁護士との接見に関する刑務所当局による制限の範囲は、自由権規約ならびに憲法第13条によって限定されると判断した。

　控訴審段階で被告国側は、原審の自由権規約の解釈判断に誤りがあると主張し、また原告側は、弁護士との接見時に刑務官の立会いを義務づける監獄法施行規則第127条1項の規定は、規約に違反し、無効であるとして争った。高裁判決は、原審判断を大筋において踏襲するとともに、自由権規約の受刑者の裁判を受ける権利の解釈についてより踏み込んだ判断を示した。とくに注目すべきは、監獄法およびその施行規則に基づく受刑者とその訴訟代理人である弁護士との接見時における刑務官の立会いは、一定の場合には違法になりうるとしている点で原判決よりも積極的な判断を示した。他方で、接見制限が

いかなる場合に違法となりうるかの具体的な判断では、個別の接見の機会ごとにその制限の必要性の度合いを検討し、第一審判決よりも賠償額を減額認定していた。

これに対して原告、被告双方による上告により最高裁の判断が求められ、2000年9月7日の最高裁第一小法廷判決では、原審の判断を覆し、刑務所側の対応に違法はないとの最終判断を示した。最高裁判決は、自由権規約の解釈についてはまったく言及せず、ただ単に原告側の訴えを否定したかたちとなった。

3 下級審での争点

(1) 控訴審段階での原告・被告の主張

本件では、憲法上の議論としては、第32条および第13条を基礎として解釈論も展開されたが、むしろ中心的部分は自由権規約の解釈にあった[4]。そこで、以下では、下級審段階での議論を踏まえておく。争点は、①自由権規約の解釈に際して文言解釈と目的解釈とのいずれを重視すべきか、②欧州人権条約や国連被拘禁者保護原則と規約解釈との関連性、③締結の際の事情をどのように考慮すべきか、などの点にある。以下、原告・被告双方の主張の概要を確認しておく。

(a) 原告側の主張

まず原告側は、人権条約としての目的解釈に重点を置いて以下のような規約解釈を主張した。規約第14条の解釈については、「条約法に関するウィーン条約」(以下では、ウィーン条約という)[5]に基づき規約の趣旨および目的に照らして解釈すべきであるとする。その点で第14条1項の趣旨は、裁判を受ける権利を実質的に保障することにあり、その解釈に際しては、規約人権委員会のコメントや自由権規約選択議定書に基づく「意見」、欧州人権条約の関係条項の判例や国連被拘禁者保護原則等を参考とすべきであると主張した[6]。

しかし、一見のところ、受刑者とその訴訟代理人たる弁護士との接見に際し

---

[4] 人権条約の解釈原理については、北村泰三『国際人権と刑事拘禁』(日本評論社、1996年) 65〜88頁。
[5] 1969年採択、1980年発効。わが国は、1981年に批准した。同条約については、経塚作太郎『続・条約法の理論』(中央大学出版部、1977年)、条約解釈については247〜284頁参照。小川芳彦『条約法の理論』(東信堂、1989年)。

ての刑務官の立会いがなぜ規約第14条の保障する裁判を受ける権利の侵害となるか否か、直ちには結びつかないかもしれない。両者を結びつける重要な要素は、欧州人権裁判所の判例法である。そこで、原告側は、同裁判所の判例において規約第14条1項の公正な裁判の保障の解釈において、「武器の平等」概念が語られていることや、本件と類似の事件で国家の条約違反を認定する判決（Golder v. U.K.事件[7]、Campbell and Fell v. U.K.事件[8]等）を引用した。これらの事件では、イギリスの刑務所における受刑者と弁護士との面会において、わが国同様に刑務官の立会いを義務づける規則が問題とされ、欧州人権条約第6条（自由権規約第14条の内容に相当）違反が認定されているのであるから、規約解釈においても実質的に欧州条約の判例を斟酌すべきであることを強調した。

　また、日本国憲法第98条2項により人権規約は一般の法律に優位するから、監獄法および同施行規則の規定も規約第14条1項に則して解釈されなければならず、規約違反の国内法は無効であると主張した。憲法の観点からも、公平な裁判を保障する憲法第32条およびとくに規約第14条により受刑者とその訴訟代理人である弁護士との接見の権利が保障され、かつその接見に刑務官の立会いを求める監獄法およびその施行規則の関連規定は同条に反しているから無効であると主張した。

　受刑者が弁護士と接見する権利も、裁判を受ける権利と密接不可分の権利として憲法第32条によって保障されている。接見時に刑務所職員の立会いを義務づけることは、国側に一方的な情報収集の機会を与えることになり、これでは原告としては接見時に訴訟に関する十分な説明や相談ができない。これらにより弁護士法第1条に規定する弁護士としての使命、義務の遂行が困難となるから、弁護士の弁護権も侵害するとした。

　以上の諸点から原告側は、接見時の立会いを義務づける監獄法施行規則第127条1項の規定は、上のように解釈される規約第14条1項および憲法第32

---

6) このような解釈を採用した前例としては、通訳費用の負担に関する東京高判平5(1993)・2・3東京高等裁判所刑事判決時報44巻1号〜12号11頁を参照。長沼範良「通訳料と訴訟費用」ジュリスト1043号（1994年）31頁。
7) Golder v. United Kingdom, A.18 (1975). 北村・前掲注4) 236頁。
8) Campbell and Fell v. United Kingdom, A.80 (1984). 北村・前掲注4) 240頁。

条に則して解釈されなければならず、刑務所長の判断は裁量権を濫用し、違法であると論じていた。

(b) 被告側の主張

これに対して被告国側は、まずウィーン条約第31条1項によるならば、条約の解釈は、「用語の通常の意味」に従って誠実に解釈されるべきであると主張した。すなわち規約第14条1項は、裁判所の前における平等原則および公開原則を確認したものであり、これ以上の特別の意味を有すると解することはできず、憲法第32条、第37条と同義である。したがって、第14条1項の規定は受刑者が民事事件の訴訟代理人たる弁護士と接見する権利を保障していない、とする。

次に、欧州人権条約は国連自由権規約の解釈とは無関係であり、被拘禁者保護原則も法的な拘束力のない決議であるので条約解釈にはなんら影響せず、両者を規約解釈の基準とすることはできないと述べた。

また、規約解釈の補足的手段として条約の準備作業および締結の際の事情に依拠することができるが、規約草案審議の経緯でも受刑者と弁護士との面接する権利を含むか否かの議論はなかった。すなわち、規約第14条1項は、受刑者と弁護士との接見の権利を保障するものではないと強調する。

さらに、憲法第32条は司法拒絶の禁止を意味するにすぎない。受刑者が弁護士と打合せのために面会することも憲法第13条の保障に属するが、絶対無制約のものではなく、受刑者については、拘禁の必要性に応じて合理的制約に服する。刑務所長の判断は、合理的な根拠があり、社会通念上著しく妥当性を欠くものではないので、裁量権の逸脱や濫用はなく、違法ではない。以上要するに、人権規約は憲法解釈の枠を越えるものではなく、規約違反は生じないと主張した。

上のように、国側の主張は規約の文言解釈に重きを置いている。法律論としては、それなりに無視できない要素を多分に含んでいるようにも思われる。控訴審判決は両者の主張を検討し、以下のような判決を下した。

(3) 控訴審判決と人権条約の解釈論理

(a) 規約の援用可能性

まず、自由権規約に基づく解釈を展開するに際して、第1の問題は規約の規

定を個人が裁判所において援用することが可能かどうかである。この問題については、控訴審段階では国側も争わなかったので、判決は原審の判断をそのまま踏襲している。すなわち、「自由権規定としての性格と規定形式からすれば、これが抽象的・一般的な原則等の宣言にとどまるものとは解されず、したがって、国内法としての直接的効力、しかも法律に優位する効力を有する」と明快に述べている。

(b) 受刑者と弁護士との接見の権利

次の問題は、自由権規約第14条1項が受刑者と弁護士との接見の権利を保障しているかである。判決は、規約の解釈に際しては、ウィーン条約が規約解釈の指針となることを認めた。ただし、同条約に規定する条約の解釈原則も、条約の目的と趣旨に基づく解釈方法と文脈による解釈方法があることを並列的に述べるだけで、具体的な条項の解釈にあたってどちらに重きを置くべきかについてまでは言及していない。いずれが適切であるかは、個別の具体的判断に委ねられているといえよう。判決では、原告側の主張のままではないが、実質的にはそれをかなり取り入れた判断を示した。

まず、規約第14条1項の「文脈」による解釈としては、裁判所で権限のある裁判官の裁判を受ける権利と裁判の拒絶が許されないこと（憲法第32条）および対審および判決の公開原則（憲法第82条）が意味内容であるとした。

さらに、ウィーン条約では文脈とともに(a)条約の解釈または適用に関する当事国間の合意、(b)条約の適用に関する慣行、および(c)国際法の関連規則に触れていることに言及して、欧州人権条約や被拘禁者保護原則がこれらに該当するかどうかを吟味し、次のように述べた。

「規約草案を参考にして作成された欧州人権条約6条1項で保障している公正な裁判を受ける権利は、受刑者が民事裁判を起こすために弁護士と面接する権利をも含むものと解されており、欧州人権裁判所において、右面接に刑務官は立ち会うことができないとの判断が下されており、これは右の（当事国の間の関係において適用される国際法の関連規則）として、欧州人権条約の加盟国がB規約加盟国の一部にすぎないなどの限界を有し、直ちにB規約14条1項においても全く同一の解釈が妥当するとまでは断定できないとしても、B規約14条1項の解釈に際して一定の比重を有することは認められよう」。

さらに欧州人権裁判所のGolder事件においては、その内容には受刑者が

民事裁判を起こすために弁護士と面接する権利を含む、との判断が、また Campbell and Fell 事件においては、右面接の際に刑務官の立会いを条件とする措置は同条約に違反する、との判断がなされていることに触れた。そしてこれらは、「受刑者の裁判を受ける権利についてその内実を具体的に明らかにしている点において解釈の指針として考慮しうる」と述べる。

国連被拘禁者保護原則は、「被拘禁者保護の国際的な基準として作成されたものであることを考えると、B規約14条1項の解釈に全く影響を持たないとまではいえないかもしれないが、法規範性を有するものではないことからすると、条約の適用につき後に生じた慣行であって、条約の解釈についての当事国の合意を確立するもの、に該当するといいえるかについてはなお疑問がある」としながらも、同原則の採択時に積極的反対がなかったことや長年専門家によって慎重に審議されてきたことなどに配慮して、「被拘禁者保護について国際的な基準としての意義を有する」ので、これも規約解釈の指針とすることができるとした。

以上を勘案して規約第14条1項を解釈すれば、同条はその内容として「武器平等」ないし当事者対等の原則を保障し、受刑者が弁護士と接見する権利をも保障していると解するのが相当であり、接見時間および刑務官の立会いの許否については、その趣旨を没却するような接見の制限が許されないことはもとより、監獄法および同法施行規則の接見に関する条項については、第14条1項の趣旨に則って解釈されなくてはならないという。また憲法第13条の保障する権利ないし自由に含まれるとも付言している。

(c) 接見制限および立会いの合法性

接見の時間制限および立会いに関しては、憲法第32条の裁判を受ける権利の保障は受刑者にも及ぶものの、この権利は、民事・行政事件にあっては、いわゆる司法拒絶の禁止を意味するものであって、受刑者が民事事件の訴訟代理人と直接に立会いなく面談し打合せ内容の秘密を確保することまでを直接に保障したものではない。しかし、受刑者だからといって当然に憲法上の権利・自由の制約が許されるものではなく、拘禁目的を達成するために合理的な範囲内で制約を加えることが許容されるにすぎず、憲法第13条で保障されている受刑者の弁護士との接見の権利についても合理的な範囲を越えた制約は許されない、と結んでいる。

(d) 接見制約の合理的範囲

　判断については、「接見を必要とする打合せの内容が当該刑務所における処遇等の事実関係にわたり、刑務所職員の立ち会いがあって会話を聴取している状態では十分な打合せができないと認められる場合には、その範囲で刑務所職員の立ち会いなしでの接見が認められるべき」であり、30分以上の打合せ時間の具体的必要性が認められる場合に、接見時間の制限を緩和しなかったとき、また、打合せの内容が処遇等の事実関係にわたり、刑務所職員の立会いがあっては十分な打合せができないと認められる場合に、刑務所職員の立会いなしの接見を認めなかったときには、裁量権の逸脱ないしは濫用があると解されると判示した。

　以上のような判断は、かなり画期的な部分を含むものだったが、前述のように個別の接見ごとの制約が具体的に必要とされるかどうかの判断は、かなり原告側に厳しく、損害賠償額の認定にもそれが表れている。

4　最高裁判決とその後

　最高裁の多数意見は、次の論旨により原告の訴えを斥けた。

　まず、監獄法、監獄法施行規則が、憲法第13条および第32条に違反しないことは、最大判昭45 (1970)・9・26、最大判昭58 (1983)・6・22等の趣旨に徴して明らかである。また、具体的場合において処遇上その他の必要から30分を超える接見を認めるか、教化上その他の必要から30分を超える接見を認めるか、教化上その他必要から立会いを行わないこととするかは、受刑者の性向、行状等を含めて刑務所内の実情に通暁した刑務所長の裁量的判断に委ねられているものと解すべきであり、刑務所長が接見時間を30分に制限し、刑務所職員の立会いを条件として接見を認めた処分は、社会通念上著しく妥当を欠くものということはできず、国家賠償法第1条1項にいう違法な行為にはあたらないとした。自由権規約については、「監獄法、同施行規則が自由権規約14条に違反すると解することもできない」とだけ言及したにすぎなかった。

　これに対して、遠藤裁判官のみは反対意見を述べている。受刑者に対しても、憲法第32条が定める裁判を受ける権利が保障されているとし、「この権利は、すべての者が公平な裁判所の裁判を受ける権利を有し、裁判所は適式な訴え

の提起に対して裁判を拒否することが許されないことを保障したにとどまるのであって、受刑者とその訴訟代理人との接見を無条件で保障したものではないが、公平な裁判を受ける権利が保障されるものである以上、事実上、公平な裁判を受ける権利を阻害するおそれが生ずることのないよう十分考慮されなければならない」としている。この立場は、接見時に訴訟の相手当事者側の人間（刑務官）の立会いを認めることは、あまりに不合理であるという。この所論は、国際人権法の解釈に依拠したものではないけれども、公平な裁判を視点として憲法第32条解釈を敷衍している点で注目できよう9)。

　おそらく多数意見によれば、本件で争われた問題点は、自由権規約の解釈問題を論ずるまでもなく、わが国法制度の下で十分に判断できる問題として処理したものと思われる。つまり、あえて規約解釈の必要性を認めないという態度がうかがわれる。このような態度は、わが国最高裁の他の判断においても見られるところである10)。

　最高裁判決以後、同種の事件に関する判決として、北海道・旭川刑務所に無期懲役で服役中の受刑者と代理人の弁護士2人が、訴訟打合せの面会の際、刑務所が職員を立ち会わせたりしたのは憲法違反で精神的苦痛を受けたなどとして、国を相手取って、損害賠償を求めた訴訟がある。この事件でも、徳島事件と同様に別に起こしている訴訟（長期独居拘禁の違法性を主張）の本人尋問の準備のため、弁護士が刑務所職員立会いなしで受刑者との面会を求めたが、刑務所が拒否し、本人尋問での裁判所への出廷も不許可にされた。そこで、原告らは、憲法ならびに自由権規約違反を主張して提訴した。旭川地裁は、2002（平成14）年2月26日の判決において原告側の訴えを棄却し、接見制限は「刑務所長裁量の範囲内」であるとした。同判決は、受刑者と弁護士との接見に刑務所職員を立ち会わせたことについて「打ち合わせに支障が出ることも考えられるが、原告の言動などを考慮すると立会いの必要性が特に高く、刑務所長の裁量の範囲を逸脱したと言えない」などと述べた11)。同判決は、最高裁の判断に安易に依拠しているのみならず、国際人権法の判断からさらに後退

---

9) 前野育三教授も「裁判を受ける権利という観点から、多数意見よりもはるかに正確な認識に立脚した意見」であるとしている（前野・前掲注3）127頁）。
10) 喜田村洋一「国際人権法の国内における実施」国際人権10号（1999年）37頁。
11) 朝日新聞2002年2月26日（判例集等未登載）。

した判決であると見られる。

5　意義と評価

　結局のところ、受刑者と弁護士との接見において刑務官の立会いが合法であるとの最高裁多数意見の結論は、自由権規約第14条1項等の観点から論じるならば、合理的な根拠にかけると思われる。第1に、欧州人権裁判所の判例では、1980年代前半に同様の事件で条約違反が認定されていること、第2に、仮に刑務所内の安寧秩序の維持の観点から接見が制約されることがあるとしても、弁護人との訴訟の打合せに関する接見時の会話の内容を聴取することは許されない。せいぜいのところ、ビデオ装置による映像での監視または刑務官による監視（目視）にとどまると解される。それにより、刑務所側の目的は、一般的には、達せられると考えられる[12]。

　本件では、最終的に最高裁段階では、規約の実質的解釈問題は論じられることはなかったが、下級審の段階において規約解釈をめぐって相当実質的な議論の展開が見られた。これらの判断を覆した最高裁の判断は、国際人権法の解釈、適用に消極的な最高裁の態度をあらためて浮き彫りにさせ、すでに前出の例にも見られるように、今後の同種の事案に関する影響が懸念される。しかし、最高裁は本件処分が自由権規約に違反しないと述べるだけで、下級審で積み重ねてきた議論が全面的に覆ったわけではない。今後の法廷における実務家の実践においては、本件の一連の経緯のなかで得られたものを活かすよう取り組む必要があろう。また、遠藤裁判官の少数意見には、一縷の光明以上のものを見出すこともできよう。

　とくに、控訴審段階で原告、被告の双方がウィーン条約に基づく解釈を戦わせたなかで、裁判所が国側の主張に与せずにウィーン条約の解釈原則に依拠したうえで国際人権法の傾向を考慮した判断を下したことは、評価することができる[13]。人権条約の解釈や適用例が世界的にもまだ乏しかった30年以上も前の採択時の議論にとらわれて、そこから一歩も出るべきではないという

---

12)　前野・前掲注3)も同様の指摘をしている。
13)　京都指紋押捺拒否事件大阪高裁判決、後掲第3部第2章注30)参照。

国側の論理は、いかにも膠着的であった。こうした解釈の限界性を認めて、狭義の文理解釈よりも欧州人権条約の判例や国連被拘禁者保護原則などを指針として規約条項の意味を汲み取ることによって、人権規約の趣旨・目的を汲んだ解釈を実現する方途を示したものであった。欧州人権条約と自由権規約との実質的連関性に着目して、欧州人権条約の判例法を規約解釈に参照していることは、むしろ自然である。今後も欧州条約の判例の発展を吟味、検証し、裁判に活用する必要がある。

　もっとも、自由権規約の解釈に際して、下級審の判決が、欧州人権条約の判例法や国連の被拘禁者保護原則を参照したことについて批判もある。すなわち、前者は自由権規約とはまったく別の条約であり、わが国も締約国ですらないし、後者は、国連総会決議としてなんらの法的拘束力をも欠くものであるという14)。しかし、自由権規約の条文解釈を補足するものとして、欧州人権条約の豊富な判例法を合理的な解釈基準として依拠するのは――それが条約として直接わが国を法的に拘束するものではないが――裁判所がとるべき自由権規約の解釈方法として妥当である。憲法第98条2項の条約および確立した国際法規の「誠実な遵守」という要請は、かくして実現が図られるのである15)。

　事実、規約人権委員会のわが国報告書の審査にあたって、刑務所における被拘禁者の権利の実態は、批判の的になっている。国内裁判所も国際人権法を適用すべき任務を負っているわけだから、国内のみならず国際的批判に耐えうる判決を示す必要がある16)。

　他方で、上告審の遠藤裁判官の意見にも触れていたように、憲法第32条の解釈から、弁護士と受刑者の接見の権利を導く試みをいっそう深化すべきであろう。国際人権保障の動向をも視野に入れた第32条解釈の再構成することも国内法、憲法学の立場から、いっそう必要とされよう17)。その際、繰り返しになるが、国際人権基準としては、被拘禁者保護原則や欧州人権裁判所判例法では、とくに弁護士と受刑者との間の親書の秘密、接見の秘密は確立し

---

14)　片山・前掲注3)58頁。
15)　斉藤正彰「我が国の裁判所における国際人権法適用」国際人権11号(2000年) 34～37頁。
16)　金子武嗣「ヨーロッパ人権条約と日本の国内判例」国際人権12号(2001年)41～44頁。
17)　同様の指摘は、只野・前掲注3)204頁。

ていることを考慮するべきであろう。本件の下級審判断でも、欧州人権裁判所のGolder事件、Campbell and Fell事件等が引用されていたが、より最近のCalogero Diana v. Italy事件などの判例でもこの立場は維持され、補強されてきている18)。

　人権条約の国内実施との関連では、わが国と同様に欧州人権条約の締約国以外で、自由権規約の締約国となっている国においても、欧州人権条約が域外国家の国内判例に影響を与えている事例が報告されている。たとえば、オーストラリア19)やニュージーランド20)、カナダ21)などコモンロー系の国では、欧州人権条約の解釈を国内裁判において参照する判例が見られる。欧州人権条約の域外諸国への影響は、条約の国内法における効力などの点で法システムは異なっていても、自由で民主的な社会の共通の基準として参照されているのである。人権に加えられる制限は、「民主的社会において必要」な範囲に限定されるという欧州人権条約上の確立した立場は、国境を越えて少なくとも民主主義を標榜する国家にとって説得性も持つゆえんであろう。

---

18)　Calogero Diana v. Italy, Judgement of 15 November 1996, Series A. No.694. 本件では、受刑者と弁護士との間の手紙が刑務所当局により開封、検閲された点が争われた。イタリアでは、1975年の法律第354号（1977年1月12日改正）により、合理的理由がある場合には、裁判官は受刑者の信書の検閲を認めることができるとしていた。申立人が当局への非協力的な態度をとっていたことに鑑みて、監獄当局は、申立人の信書の検閲を認め、これには弁護士との通信も含めるとした。人権裁判所は、当該イタリア法の規定は当局に広範な裁量を認めており、裁量権行使の範囲や方法を明記していないことに鑑みて、欧州人権条約第8条（信書の自由、プライバシーの権利）違反を認定した。本件では国側は、弁護士との秘密の面会が保障されているから、親書の制限、開封は許容されると主張したにもかかわらず、判決は、条約違反を認めた。
19)　オーストラリア高等法院（最高裁に相当）の判例として、Dietrich v. the Queen事件 は、自由権規約第14条1項の解釈に際して、欧州人権条約第6条に言及している。(1992) 177 CLR 292F. C. No.92/044 High Court of Australia. 同じく、欧州人権条約第10条の解釈を援用した例として、Heophanous v. the Herald and Weekly Times Limited and Another F. C. 94/041 Constitutional Law(Cth) Defamation(1994) 182 CLR 104(1994) 124 ALR 1(1994) Aust Torts Reports 81-297.
20)　ニュージーランドで、欧州人権条約第8条が援用された判例としてTavita v. Minister of Immigration[1994] 2 NZLR 257. がある。
21)　カナダについては、中井伊都子「カナダの裁判所における人権条約の役割」国際人権11号（1999年）30～37頁。

第2章
刑事司法分野における国際人権判例の現状と課題

●北村泰三

【国内法】憲法13条、34条、36条、98条2項、刑訴法39条3項、344条、監獄法45条1項
【国際人権法】自由権規約7条、9条3項、10条1項、14条1項、3項、拷問等禁止条約1条、2条、11条

1 はじめに

　ここでは、わが国における刑事司法分野での国際人権法の諸判例についてあらためて全般的な視点から省察を加えることにより、裁判所が国際人権法をどのように解釈し、適用してきたかを確認し、これによってわが国判例法の現在における到達点を確認しておきたい。また、国際人権法がわが国の法体系の中で、その本来の意義を発揮させていくためには、いかなる課題があるかについても触れることとする。

2 国際人権法の適用状況

　国際人権条約が、わが国の法廷において活用されるようになってからせいぜい20年余りであるが、この間、いくつかの点で注目しておくべき判例がある。以下では、刑事訴訟法関係と行刑関係に限って、国際人権法の解釈、適用を示した若干の判例を鳥瞰してみる[1]。

---

1)　わが国の裁判所における国際人権法の適用については、伊藤正己「国際人権法と裁判所」国際人権1号（1990年）7〜11頁、園部逸夫「日本の最高裁判所における国際人権法の最近の適用状況」国際人権11号（2000年）2〜4頁、喜田村洋一「国際人権法の国内における実施」国際人権10号（1999年）36〜40頁。「国際人権」11号（2000年）は、次の諸論文を掲載している。斉藤正彰「国際人権訴訟における国内裁判所の役割」（34〜37頁）、東澤靖「法曹実務家による国際人権法の実現」（49〜51頁）、小山千蔭「我が国の裁判所における国際人権法適用」（52〜53頁）。阿部浩己「国際人権法と日本の国内判例」国際法学会編『日本と国際法の100年〔第4巻〕』（三省堂、2001年）267〜294頁。斉藤正彰『国法体系における憲法と条約』（信山社、2002年）。

(1) 刑事訴訟法関係
(a) 被疑者の接見交通権

　わが国において、かつての接見指定制度は運用の実態としては改善も見られたが、取調べの予定がある場合等については接見の制限が可能であるとされてきた。被疑者と弁護人との接見交通権に加えられた制約が国際人権基準から見て妥当といえるかどうかについて、各地の接見違法国賠訴訟で問われ続けてきた。すなわち、刑訴法第39条3項の接見指定に関する規定が、弁護人の援助を受ける権利を保障する自由権規約第14条3項に違反するかどうかが争点であった。

　下級審の判決は、憲法第34条等の弁護人依頼権の規定は、絶対的な権利として接見交通権を保障しているものではなく、取調べの予定がある場合においては捜査権との合理的調整を図るべきものとの趣旨であると解釈し、さらに規約第14条3項は被告人に関する規定であるから被疑者の段階では適用しないなどと述べていた。また、被拘禁者の権利に関する国連の諸原則は、ガイドラインを示したものにすぎず、法的義務を課すものではないし、規約の解釈基準を定めたものでもないなどとして、規約解釈から切り離した。かくして、刑訴法第39条3項が同規約の規定等に違反するとの主張を排斥してきた[2]。

　そこで、最高裁の判断が注目されたが、最高裁は、1999（平成11）年3月24日の判決により刑訴法第39条3項の規定は、憲法に保障された弁護人依頼権の趣旨を実質的に損なうものではないとの判断を示した[3]。しかし、この判決では国際人権法の基準を取り入れた接見交通権の解釈はなんら示されなかった。このような最高裁の姿勢には、人権規約の趣旨は憲法を中心とするわが国の国内法の規定に含まれるので、規約について特段触れる必要性がないという国際人権法の解釈に対する消極的姿勢が見え隠れしている。規約の趣旨は憲法に含まれ、その範囲を一歩も越えないという、いわば「一国人権主義」[4]のレト

---

2) 東京高判平5（1993）・12・7判例時報1505号91頁、判例タイムズ847号159頁。そのほかにも、福岡高判平6（1994）・2・22判例タイムズ874号147頁、広島高判平9（1997）・12・26判例タイムズ979号104頁、広島高判平9（1997）・12・26判例タイムズ979号104頁。
3) 本書第3部第1章を参照。
4) これは、阿部浩己の言葉からの借用である。阿部『人権の国際化──国際人権法の挑戦』（現代人文社、1998年）308頁。

リックは、国際人権規約を批准した意義を矮小化する。このような判決は、下級審をして規約解釈責任を回避させる姿勢をもたらすことが懸念される5)。

(b) 保釈の権利と規約第9条3項

自由権規約第9条3項では、「裁判に付される者を抑留することが原則であってはならず、釈放に当たっては、裁判その他の司法上の手続のすべての段階における出頭及び必要な場合における判決の執行のための出頭が保証されることを条件とすることができる」と定めている。本条については、弁護人の保釈請求に対して、刑訴法第344条に則り、これを相当でないとして却下したことに対して、右の条項に違反すると主張された事案がある。

この問題を審理した大阪高裁は、右規約の条項は、「裁判に付される者を抑留することが原則であってはならず」と規定するにとどまり、「合理的な理由がある場合においてもその例外を許さないものではない」と述べることにより、規約に違反しないと判断した。また、裁量保釈の途を残しながら権利保釈を認めなかったことには合理的理由があり、規約に違反しないとした6)。

(c) 外国人被疑者・被告人の通訳の確保

外国人事件において、被疑者、被告人が日本語を理解できない場合には、まず通訳の確保が重要な要素となる。通訳が不十分なため冤罪が起きたり、外国人の人権が守られない状況が生じてはならない。ただ単に通訳を確保することだけでも場合によってはままならない状況にあるようだが、公正な裁判を担保するためには、通訳の質の確保が課題となっている。そこで、司法通訳の養成課程を大学等に設置して、これに応えるべく司法通訳者の養成が今後、計画されているところである。司法に関する知識を備えた通訳者の養成は、短期日に成就されるものではないけれども、早期の計画実施が必要とされる。

外国人被告人の通訳費用の負担については、自由権規約第14条3項(f)が無料の通訳の援助を受ける権利を定めているのに対して、刑訴法が、支払能力が

---

5) 最高裁第3小法廷は、2000年6月13日の判決により、「取り調べを理由に弁護人になろうとする者との初回の接見の機会を遅らせることは、容疑者が防御の準備をする権利を不当に制限する」と述べて、「初回の接見」はとくに尊重するよう促す判断を示した。朝日新聞、毎日新聞(2000年6月13日)。
6) 大阪高決平元(1989)・5・17判例時報1333号158頁。Japanese Annual of International Law, Vol.33, p.158. 村岡啓一「国際人権法の利用の仕方(特別企画 保釈の実状と闘い方(理論編)」季刊刑事弁護24号(2000年)69～71頁。

あるなしにかかわらず、原則的に被告人負担とすべきと定めている点について、これを違法とするか否かをめぐって判例は分かれている[7]。欧州人権裁判所の判例においては、無料の通訳の援助を受ける権利が確立しているところであり、彼我の違いは是正されるべきであろう。

(d) 母国語によらない取調べと供述調書の証拠能力

自由権規約第14条3項(a)では、刑事上の罪の決定について保障される権利の一環として、「理解する言語で速やかにかつ詳細にその罪の性質および理由を告げられる」権利を定めている。この規定および(f)との関係で、イラン人である被疑者に対する取調べ等がペルシャ語ではなく英語の通訳を介してなされた場合に、規約の当該規定に違反し、作成された供述調書の証拠能力が否定されるかどうかが争われた事件がある。

判決では、規約第14条3項(a)(f)の要請する通訳は、被告人の「理解する言語」によって行われればよく、必ずしも「母国語」によらなければならないわけでなく、また、これらの規定は、裁判所における審理に関するものであり、当然には公訴提起前の被疑者の取調べに適用されるものでないから、本件取調べに違法はなく、供述調書の証拠能力を否定すべき理由はないとした[8]。被疑者にとって十分に理解可能な言語による通訳が確保されていれば、必ずしも取調べがつねに母国語で行われなければならないとまで要請されているとはいえないであろう。ただし、本条の(f)は裁判所の審理に関するものではあるが、(a)までが被告人の権利であり、被疑者に適応されないという解釈は狭すぎると思われる。

(e) 起訴状謄本の送達

日本語を理解しない外国人に対して起訴状謄本を送達するに際して、理解できる言語での訳文を付さなかったことが規約に違反するかどうかが争われた事件がある。原告側は、起訴状送達に際して理解できる言語の翻訳が付されていないのは、規約第14条3項(a)の前示の規定に違反すると主張した。本件の控訴審判決は、規約の上規定につき「(a)号にいう『速やかに』とは、時間的即時性の比較的緩やかな訓示的表現であるから、遅くとも『その刑事上の罪の決

---

[7] 佐藤文夫「外国人被告人の通訳費用負担と自由権規約(平6・9・1浦和地決)」『平成7年度重要判例解説(ジュリスト臨時増刊1091)』(1996年)248～249頁。

[8] 東京高判平4(1992)・4・8判例時報1434号140頁、判例タイムズ791号267頁。

定』をする場である公判手続の冒頭において起訴状朗読がなされ、これが被告人の理解する言語で通訳されることにより、最低限その要請は充たされるものと解すべき」であるとする。したがって、同号が起訴状謄本の送達に際し翻訳文を添付することまで要請しているものとは解されない、とした[9]。

　しかし、「速やかに」という文言が上にいうように時間的即時性の比較的緩やかな訓示的表現であるという解釈は、裁判官の創作である。「速やかに」の意味を文理的に解釈するならば、条約中の用語の意味は、規約の正文の意味も含めて解釈する必要がある。「速やかに」の語は、英語正文では promptly、仏語では dans en plus cour delai であるから、ほぼ「即座に」と同義である。さらには、規約人権委員会は、「この権利は、捜査過程で裁判所または公訴機関が犯罪被疑者に対して手続上の措置をとることを決定するとき、または公式に被疑者として名指しするときに発生する」といっている[10]。これらの点から見て、可能であれば逮捕のときまたは遅くとも公訴提起に際して起訴状の内容は被疑者の理解する言語で伝達すべきことを求めていると考えられる。上記判決の解釈は、あまりに独断的な解釈である。

(f)　組織的犯罪の捜査のための電話盗聴

　組織犯罪対策法と通信傍受法は1999年に成立したが[11]、電話等の通信傍受とプライバシーの権利とをめぐって規約上も争いがある。同法成立以前の判決であるが、札幌高裁は、「規約17条が、組織的な重大犯罪についての捜査上の必要に基づく電話傍受等の場合にまで、被疑者を法律上保護する旨を唱ったものとは解されない上、所論国連の規約人権委員会の解釈は、公式のものとはいえ規約本文とは別であり、条約として批准されたものでもないから、その解釈の如何にかかわらず、右電話傍受等が同条に違反するとの主張は採用できない」といっている[12]。

　この結論の当否はさておき、「規約人権委員会の解釈が条約として批准されたものではないから」という理由により、「解釈のいかんにかかわらず」とバッ

---

[9]　東京高判平3(1991)・9・18判例タイムズ777号264頁。
[10]　規約人権委員会一般的意見13/21。訳文は、日本弁護士連合会『国際人権規約と日本の司法・市民の権利』(こうち書房、1997年)423頁。
[11]　「組織的な犯罪の処罰及び犯罪収益の規制等に関する法律」(平成11年8月18日・法律第136号)、「犯罪捜査のための通信傍受に関する法律」(平成11年8月18日・法律第137号)。
[12]　札幌高判平9(1997)・5・15判例時報1636号153頁、判例タイムズ962号275頁。

サリと切り捨てたことは、なんら合理的説明になっていない。この論法を採用するならば、たとえ国連安全保障理事会の決議でも、条約として批准されたものではないので従わなくてもよい、という結論になるだろうか。裁判官の資質が問われるべき安易すぎる判決だといわねばなるまい。やはり、この問題でも規約上保護されるプライバシーの権利の意義を明らかにしたうえで、規約違反の有無について実質判断を行う必要があろう。

規約人権委員会は、一般的意見16において「電気的な盗聴」は禁止されるべきであると述べる13)。これに対して、欧州人権裁判所は、独立性の保障された第三者機関による濫用の防止が制度的に保障されているならば、法律で認められる厳密な範囲に限って盗聴も許されるとの解釈が示されている14)。しかも国際的には組織犯罪対策の一環として通信傍受とプライバシーの権利との関係が問題とされる折、わが国の立場を国内外に説得力あるかたちで説明ができるような判決が期待される。

(2) 行刑制度との関連

規約人権委員会は、98年の日本政府報告書審査に際して公表した意見の中で、わが国の行刑制度の多くの側面に深い懸念を表明した。とくに、所内行動規則、懲罰、懲罰決定の手続、不服申立の制度および保護措置を挙げ、さらに、過酷な所内規則、懲罰と独居拘禁の多用および革手錠や保護房拘禁等の保護措置についてはとくに憂慮の念を表した15)。

(a) 受刑者の外部交通の制限

徳島刑務所受刑者接見訴訟は第1章で詳述したが、ある意味で刑事司法分野におけるわが国の国際人権法判例の到達点を示していると思われるので、簡潔に要点だけ押さえておきたい16)。

まず、第一審の徳島地裁判決および控訴審である高松高裁判決では、自由権

---

13) 規約人権委員会一般的意見16/32。前掲注7)432頁。
14) Malone v. UK, Series A, Vol.82. European Human Rights Report, Vol.4, p.330.
15) 日本弁護士連合会編『日本の人権 21世紀への課題——ジュネーブ1998国際人権(自由権)規約第4回日本政府報告書審査の記録』(現代人文社、1999年)。藤田昇三「B規約人権委員会による対日審査について」刑政110巻4号(1999年)16頁。
16) 北村泰三「自由権規約の解釈方法と裁判所〈弁護のための国際人権法2〉」季刊刑事弁護14号(1998年)131〜137頁。

規約の直接適用性（条約である自由権規約の実体規定が国内法の制定等の措置を待つまでもなく、そのままのかたちで国内裁判所において援用することが可能とされること）を認めた17)。

次いで、国際人権法の解釈について「条約法に関するウィーン条約」（以下、ウィーン条約）を基礎とする方法論を採用した。すなわち、条約解釈に関する原則を定めたウィーン条約の規定を規約解釈に際しての「一定の指針」として認めたうえで、規約人権委員会の一般的意見等を考慮した。またヨーロッパ人権裁判所の判例において本件同様の受刑者と弁護士との接見制限事件で、刑務官の立会いを違法とした判決があることに留意して、規約解釈上、これらの判例が一定の比重を有することを認めた。

また、刑務所側の裁量を制約する論理的根拠として人権規約を用いた点にも意義がある。すなわち、受刑者の接見の権利を保障する規約第14条1項および憲法の趣旨ならびに接見の権利の重要性に鑑みると、監獄法第45条1項および2項による刑務所長の裁量はまったくの自由裁量であると解することはできず、受刑者の民事事件の訴訟代理人たる弁護士との接見は原則として許可すべきであり、特段の事情がないのにこれを拒否することは違法となると解すべきであるとした。ただし、監獄法施行規則の立会い規定そのものは、人権規約に違反しないと判示している。しかし、最高裁は、これらの下級審判決をまったく考慮することなく本件の接見制限が憲法に違反しないと判示した。こうした最高裁判決の消極性は国際的にも批判されるであろう。

(b)　革手錠・保護房拘禁

98年日本政府報告書の審査に際して、規約人権委員会は、「残虐で非人道的な取扱いと考えられる革手錠などの保護手段の多用」についてとくに懸念を示した。わが国の国内判例でも、規約第7条および第10条1項等の関連条項を援用して革手錠の違法性が主張されてきた。その結果、損害賠償を部分的に認定した例があるものの、革手錠を使用する刑務所の制度それ自体は規約に違反しないとしている。

たとえば、東京拘置所における革手錠の使用が問題とされた事件で、東京高裁は次のようにいっている。すなわち、「控訴人らの援用するB規約7条前段

---

17)　本書第3部第1章参照。

および10条1項の規定内容に照らせば、これらの条項は、特段の立法をまたずに、わが国における法規として直接これを適用することが可能というべきであり、かつ、条約である同規約の効力は、国内法である監獄法および規則の規定に優位する関係にあるから、右条項に抵触する監獄法および規則の関係規定は、抵触する限度で、その効力を否定されることになる。そして、このことは、監獄法および規則等の関係規定は、それが可能である限り、右規約の規定に抵触することがないように解釈され、適用されなければならないということを意味する」と述べて、規約の直接適用性に関する模範答案的な判断を示した[18]。

しかし、これに続けて、憲法第36条および第13条の趣旨に照らせば、「B規約7条および10条1項の文言は、憲法の規定よりも具体的かつ詳細なものということができるが、B規約の権利自由の性質、内容および範囲は、憲法の右の規定が保障する権利・自由の性質と異なるものではなく、その範囲を超えるものではないと解されるところである」として、「B規約違反に関する主張は、監獄法および規則違反の主張に帰着するものというべきである」と規約解釈の可能性を監獄法の限定的な解釈に矮小化してしまっている。

また、千葉刑務所拘置監に収監中の被告人に対する革手錠の使用をめぐる判決がある。同判決によれば、革手錠の使用による身体の拘束が直接的であり、その拘束の程度も極めて大きく苦痛も重大なものであると認めた。さらに「被使用者の自尊心を著しく傷付けるだけでなく、強度の肉体的・精神的苦痛を与えるものであることからすれば、革手錠や金属手錠の使用がその態様によっては憲法や自由権規約の前記各条項に抵触するような場合のありうることは否定できない」ともいう。しかし、続けて革手錠の使用が違法であるかどうかは使用態様の如何によるのであって、監獄法や同法施行規則の前記各規定に従った手錠の使用が、「常に憲法や自由権規約の前記各条項に抵触するとまでいうことはできず、したがって監獄法や同施行規則の前記各規定が憲法や自由権規約に違反するとは認められない」と判示した[19]。

---

[18] 東京高判平10(1998)・1・21判例時報1645号67頁、判例タイムズ980号292頁。
[19] 本書第2部第2章参照。また、大阪地裁は2000年5月29日、大阪拘置所に拘置中の被告が3日間革手錠を装着されたまま保護房に収容された事件の判決を下し、国に慰謝料50万円の支払いを命じた。毎日新聞(2000年5月30日)。

ここで革手錠が「強度の肉体的・精神的苦痛」を与えるものであると認めながらも、本件の使用態様では自由権規約に違反しないというのである[20]。しかし、上判決自体がいう「強度の肉体的・精神的苦痛」とは、わが国が昨年批准した拷問等禁止条約第1条にいう拷問の定義にほかならない。ここで拷問条約の定義を引用して、革手錠がこれにあたると認めながら使用の態様によっては違法でないとは、拷問禁止の絶対的要請に照らして説得力を欠いている[21]。
　革手錠は、拷問等禁止条約第2条および第11条に定められた防止義務との関係でも問題とされよう。すなわち、同第2条では、拷問行為を防止するために立法、行政、司法上その他の措置をとる義務を締約国に課している。わが国が本条約に加入した時点ですでに規約人権委員会の勧告もあり、革手錠を廃止すべき義務があったにもかかわらず、今日に至るまでこれを存置させていることは、国側の不作為による義務違反があるとも考えられよう。

(c)　長期独居拘禁
　独居拘禁の違法性をめぐる事件として、旭川刑務所に収監中の受刑者が13年余の長期にわたって独居拘禁に処せられたことが規約第7条および第10条1項に違反するかどうかが争われた事件がある。旭川地方裁判所は、「本件刑務所に収容されている受刑者の拘禁目的を達成し、監獄の規律および秩序を維持するために必要やむを得ないものであって、その具体的な処遇内容も刑罰制度の執行に必然的に伴う合理的な範囲内の制約である」とし、13年2カ月の長きにわたったとしても自由権規約第7条に反する取扱いには該当せず、また規約第10条1項にも違反しないとした[22]。判決では、本件長期独居拘禁が規約違反に該当しないという結論を導くにあたって、規約の意義内容についてまったく解釈基準を示すことなく、ただ単に規約違反はないとだけいったにすぎない。ここにも規約解釈の放棄というべき裁判所の姿勢が表れている。

(d)　人身保護制度
　徳島刑務所に収監中の被拘束者について、その再審請求の弁護人らが、被拘束者の容態が悪化したため直ちに手術、治療のため、人身保護法に基づいて大

---

20)　革手錠と国際人権基準に関しては、本書第2部第2章を参照。
21)　拷問はいついかなる条件下でも許されないとするのが、拷問等禁止条約の趣旨である。詳しくは、北村・前掲注18)参照。
22)　旭川地判平11(1999)・4・13。

学病院もしくは医療刑務所への移送等を求めた事案がある23)。

本件で徳島地裁は、次のように判示した。まず、「B規約7条、10条1項の文言及び内容にかんがみると、同条項には自力執行性が認められると解される。それゆえ、拘束等が同条項に著しく違反していることが顕著である場合には、人身保護法による救済の対象となるというべきである」とする。続けて、「ウィーン条約は、我が国においては昭和56年8月1日に発効しているから、同条約が遡及効を有しない以上、これがB規約に適用されるものではないし、また、条約の第一次的な解釈権が各締結国にあるとしても、憲法98条2項が定める国際協調の精神にかんがみれば、ウィーン条約31条の趣旨を尊重し、B規約の解釈は、国際連合の各機関が定めた一般的意見や、被拘禁者処遇最低基準規則、被拘禁者保護原則の趣旨に、できるかぎり適合するようになされることが望ましい」とする。そして、被拘禁者処遇最低基準規則や被拘禁者保護原則の内容を参照してB規約を解釈すれば、「監獄の長は、受刑者の健康状態に十分に注意し、診察、検査の結果如何によって、適切な治療などの措置を取らなければならない責務を負っている」とも述べる。

一見、上判決は国際人権法の理解を示している観もある。しかし、国側主張にいう、ウィーン条約が遡及効を有しないという形式論に依拠して、ウィーン条約に基づく解釈論をとるべきであるという主張をいったんは斥けておいて、なおその趣旨を尊重すべきというのは、一貫性に欠けている。いずれにしても結論は、「本件拘束を継続することが、著しく違法で、かつ、それが顕著であると認めることはできない」として、請求を棄却した。人身保護規則については、98年の規約人権委員会の勧告により、令状交付の要件が厳格すぎ、拘禁の合法性を争う手段としての有効性を損なうものであるとの指摘がなされていることを斟酌すべきであろう。

(e) 死刑囚の外部交通

規約人権委員会は、98年の日本政府報告書の審査において、死刑確定者の処遇について外部との面会・通信を不当に制限されていること、執行の事前通知がないこと等に関して深刻な懸念が表明され、また人道的かつ人間固有の尊厳を尊重した取扱いを保障すべきとした規約第7条および第10条に従うよ

---

23) 徳島地判平10(1998)・7・21。

う勧告がなされている。

　死刑囚の処遇に関して、拘置所の独居房の窓の外側に設置された遮へい板により日照・通風等を阻害されたことを理由として、国家賠償請求を提起した事件がある。本件では、自由権規約第7条の違反が主張された。東京高裁は、規約第7条前段を引用して、規約人権委員会の示した同条に関する一般的意見および保護原則の6およびその原注等を斟酌すれば、「拷問および残虐な……取扱いおよび刑罰には、拘禁された者等をその視覚、時間（季節）に対する意識等を奪う状況に置くことを含め、その者に肉体的または精神的な苦痛を与える取扱いを含むものと解される」ので、本件遮へい板は、「人との接触を数少ない面会等に制限されている被拘禁者にその視覚、時間（季節）に対する意識につき一定限度の制限を課すものであることは否定できないから、一般的には、拘置所の居房の窓に遮へい板を設置しないことが国際的基準により合致する」と述べた。

　しかし「罪証隠滅等の防止のために有する本件遮へい板設置の合理的必要性および許された生活状態を前提としても、本件遮へい板の上部および下部への視界が全く閉ざされていた訳ではなく、限られた範囲とはいえ一応保持されていることに照らすと、本件居房における控訴人の拘禁が違法とまではいい難い」と述べて請求を棄却した[24]。監獄の秩序維持に傾斜した裁判所の判断が示された典型例である。

3　わが国の判例の到達点

　以上の判例を材料として、わが国の刑事司法分野における国際人権条約の解釈、適用の未だ緒について間もないというべきであろう。しかし、その間にも各種の裁判によって得られた成果ともいうべき点は確認されよう。それを踏まえてさらに今後の課題を検討しておきたい。

(1)　人権条約規定の直接適用性の承認
　一連の裁判の中で確認されるべき第1の事項は、わが国における国際人権法

---

[24]　東京高判平7（1995）・5・22判例タイムズ903号112頁。

の解釈、適用上の成果は、自由権規約の直接適用性が認められてきたことであろう[25]。すなわち、下級審段階の判例が中心であるが、いくつもの判例において自由権規約第7条、第10条、第14条等の規定について、裁判所が人権条約の条項を解釈し、適用する慣行が形成されてきた。また、憲法第98条2項の解釈により、人権規約が国内法に優位するという点も当然のこととして繰り返し確認されている。国内法が人権規約に違反するとの積極的な解釈にまで踏み込んだ判例は出現していないけれども、直接適用が認められる結果、仮に人権規約に違反する国内法が存在するならば規約が優位し、国内法が無効とされるかまたは改正されなければならないという点は認められてきた。最高裁は、今日まで明確な判断を示していないが、いくつかの高裁判決を含む下級審での判例の積み重ねにより、実質的に規約第7条、第10条、第14条等の条項が直接適用可能であることはほぼ確立しているといってよいだろう[26]。最高裁もあえてそれを否定していないものと理解できよう。

　国際人権訴訟において、直接適用性の承認は国際人権法の解釈論を法廷の俎上に上らせるための前提条件として有効である。国側の主張には、規約の直接適用性を否定する見解も見られたが（たとえば福岡高裁接見事件訴訟〔前掲注2)〕での国側主張）、さすがに最近では国側もこれを正面から否定する意見を述べることはなくなった。わが国の国内判例において、自由権規約の条項が直接適用可能であることは、ほぼ定着してきた。これによって、逐一、自由権規約の条項の直接適用に関する前提的議論を通過して、実体法の適用問題に切り込むことができるのである。刑事弁護の実践において得られた貴重な成果といえよう[27]。

---

[25]　人権条約の直接適用性に関してわが国の裁判所がどのように判断しているかについて、詳しくは、斉藤功高「国際人権B規約の我が国裁判所における適用——B規約の国内的効力と直接適用性について」『現代国際社会と人権の諸相（宮崎繁樹先生古希記念）』（成文堂、1996年）55～100頁。
[26]　本書第3部第1章参照。
[27]　ただし、欧州諸国に見られるような国際人権法の先進的地域で見られる直接適用性に関する詳細な理論をこれから国内適用の実践を積み重ねていくべき端緒についたばかりのわが国においてそのまま適用することは、かえって実りのない結果をもたらすものであるとの指摘にも留意する必要があるだろう。阿部・前掲注1)参照。

(2) ウィーン条約を考慮した解釈の模索と追究

　わが国の国内裁判所においても、自由権規約の実体条項を援用することができるので、規約の規定と関連国内法との整合性の判断が不可避となり、規約と国内法との関係が精査されなければならない。その際、条約法に関するウィーン条約の解釈規定が重要な要素を提供している。国際人権訴訟が従来の憲法訴訟では扱いきれないような豊富な人権理論を提供することができるのは、人権諸条約の解釈において、憲法訴訟では視野外に置かれた諸要素を注入するからである。国際判例、国際的実施機関の意見等は、憲法の文脈だけでは当然にして考慮されるべき要素ではないであろう。しかし、国際人権条約の解釈は、それらが実体を提供しているのである。国際人権条約は、条文が憲法に触れていない部分を規定しているからだけでなく、実施機関の解釈によって、さらに人権条約の内容を生きた文書とする解釈が与えられているからである。

　人権の解釈面でこれまでの判例では、徳島刑務所の受刑者接見妨害訴訟判決などのように、ウィーン条約に言及して、規約の実体条項を検討している例も見られる。こうした姿勢は、国際的な評価にも耐えうる内容だが、それらが一般的傾向になったとまではいえない。多くの判例の態度は、実質的な解釈に立ち入ろうとせずに、せいぜい規約の規定を一瞥しただけの限定的な解釈を示しているにすぎない。

(3) 行政裁量権の制限

　国際人権法に基づく訴訟において、行政側の裁量権行使を限界づける機能を果たしていくことが考えられる。従来の刑事司法関係の訴訟では必ずしも明白な結果にはなっていないが、徳島刑務所受刑者接見訴訟の一、二審判決は、自由権規約の規定を根拠として、受刑者と弁護士との接見を制限した刑務所長の判断には、裁量権の濫用があったとの認定を示した。革手錠の違法性をめぐる千葉地裁判決も、処遇の目的は保護房での収容のみで達成されたはずであり、革手錠を使用した点については刑務所側の裁量権の濫用による違法を認めた。

　また、正面から現行法の改正に結びつくまでには至らないまでも、将来の法改正をもたらす条件作りとしての意味を持っている。革手錠訴訟などでは、行刑当局の裁量権が人権規約によって制約されるとは明白に認めていないが、

実質的には、損害賠償を認める際の重要な要素になっていると思われる。

4 課題

(1) 国際人権消極主義の克服

　わが国で国際人権法の解釈が問題とされた事件では、裁判所は、国際人権消極主義とでもいうべき態度をとってきたといえよう。これは、わが国の最高裁以下の裁判所において見られる司法消極主義のもうひとつのかたちである。

　第1に、裁判所は、国際人権条約の規定を解釈する場合は、国内法に適用可能な規範が欠けている場合に限定する傾向を有しており、あえて国際条約の解釈問題を避けて通る態度を見せる。

　第2に、人権条約に言及する場合であっても、捜査の目的や監獄当局の秩序維持という理由の前に、国際人権条約の実質的な内容に立ち入った解釈を回避し、せいぜい表面的かつ形式的な一瞥を加えるだけで具体的な解釈を示そうとしない場合が多い。

　第3に、人権条約の解釈を行う姿勢を見せても、ごく表面的なリップサービス的解釈に終始し、実質的な解釈に踏み込む姿勢を見せていない。

　しかし、とくに自由権規約などの人権条約は、わが国の国会によって批准、承認され、憲法上の手続を経て公布された実体的法規範であることをいま一度想起する必要がある。自由権規約や拷問等禁止条約は、わが国もそれらを審議し採択した国連会議において発言し、提案し、賛成し、さらに憲法上の手続を経て批准を行ったものであり、国法体系の一部を構成するものである。さらに、保護される権利の内容は、直接個人に対して保障されるものであるから、これを侵害されたとする主張があれば、裁判所はその違反の有無につき十分な検討をなさなければならない。

　刑事司法以外の分野ではあるが、人権条約の積極的な解釈を媒介として憲法の人権規定により豊かな人権理論を与えた判例も見られる。たとえば、アイ

---

28)　二風谷ダム事件判決、札幌地判平9 (1997)・3・27 判例時報1598号33頁、判例タイムズ938号78頁。同判決では、アイヌ民族は、文化の独自性を保持した少数民族としてその文化を享有する権利を自由権規約第27条で保障されており、わが国は憲法第98条2項に照らしてこれを誠実に遵守する義務があり、同権利に対する制限は、必要最小限度にとどめられなければならないとした。

ヌの土地使用権に関する二風谷ダム事件判決では、自由権規約第27条に基づく少数者の権利の主張が認められている[28]。また、浜松宝石商外国人入店拒否事件では、人種差別撤廃条約の趣旨に基づいて民法第90条の公序良俗規定が解釈され、外国人に対する入店拒否の違法性を導いた[29]。また、京都指紋押捺拒否国賠請求事件控訴審判決が挙げられよう[30]。本件判決では、自由権規約第7条にいう「品位を傷つける取扱い」の解釈に際して、用語の通常の意味等の観点から、「公務員の積極的ないし消極的関与のもとに個人に対して肉体的な又は精神的な苦痛を与える行為であって、その苦痛の程度が拷問や残虐な、非人道的な取扱いと評価される程度には至っていないが、なお一定の程度に達しているものと解せられる」と述べたが、指紋押捺はその程度には達していないとした。結局、本件でも指紋押捺の合法性については矮小的な方向に同化・収斂した観があったことは否めないが、規約解釈に一歩踏み込んだ判例の態度は注目できる。法廷の場では、指紋押捺制度の違法性を論証しきれなかったけれども、当初は、永住外国人について指紋押捺制度が廃止され、ついに1999年の外国人登録法の改正により全廃に至るかたちで実を結んだことは特筆できよう[31]。

　自由権規約の裁判規範性は、直接適用性の承認を通じていまや論ずるまでもないのであり、その規定は当然に裁判所において適用される。したがって、

---

29)　静岡地浜松支判平11(1999)・10・12、村上正直・国際人権11号（2000年）81〜83頁。
30)　大阪高判平6(1994)・10・28判例時報1513号。本件では、自由権規約第7条にいう「『品位を傷つける取扱い』とは公務員の積極的ないし消極的関与のもとに個人に対して肉体的な又は精神的な苦痛を与える行為であって、その苦痛の程度が拷問や残虐な、非人道的な取扱いと評価される程度には至っていないが、なお一定の程度に達しているものと解せられる」とした。また、条約法に関するウィーン条約に基づき、「わが国の裁判所がB規約を解釈適用する場合、右解釈原則にしたがってその権利の範囲を確定することが必要である」とし、また「規約人権委員会はB規約の個々の条文を解釈するガイドラインとなる『一般的意見』や『見解』がB規約の解釈の補足的手段として依拠すべきものと解される。さらに、欧州人権条約等の同種の国際条約の内容及びこれに関する判例もB規約の解釈の補足的手段としてよいものと解される」と述べていた。
31)　指紋押捺を拒否したという理由により再入国許可が得られぬまま米国留学を果たした結果、協定永住資格を剥奪されたことが自由権規約にいう自国に戻る権利の否定であるなどとして争ったチェソンエさんの事件では、最高裁は、1999年逆転敗訴という時代錯誤的な判定を下した。ところが、その後、国会で入管特例法付則が制定され、チェさんの特別永住資格は復活した。崔善愛『「自分の国」を問い続けて――ある指紋押捺拒否の波紋』（岩波ブックレット、2000年）。

裁判において規約の解釈が問題とされた場合には、裁判所は、規約を解釈するよう当然に求められよう。その際、条約の解釈に際しては、わが国も批准しているウィーン条約法条約の解釈原則に依拠することになろう。その原則によれば、条約の文言は、文脈とともに規約の「趣旨及び目的に照らして」解釈されなければならないとされる。わが国の裁判例において、規約人権委員会の意見が、多くの場合に、法的拘束力がないとの理由で、これを無視したり、実質的に規約解釈を回避しているのは、甚だ問題である。あるいは、狭義の文理解釈を口実に、極めて制限的な解釈を安易に導く姿勢は再検討されるべきであろう。

　また、規約人権委員会の意見や勧告等は、厳密な意味では法的拘束性を有しているとはいえないが、委員会の地位はわが国も批准した規約自体に基づくものであり、規約の国際的履行監視機関として位置づけられている。国会が批准、承認した条約に基づく義務として提出した政府報告書の審査の結果、わが国に対して宛てられた公的意見を法的拘束力がないとの理由により無視することはできまい。締約国には、説得的な反対の理由がない限り、これらの意見を最大限尊重する姿勢が求められているのである。憲法第98条2項にいう条約および確立された国際法規の誠実な遵守には、そのような条約実施機関の公的判断に最大限の考慮を払う義務が含まれるであろう。また、わが国が規約人権委員会の勧告に従わないのであれば、少なくとも規約人権委員会の勧告に一致しない立場をとる理由を説明する責任があるだろう。

　この点で最近の雑誌「刑政」の誌上座談会の席で、ある法務省高官が次のように発言しているのが注目される。すなわち、「国際的な被収容者の人権に絡む基準はたくさんあるが、基本的にはそれ自身が直接強制力を持たなくても、国際化社会の中では、それらの履行状況がやはり1つの文化的な先進性のメルクマールになる。そういう意味で、もう少し世界の目を我々自身が意識していくべき」であると[32]。法務省部内で、国際的な人権基準をどのように捉えているか興味ある発言である。こうした見解が具体的な文脈において活かされる

---

[32] 福田紀夫法務省官房審議官の発言。「関係諸機関の方々と語る日本行刑」刑政111巻1号（2000年）60頁。また、同時に国際的な批判に対しては、ものの考え方が異なるわが国の実情を紹介し「意識的に反応していく必要がある」との発言も見られることには留意すべきである。むしろ、前段はタテマエであり、後段がホンネではないかとも推量される。

必要がある。

(2) 国内法との同一視論を超えて

わが国の判例のなかには、規約の条項が憲法およびその他の国内法と自動的に同一視する傾向が見られる。たとえば、接見交通権しかりであり、革手錠の違法性が争われた裁判でも判決は、規約第7条および第10条の規定は憲法の規定よりも具体的かつ詳細であると一応認めながらも、その権利・自由の性質、内容および範囲は、憲法が保障する権利・自由の性質と異なるものではなく、その範囲を越えないと述べている。国際人権主義に対する「一国人権主義」的な思考がその背景にある。

はたして、人権規約の内容が憲法の規定よりも具体的・詳細だと認めながらも、続けてその権利は憲法の範囲を越えないというのは、説得的ではないだろう。さらに人権規約に関する主張は「つまるところ監獄法および規則違反の主張に帰着する」などと述べるが、どうして戦後の国際人権思想の金字塔である国際人権規約に基づく立論が、明治41年制定の旧態依然たる監獄法に基づく主張と同一視できるのであろうか。

国際人権法の内容は、その条文が憲法よりも詳細かつ具体的というだけでなく、実施機関による解釈に関する種々の意見などを通じて、事実上の判例法の体系が形成されている。これらを含む国際人権法の内容は、憲法以下の国内法に大きな示唆を含んでいるのである。規約は、実施機関である自由権規約委員会の活動によって、わが国においても依拠すべき豊富な経験を提供している。国際人権法の直接適用が認められる場合には、国内法の枠を超えて国際人権法自体の解釈を追求する必要があるだろう。

(3) 国際人権法の教育と専門家研修

わが国では、各大学の法学部、法学系大学院において国際人権法関連の講座が開講されている例も次第に増えている[33]。また、将来の法曹養成構想の一環として、法科大学院等での実践的な国際人権法の教育を取り入れる必要があ

---

33) 国際人権法の大学院レベルでの教育の実態調査について、日本学術会議国際関係法学研究連絡委員会「大学院における国際関係法に関する研究教育の現状と課題──アンケート調査の報告〈資料〉」国際法外交雑誌96巻2号(1997年)71〜83頁。

る。

　裁判所の対応に目を転じてみると、その消極的姿勢の背景には、やはり国際人権法への無理解があると思われる。国際人権法は、比較的最近定着してきた分野であり、これまでの法曹養成過程ではほとんど考慮されてこなかった領域である。弁護士にとっては、重要であることはことさら強調する必要はないと思われるが、裁判官にとっても重要である。しかし、弁護士が自らの主張を根拠づけるためにあらゆる可能性を求めるのに対して、裁判官は、自らが教育または研修を受けてこなかった法分野に足を踏み入れてその解釈を実践することは確かに冒険的と感ずるのかもしれない。さらに、その領域が、国際条約であれば、なおさらその解釈を行うには消極的な姿勢に終始しようとする職業裁判官が多数だとしても驚くに値しない。そうであるからこそ、自由権規約委員会の98年勧告で指摘していたように、裁判官やその他の法曹関係者を対象とする人権規約に関する研修等の場を通じて理解を深めていく必要がある[34]。

(4)　個人通報制度の受諾

　わが国の場合、自由権規約選択議定書の批准問題が長年の懸案となっている。欧州人権条約の実施などから経験的に見て、国際人権法が国内的にどれほどの影響力を有するかの問題は、直接適用性が認められるか否かなどの規約の国内法制度内での位置づけよりも、個人の国際的請求権を認めているか否かに大きく依存していると思われる。なぜならば、国内の裁判官は、最終的に国際機関において自らの示した人権規約に関する解釈が検討される可能性があると知るならば、国際人権法の解釈をおざなりに済ませることはできないであろうからである。かくして、国内裁判所の段階で規約の効果をもたらすためには、個人の国際的請求権を認めることが大きな役割を果たしている。

　ところが、わが国は自由権規約を1979年に批准して以来、20数年を経て、各種の人権条約を批准してきたが、個人の国際的通報提出権を定める自由権規約選択議定書、女性差別撤廃条約選択議定書、人種差別撤廃条約第14条、拷問等禁止条約第22条のいずれをも批准または受諾していない。これでは、個人の人権問題は、依然として鎖国状態に置かれているのも同様ともいえる。

---

[34]　司法研修所においては、国際人権法に関する研修の機会は一応設けられている。

国際法の大半の教科書では、第2次世界大戦以後の国際（人権）法の発展の著しい傾向に個人の国際法主体性の承認という事実を指摘しているにもかかわらず、実際には、少なくともわが国内ではその記述の実体が存在しない。そうした不自然さに気がつかなければならないであろう。

(5)　独立・公平な国内的人権機関の創設

国内的人権機関の設置は、諸外国でも多く見られるところであり、98年規約人権委員会の勧告でもわが国の現行の人権擁護委員会に代わって、独立かつ公平な第三者機関の設置が求められている。拷問等禁止条約選択議定書（案）でも、監獄および入管収容施設等の拘禁施設に対して事前の許可なく立入調査を行う権限を有する国内の人権機関を設置し、拘禁施設における人権侵害を防止する体制を築こうとしている。

現在、政府が用意している人権擁護法案では、新たな人権擁護委員会を設置することを意図しているが、法務省の外局として位置づけられており、法執行機能を有する法務省という行政機関から独立、公平な機関として位置づけられるか否か疑問がある。わが国も国内人権機関を創設するのであれば、国際的な水準により求められている公権力による人権侵害防止機能と独立の性格が与えられる必要がある。

以上、わが国における国際人権法の現状と課題としてまとめてみた。国際人権法の意義は、第2次世界大戦後の国際社会において築かれてきた揺るぎない共通価値の体系を基盤として成立している。人間の尊厳を基調とする人権の普遍的性質を背景として、諸国の幅広い価値観によって支持される規範内容を具体化しているところにある35)。わが国も、こうした価値観を諸国ともに共有するのであれば、国内の人権問題について、国際人権法を実践していくべきことはあらためていうまでもないのである。

---

35)　国際人権法の普遍性概念については、国家間の価値観の対立により争いのあるところであるが、その基礎的、根元的な価値は揺るぎないものと思われる。詳しくは、北村泰三「国際人権法概念の生成と展開」国際法学会編『日本と国際法の100年』（三省堂、2001年）1～35頁。

第4部

刑事司法における国際人権法の新たな潮流

第1章
刑事司法過程における女性に対する暴力の撤廃

●岡田久美子

【国内法】配偶者からの暴力の防止及び被害者の保護に関する法律、刑訴法、刑法177条
【国際人権法】女子差別撤廃条約、女性に対する暴力の撤廃に関する宣言、犯罪防止および女性に対する暴力の撤廃のための刑事司法対策決議、被拘禁者処遇最低基準規則など

　「女性の人権」に関する20世紀最大の成果は、女子差別撤廃条約の制定にあるとされ、1979年、第34会期国連総会において採択されたこの条約は、「世界女性の憲法」にふさわしいという[1]。しかし、この条約に「女性に対する暴力」に関する直接の規定はない。女性に対する暴力が世界的に注目され、差別の一形態であると位置づけられ、その定義が設けられるまでには、条約の採択から10数年を要した。

　1990年代半ば以降、女性に対する暴力は重大問題領域のひとつとして位置づけられ、国連において頻繁に取り上げられるようになる。家庭・一般社会・国家という具体的な領域における女性に対する暴力が検討され、その撤廃に向けた措置が国際文書の中で提示された。本稿ではまず、その過程を概観し、刑事司法が取り組むべき課題を抽出する。次に、この動きを受けて日本政府がどのような指針を打ち出したか、日本の刑事司法過程における女性の実状を見たとき、今後の課題は何かを検討していく。

1　国連の取組み

(1)　女性に対する差別と暴力

(a)　女性に対する暴力への注目
　女性に対する暴力が世界的に注目されるようになったのは、1985年にナイ

---

[1]　山下泰子「国際人権保障における『女性の人権』——フェミニズム国際法学の視座」国際法学会編『日本と国際法の100年 第4巻 人権』(三省堂、2001年)68頁。

ロビで開催された第3回世界女性会議において、ダウリ殺人、女性性器の切除など、世界のさまざまな地域で女性の直面している現実が報告されて以降である。この会議で採択された「西暦2000年に向けた女性の地位向上のための将来戦略」は、女性に対する暴力があらゆる社会の日常生活のなかにさまざまなかたちで存在しているとし、女性に対する暴力行為を防ぎ、女性の犠牲者を救済する法的措置を設定すべきであるとした。ただし、この時点では、女性に対する暴力が人権侵害にあたるという明確な位置づけにはなっていなかったという[2]。

女子差別撤廃条約加盟国の義務の履行状況を審査する女子差別撤廃委員会が、女性に対する暴力に着目した勧告を出したのは、1989年である。一般的勧告第12[3]において、締約国は、日常生活におけるあらゆる種類の暴力から女性を保護するための現行法制等についての情報を、委員会への定期報告書に記載することを勧告された。

1991年には、男女の平等な権利の実現に向け活動をする女性の地位委員会の働きかけにより、経済社会理事会が、女性に対する暴力を扱う専門家会議の開催、国際文書の枠組みの発展等を勧告する決議を採択した。これにより、女性に対する暴力に関する専門家会議が開催され、「女性に対する暴力に関する宣言案」が起草されることとなる。

(b) 差別の一形態としての女性に対する暴力

女性に対する暴力が差別の一形態であると位置づけられたのは、1992年の女子差別撤廃委員会による一般的勧告第19[4]においてである。この勧告は、人権および基本的自由を女性が享受することを害し、または無効にするジェンダーに基づく暴力が、女子差別撤廃条約にいう差別にあたるものであるとした。条約の特定の条項に関するコメントも付され、たとえば家族による暴力については、これを撤廃するため、必要な場合には刑事罰を科す、加害者のための社会復帰プログラムを整備するなどの措置が必要とされている。

1993年3月には、1991年に起草された「女性に対する暴力に関する宣言案」が女性の地位委員会によって採択され、経済社会理事会を経て総会に送付

---

2) 山下・前掲注1)81頁。
3) General Recommendation No.12 (8th session, 1989) violence against women.
4) General Recommendation No.19 (11th session, 1992) violence against women.

されることになる。1993年6月に世界人権会議において採択された「ウィーン宣言および行動計画」[5]では、公的および私的な生活における女性に対する暴力や、司法の運営におけるジェンダーバイアスなどの撤廃に向かって努力することの重要性が強調されるとともに、「女性に対する暴力に関する宣言案」の採択が、総会に対して求められた。そして同年12月、第48会期国連総会において「女性に対する暴力の撤廃に関する宣言」（以下、女性に対する暴力撤廃宣言）[6]が採択されることになる。

(c) 「女性に対する暴力」の定義

女性に対する暴力撤廃宣言では、前文において、女性に対する暴力が、人権を侵害し、基本的自由の享受を害し、または無効にすることの確認、男女間の歴史的に不平等な力関係を明示するものであることの承認がなされ、第1条にその定義が設けられている。すなわち、「女性に対する暴力」とは、ジェンダーに基づく暴力行為であって、女性に対して身体的、性的、精神的損害を加え、もしくは苦痛を受けさせ（これらの行為の威嚇も含む）、自由の強制的もしくは恣意的な剥奪をする、またはそのようなおそれのあるものであり、公的生活で起こるか私的生活で起こるかを問わない。第2条においては、家庭・一般社会で生じる暴力、国家による暴力などが「女性に対する暴力」に含まれるとしている。

この宣言が採択されて以降、国連の動きはめざましい。人権委員会は1994年、「女性に対する暴力、その原因と結果に関する特別報告者」に、ラディカ・クマラスワミを3年間の任期で任命した。クマラスワミは、具体的な領域における女性に対する暴力についての報告書（以下、クマラスワミ報告書）をまとめ、人権委員会に次々と提出した。人権委員会はそれを歓迎し、複数回にわたって「女性に対する暴力の撤廃」決議を採択した。その間、1995年には犯罪防止会議、世界女性会議において、1996年には経済社会理事会において、女性に対する暴力の撤廃に関する決議が採択された。

「女性に対する暴力」が定義され、具体的な領域における問題が検討されるなかで、刑事司法過程における女性に対する暴力は、どのように捉えられるのだろうか。女性に対する暴力撤廃宣言以降の文書から、この点を抽出した後、

---

5) A/CONF.157/23, 12 July 1993.
6) A/RES/48/104, 20 December 1993.

とくに刑事司法領域における女性に対する暴力を取り上げた1997年の国連総会決議を確認することにする。

(2) 女性に対する暴力と刑事司法
(a) 女性に対する暴力撤廃宣言
　女性に対する暴力撤廃宣言は、第4条で国家に求められる事項を掲げており、そこには刑事司法に関わるものも含まれている。すなわち、暴力の防止・調査・国内法に従った処罰の努力をすること。暴力を受けた女性に対してもたらされた権利侵害を処罰し、補償するため、国内法における刑事上その他の制裁を発展させること。女性がジェンダーの考慮に敏感でない法律、執行実務などのゆえに再び被害にあうことがないようにすること。法執行官、そして女性に対する暴力を防止し、調査し、処罰する政策を実施する責任のある公務員が、女性のニーズに敏感になるための訓練を受けるようにする措置をとること。
　また、この宣言の前文では、いくつかのグループの女性がとくに暴力を受けやすいことが憂慮されており、その一例として、施設にいるまたは拘禁されている女性が挙げられる。そして第4条の国家に求められる事項のひとつとして、とくに暴力を受けやすい女性に対する暴力の撤廃に向けた措置をとることが含まれている。
(b) クマラスワミ報告書と人権委員会決議
　「女性に対する暴力、その原因と結果に関する特別報告者」となったクマラスワミは、1995年に予備報告書を人権委員会に提出し、同年3月の人権委員会決議[7]において歓迎された。この決議は、女性に対する暴力撤廃宣言に従って、家庭や一般社会で生じ、また国家によってなされるジェンダーに基づく暴力の撤廃を求めており、政府の義務として、女性に対する暴力に従事することを禁じ、女性に対する暴力行為の防止・調査・国内法に従った処罰をすることを強調した。各国には、法執行官および公務員を女性に対する暴力の問題に関して教育し、敏感にさせること、暴力の被害女性がジェンダーに敏感でない法律または司法もしくは執行実務のゆえに再び被害にあうことがないようにする戦略を展開することが求められた。

---

7) CHR/RES/1995/85, 8 March 1995.

その後のクマラスワミ報告書は、女性に対する暴力撤廃宣言の定義が採用した体系に従い、テーマ別にまとめられている。すなわち、家庭における暴力、共同体における暴力、国家による暴力である[8]。

　1996年のクマラスワミ報告書は、家庭における暴力を分析するなかで、次のようにいう。女性に対する暴力一般、そしてとくにドメスティック・バイオレンスは、女性を抑圧する社会の本質的要素であり、人権侵害である。政府には、人権侵害の実行をやめさせる義務があるだけではなく、差別をなくし人権侵害を予防し、それに対応する義務がある、と。ある者の人権を奪おうとする私的行為者からの保護を怠る国家は、行為者と共犯関係にあること、すなわち、国家が家庭における虐待の予防と処罰のために適切な注意とそれにふさわしい保護を実行しない場合、公務員による拷問等と同様に、少なくとも国家の暗黙のうちの関与があることが、鋭く指摘されている。

　各国には、次のような勧告がなされている。ドメスティック・バイオレンスに関する立法を行うこと。女性に対する暴力に関する警察の権限について文書で定義し、警察に対する訓練を提供すること。被害者の別居要求を実行するための国家による保護の仕組み、すなわち、保護命令を実行すること。

　この報告書が歓迎され、分析が賞賛された1996年の人権委員会決議[9]では、次の措置が各国に求められた。あらゆる形態の暴力を受けた女性に対してなされた権利侵害を処罰し、補償するため、国内法において刑事上その他の制裁を設け、あるいは強化すること。司法職員、法律家、警察官などに対する訓練プログラムを作るなどして、女性に対する暴力に通じる権力の濫用を避け、これらの者がジェンダーに基づく暴力の行使と威嚇の性質について敏感になり、被害女性に対する公正な扱いが確保されるようにすること。女性に対する暴力の加害者に対する立法を行い、強化すること。

　1997年には、共同体における暴力を分析したクマラスワミ報告書が提出された。女性に対する暴力と闘う長期政策を成功させるためには、立法や刑事司法を充実させる措置が重要であるとされ、強姦および女性に対する性暴力が

---

8) 以下、クマラスワミ報告書の内容については、ラディカ・クマラスワミ著／クマラスワミ報告書研究会訳『女性に対する暴力――国連人権委員会特別報告書』(明石書店、2000年)による。
9) CHR/RES/1996/49, 19 April 1996.

検討されている。そこではまず、強姦罪規定のあり方が問われ、同意が強姦と性交を分ける法的基準として定義されているところ、暴力的要素に注目する法律は、多くの被害者の認識に合わないことが指摘された。裁判については、被害者の話に補強証拠を求め、被害者の性体験に関する屈辱的な反対尋問を認めることが非難された。

　各国には、次の点が勧告されている。刑法において、性暴力全体をカバーする定義を設け、被害者の「同意」と結びついた問題を捉えること。ジェンダーの視点で証拠規則を評価し、法律が女性に対する差別となることが判明した場合には、証拠規則を見直すこと。捜査や訴追の期間に強姦被害者のアイデンティティとプライバシーを保護する法的機構を用意すること。警察や裁判のすべてのレベルで、ジェンダーに敏感であるよう、警察官の訓練過程でそのようなプログラムを義務とし、裁判官のための法学教育セミナーやワークショップを続けること。

　人権委員会は、1997年の決議[10]でこの報告書を歓迎してその分析内容を賞賛し、各国に対し、その勧告を実施するための措置を講じることを求めた。この決議において、クマラスワミの特別報告者としての任期が更新され、1998年には、国家による暴力に関する報告書が提出された。

　この中で、女性に対する拘禁暴力が取り上げられている。クマラスワミ報告書は、刑事裁判ないしは刑事裁判に準ずる警察などが行う刑事施設収容に注目し、これらが、国家によって犯されたり、容認される女性に対する暴力の場所となっているとする。多くの場合、拘禁暴力は性別に関係するものではないものの、女性に対する拘禁暴力において、最も特徴的な要素は性的拷問であるとして、各国の事例が紹介される。男女の分離収容を定め、女性被拘禁者に男性看守をつけることを禁じる被拘禁者処遇最低基準規則の完全履行が、各国にまず勧告される。その他、次の点が勧告されている。

　予防拘禁制度を廃止すること。拘禁暴力を補償する機構を設置し、加害者を拘束すること。警察官・看守がジェンダーに敏感になるための訓練を実施すること。逮捕・拘禁にあたり、女性に対して直ちに弁護士等をつけること。

　これを受けた人権委員会は、1998年の決議[11]においてクマラスワミ報告書

---

10) CHR/RES/1997/44, 11 April 1997.
11) CHR/RES/1998/52, 17 April 1998.

の勧告を強調し、各国に対して次の点を求めている。女性に対する暴力に関係する国際人権規範および文書を承認し、実施する積極的活動、および被拘禁者処遇最低基準規則を遵守する積極的活動を行うこと。職務遂行の過程で女性に対する暴力行為に従事する警察、保安部隊、その他の公務員を処罰する法律を必要な場合には採択し、既存の法律を強化すること。また、この決議においては、後述する1997年の国連総会決議が歓迎されている。

(c) 犯罪防止会議、世界女性会議、経済社会理事会における決議

クマラスワミ報告書が次々と提出されていた頃、「女性に対する暴力」をめぐっていくつもの決議が採択されている。1995年4月の第9回犯罪防止会議における「女性に対する暴力の撤廃」決議12)では、次の点が、各国に求められた。女性に対する暴力を法律で禁止し、被害女性の安全と公正な扱いが確保される政策等をとること。拘禁されている女性に対する暴力を撤廃するため、適切な措置を講じること。裁判において被害女性等の見解が考慮される対策を講じること。裁判官等の司法官が女性に対する暴力に関する問題に敏感になるよう研修等の活動を促進すること。

ここでは、ドメスティック・バイオレンスに重きが置かれ、国連から英語で出版されている『ドメスティック・バイオレンスに対する戦略 資源マニュアル』13)を、国連のその他の公用語で出版することが要請されている。

同年9月には、第4回世界女性会議が北京で開催された。ここに参加した政府は、「北京宣言および行動綱領」14)において、女性に対するあらゆる形態の暴力の阻止・撤廃を決意し、戦略的行動をとるよう要請された。とるべき行動として列挙されるものの多くは、前述の人権委員会諸決議に含まれている。すなわち、女性に対する暴力の禁止、その防止・調査・国内法に従った処罰、法執行官・警察官等の理解を増すための措置、ジェンダーに敏感でない法律や実務による再被害防止戦略、訓練プログラムを通じた司法関係者の権力濫用の回避と敏感さの修得、それによる被害女性に対する公正な扱いの確保、職務遂行

---

12) 吉峯康博法律事務所仮訳「女性に対する暴力の廃絶決議」自由と正義46巻7号(1995年)87〜89頁。
13) United Nations, Strategies for Confronting Domestic Violence: A Resource Manual, 1993. ドメスティック・バイオレンスへの総合的な対策についてまとめられた手引書であり、警察や訴追機関のとるべき措置について、多くの示唆が含まれている。
14) A/CONF.177/20, 15 September 1995.

の過程で女性に対する暴力行為に従事する警察官等の処罰である。その他、暴力の被害女性が、安全で秘密を守られる環境で通報・告訴できるよう、制度的な仕組みを設け、強化することが挙げられる。

　1996年7月、経済社会理事会が採択した「女性に対する暴力の撤廃」決議15)は、加盟国に対して、次のことを推奨している。法律および法原則、手続、刑事事件に関する政策および実務を再検討して、それらが女性に対する否定的な影響を及ぼすものかどうかを見定め、もしそうであれば、女性が刑事司法制度によって公正に扱われることを確保するよう、それらを修正すること。公的なものであれ私的なものであれ、女性に対する暴力行為が刑事事件であると認められることを確保する手段をとること。性犯罪を行った責任あるすべての者を調査して処罰し、行為者を司法のもとに連れてくる機構を強化すること。

(d)　国連総会決議

　このように女性に対する暴力の撤廃が要請されるなか、1997年12月の第52会期国連総会で「犯罪防止および女性に対する暴力の撤廃のための刑事司法対策」16)が採択された。

　この決議は、女性に対する暴力撤廃宣言、北京宣言および行動綱領、1997年人権委員会決議とそこで強調されたクマラスワミ報告書勧告、1996年経済社会理事会決議などを想起しつつ、加盟国に対し、法律および法原則、手続、刑事事件に関する政策および実務が女性に対して否定的な影響を及ぼすのであれば修正し、女性が刑事司法制度において公正に扱われることを推奨した。刑事司法領域における政策およびプログラムの展開・実施にジェンダーの視点を組み入れ、諸決定がなされる前に、そこにジェンダーバイアスが含まれていないことを確保する分析がなされることも、併せて推奨した。

　この決議には、「犯罪防止および刑事司法領域における女性に対する暴力の撤廃に関するモデル戦略および実務対策」と題する文書が付されており、この付属文書は、各国政府が刑事司法制度において女性に対する暴力に取り組むにあたり、ガイドラインのモデルとして利用すべきであるとされた。

　付属文書においては、女性に対する暴力に関連するすべての政策およびプ

---

15)　E/RES/1996/12, 23 July 1996.
16)　A/RES/52/86, 12 December 1997.

ログラムの中心にジェンダーの視点を据える必要性が確認された後、刑事司法の具体的領域において推奨される取組みが挙げられる。刑法については、たとえば、定期的に見直し・改正などを行うことにより、女性に対する暴力を撤廃するにあたっての実効性を確保し、この暴力を許すような規定を削除することである。

　刑事手続の領域においては、次のようなことを確保することが推奨される。暴力を受けた女性が裁判において証言する際の措置が、証言を促し、プライバシーを守るのに役立つものであること。抗弁に関する規則・原則が、女性を差別しないこと。女性に対する暴力事例において、保護命令等を発し、命令違反に対しては制裁を科す権限を裁判所が持つこと。身柄拘束を言い渡したり、釈放を認めたりするときには、安全面でのリスクを考慮すること。

　警察にあってはまず、女性に対する暴力行為のうち犯罪を構成するものがすべて、刑事司法制度によってそれと認められ、相応に対応されるように、適用可能な法規定等が一貫して発動されることが推奨される。その他、暴力を受けた女性の品位を傷つけない捜査技術の発展、被害者らの安全へのニーズの考慮、事件への迅速な対応等が挙げられる。

　量刑と改善においては、女性に対する暴力行為の責任を加害者に問うことはもちろん、被害者の安全が加害者のプライバシー侵害を凌駕する場合には、暴力を受ける女性が加害者の拘禁または施設収容からの釈放について知らされること等が推奨される。またここでは、拘禁された女性に対する暴力を撤廃するための適切な手段の確保も、言及されている。

　被害者支援と援助をめぐっては、暴力を受けた女性のニーズにアクセスでき、敏感である裁判所の機構や手続等が、司法職員等の訓練をめぐっては、女性に対する暴力の問題への適切な対応を促すジェンダーに敏感な義務的訓練基準等が求められている。

　以上の付属文書の推奨する取組みについては、すでに実施している国もあり、その具体例が盛り込まれた資源マニュアルが、1999年3月に刑事法改革および刑事司法政策国際センターから出されている[17]。

---

17) International Centre for Criminal Law Reform and Criminal Justice Policy, Model Strategies and Practical Measures On The Elimination of Violence Against Women In The Field of Crime Prevention and Criminal Justice: Resource Manual, 1999.

(3) 小括

　1993年に女性に対する暴力撤廃宣言が採択されて以降、「女性に対する暴力」が定義され、重大問題領域のひとつに位置づけられ、その撤廃に向けた具体的措置についての言及が繰り返されてきた。いずれの決議文書も、暴力が人権を侵害するものであり、男女間の力関係、ひいては社会構造に起因することを明示する女性に対する暴力撤廃宣言を想起している。そして、女性に対する暴力に取り組むにあたってジェンダーの視点が不可欠であるとする。

　具体的な問題として家庭における暴力、性暴力などが取り上げられ、それにどう対応するかが問題とされてきた。加害者を処罰しないなど、国家の不作為自体が、国家による女性に対する暴力を構成するものである点が指摘され、加害者に対する厳正な処罰はもちろんのこと、刑事司法過程において被害者を再び被害にあわせることの防止と公正な扱い、そのための司法関係者の訓練などが、各国に求められた。決議文書の要請を実施するにあたり、家庭における暴力については、ドメスティック・バイオレンスに関する資源マニュアルの活用が奨励され、性犯罪をめぐっては、クマラスワミ報告書勧告の実施が求められた。国連総会決議付属文書では、刑事司法領域における女性に対する暴力を撤廃するため、各国に対する要請がより詳細になる。そしてこれを実施するにあたり、国連の公式文書ではないものの、資源マニュアルも出版された。犯罪の被害女性に対して刑事司法のとるべき対応は、次第に具体化し、モデルも提示されているといえよう。

　しかし、犯罪の加害者として刑事手続にのった女性が受ける暴力についてはどうだろうか。女性に対する暴力撤廃宣言は、その前文でいくつかのグループの女性がとくに暴力の被害を受けやすいことを指摘し、その一例として施設にいるまたは拘禁されている女性を挙げ、暴力の撤廃に向けた措置をとることを、各国に対して求めた。犯罪防止会議決議、国連総会決議付属文書も、拘禁されている女性に対する暴力の撤廃を求めてはいるものの、具体的な措置は示されない。北京宣言および行動綱領については、職務遂行過程で暴力に従事した警察官等を処罰するという事後的対応策には言及するが、防止策を示してはいない。

　女性に対する拘禁暴力の性質および実態を踏まえ、それが性的拷問を特徴

的要素とする点に言及したのは、クマラスワミ報告書が唯一であり、防止措置に触れるのもまた、クマラスワミ報告書勧告とこれを受けた1998年人権委員会決議である。これらは、被拘禁者処遇最低基準規則の完全履行、とくに性暴力を防止するため、同規則第53条を遵守することを求めるものである。拘禁暴力が性的拷問を特徴的要素とするのであれば、この暴力を受ける女性は、自由を奪われ、人権を制約される被拘禁者であることに加え、性暴力の被害女性であることになる。拘禁されている女性に対する暴力の撤廃は、取り組むべき最重要課題とされるべきであろう。

では、これら国際的な動きのなかで、日本はどのような指針を打ち出したのか。男女共同参画社会の形成のなかで女性に対する暴力と刑事司法の問題がどう捉えられているかを、まず確認していく。

2 日本における取組み

(1) 男女共同参画社会の形成と女性に対する暴力

1994年、内閣総理大臣の諮問機関である男女共同参画審議会(以下、審議会)は、「男女共同参画社会の形成に向けて21世紀を展望した総合的ビジョン」について諮問を受け、2年間にわたる審議の結果、1996年7月に「男女共同参画ビジョン」を答申した。この答申は、男女共同参画社会の実現に向け、人権の確立、ジェンダーに敏感な視点の定着と深化等を目標とし、性別にとらわれずに生きる権利を推進・擁護する取組みの強化を、課題のひとつに掲げている。そのために女性に対する暴力を撤廃する取組みが必要であるとし、女性に対する暴力撤廃宣言の定義や第4回世界女性会議における要請に言及しつつ、次のような具体的事項を提示する。

あらゆる形態の女性に対する暴力について、女性の人権を保障する視点からの対処をするため、性犯罪については、必要な場合には処罰規定の見直しや新たな法的措置などを講ずること。女性に対する暴力に係る事案の取調べ、訴追、裁判等に携わる者を対象とした、女性の人権擁護の視点からの研修の充実、被害者への対応に関する規範等を定めたガイドラインの作成等をすること。専門の担当職員や女性職員の配置・訓練等により、被害を受けた女性がその被害を訴えやすい環境を整備すること。

同年12月には、北京宣言および行動綱領、男女共同参画ビジョンを受け、「男女共同参画2000年プラン――男女共同参画社会の形成の促進に関する平成12年（西暦2000年）度までの国内行動計画」が、男女共同参画推進本部によって策定された。女性の人権が推進・擁護される社会の形成という目標のもと、女性に対するあらゆる暴力の根絶が重点事項のひとつとされ、施策の基本的方向と具体的施策が提示される。たとえば、被害女性に対する救済策を充実させる方向において、警察・検察による事情聴取が被害女性の精神状態に配慮したものであること、公判段階において証言しやすい環境を整備し、不適切な質問に対する異議申立等を行うことが挙げられる。

　1997年6月には、内閣総理大臣が「男女共同参画社会の実現を疎外する売買春その他の女性に対する暴力に関し、国民意識の変化や国際化の進展等に伴う状況の変化に的確に対応するための基本的方策」について審議会に諮問し、審議会は、1999年5月に「女性に対する暴力のない社会を目指して」を答申した。

　この答申は、1985年以降の国際的な動向と国内の状況を概観した後、女性に対する暴力の背景、潜在化理由、関連問題を考察し、日本における対応の問題点と当面の取組み課題を提示した。審議会はその後も調査審議を進め、この答申で取り上げきれなかった課題を、2000年7月の答申「女性に対する暴力に関する基本的方策について」でまとめている。ここでは、女性に対する暴力への今後の取組みとして、対応する関係者が女性に対する暴力の特性を理解するための研修等が重要であるとする。とくに対応を迫られている暴力の形態として、夫・パートナーからの暴力、性犯罪が大きく取り上げられている。夫・パートナーからの暴力に適切に対応するため、加害者の検挙その他の適切な措置をとること、接近禁止の仮処分等を活用することなどが挙げられる。

　性犯罪についてはまず、強姦罪の成立要件について言及がなされる。「被害者の意に反すること」で罪が成立すべきであるとの見解に対して、被害者の意思に反するような事例は、概ね暴行または脅迫の認定が可能であるとし、暴行・脅迫の有無は、女性に対する暴力が社会的・構造的な問題であることを十分に理解したうえで認定されるべきであるとする。犯罪者の釈放に関する情報については、加害者の更生等に配慮しつつ、知りたいとの被害者の立場を考慮した検討を必要としている。

審議会がこの答申のための審議を重ねている間にも、新たな諮問「男女共同参画社会基本法を踏まえた男女共同参画社会の形成の促進に関する施策の基本的な方向について」が1999年8月に出され、これに対して審議会は、2000年9月に「男女共同参画基本計画策定にあたっての基本的な考え方──21世紀の最重要課題」を答申した。個人の尊厳を重んじる視点から取り組む必要がある課題のひとつに、女性に対する暴力が位置づけられ、性犯罪について、加害者の厳正な処罰、女性に対する暴力が社会的・構造的な問題であることを十分に理解しての事実認定、精神的負担軽減への努力、釈放情報を知らせることの検討等が挙げられている。

　2000年12月には、「男女共同参画基本計画について」が閣議決定され、女性に対するあらゆる暴力を根絶するための施策の基本的方向と具体的施策が提示された。女性に対する暴力を根絶する基盤を作るため、たとえば、被害者からの事情聴取に直接に携わる警察官・検察職員について、被害者の心情や精神状態に十分に配慮した対応を確保するため、研修を充実する体制の整備が挙げられる。ドメスティック・バイオレンスについては、女性警察職員を主に担当者とする「女性に対する暴力」対策係の各警察署への設置、加害者への厳正な対処が、性犯罪については、指定被害者支援要員制度の効果的運用、女性警察官の配置・活用、被害者の心情に配慮した事情聴取、犯罪者の釈放情報の通知についての検討が提示される。

　これら審議会答申、男女共同参画2000年プラン、閣議決定は、犯罪の被害者として刑事司法過程に現れた女性に対する暴力の撤廃について言及する。しかし、犯罪の加害者である（と疑われた）女性に対する暴力については、触れられていない。

(2) 刑事司法過程における女性の実状

　国際的な影響を受け、男女共同参画社会の形成に関する諮問と答申が繰り返されていた1999年、男女共同参画社会基本法が公布・施行された。この法律は、男女の人権が尊重されることを旨として、男女共同参画社会の形成をめざすものである。女性に対する暴力を撤廃して人権を確立することで、この法律の目的が達成され、国際的な要請も果たされる。

　では、前述の審議会答申をはじめとする国内文書にいう取組むべき課題、施

策の基本的方向と具体的施策は、刑事司法過程における女性の実状に照らしたとき、女性に対する暴力を撤廃するのに有効なものであり、国際文書の要請に合致するものであろうか。女性に対する暴力の典型であり、国際文書でも重きが置かれてきたドメスティック・バイオレンスと性犯罪をめぐり、検討する。

ドメスティック・バイオレンスについては、2001年4月に成立した配偶者からの暴力の防止及び被害者の保護に関する法律によって、保護命令の制度が設けられ、命令違反者を処罰することができるようになった。これは、クマラスワミ報告書勧告および国連総会決議付属文書の求めた制度である。この法律が同年10月に施行されてから2002年1月末までの間、警察に寄せられた被害相談は4,841件、裁判所の出した保護命令が185件、命令違反による逮捕者が5名であるという[18]。

この法律には、憲法第14条との関係から、性に中立な条文が置かれた[19]。ただし、ドメスティック・バイオレンスが社会構造に起因するものであり、女性に対する暴力の重要な部分を占め、女性の人権を著しく侵害するものであることが、前文に謳われる。このようなジェンダーの視点が据えられたのは、この法律が女性に対する暴力への取組みのなかで、女性の人権の観点から制定されたためであろう。

問題は、その制度を被害者が活用できるかどうかである。この法律が制定される以前も、暴行・傷害罪等に該当するドメスティック・バイオレンスには刑事司法が介入できたはずのところ、「民事不介入」を盾にした対応がとられてきた。クマラスワミ報告書にいう、国家・刑事司法による暴力への暗黙の関与があったといえる。そこには、ドメスティック・バイオレンスは私的な問題である、被害者に責任があるという関係司法職員の認識があった。その認識が、ドメスティック・バイオレンスは重大な人権侵害行為であり、犯罪であるという認識へと転換されることで、制度が有効に機能し始める。国連諸決議の求めるジェンダーに敏感であるための教育・訓練が十分になされ、適切な対応がとられることで、女性に対する暴力への国家・刑事司法による関与はなくなり、

---

[18]　2002年2月21日付読売新聞夕刊。
[19]　ドメスティック・バイオレンスについては、圧倒的多数の被害者が女性、加害者が男性であるにしても、女性に対する暴力防止法を制定することで、男性のみが保護命令を受け、命令違反のゆえに刑事罰を受けることになるならば、法の下の平等に反するからである。

人権の確立へとつながるであろう。

　性犯罪については、1996年以降、都道府県警察本部に性犯罪捜査を担当する係が設置され、女性警察官が配置されるようになった。犯罪被害者への支援が打ち出され[20]、とくに性犯罪捜査の改革が課題とされたためである。しかし、被害者が警察に出向き、最初に接触する警察官が性犯罪に関する研修を受けているとは限らず、問題の性質に敏感でない警察官の対応から、被害者が再び被害にあうこともある。いまなお、性犯罪被害者の事情聴取における無配慮な質問など、対応の不適切さが問題となっている[21]。閣議決定にあるように、事情聴取に直接に携わる職員に対する研修だけでなく、ジェンダーに敏感な職員の養成と拡充、各警察署への配置が望まれよう。

　公判段階では、被害者が証言の際に被告人と対峙すること、また人目にさらされて好奇と憐憫を浴びることなどから、著しい精神的苦痛を受け、再び被害にあうことが指摘されてきた。2000年、刑事司法手続において等閑に付されてきた犯罪被害者に注目が集まり、その心情への配慮がなされるなかで、証言の際の保護規定が設けられるなど、刑事訴訟法の一部が改正された。クマラスワミ報告書勧告や国連総会決議付属文書の求める公判段階での被害者保護が、法制度上は整備されつつある。

　しかし、被告人の弁護士による落ち度の指摘は依然として存在し、被害者の性体験が問われることもある[22]。この点につき男女共同参画2000年プランでは、不適切な質問に対する異議申立が必要であるとする。しかし、落ち度を指摘され、性体験を詮索されること自体が、被害女性にとっては著しい精神的苦痛を加えられること、すなわち、暴力を受けることに相当する。そのような尋問そのものが暴力であるとするならば、それに対して異議申立がなされたところで、暴力を事後的に制止するにすぎない。必要なのは、これを事前に防止

---

20)　1996年の被害者対策要綱には、犯罪被害者への配慮が定められており、その後も1999年に犯罪捜査規範が一部改正されている。
21)　たとえば、板谷利加子『御直披』(角川書店、1998年)は、強姦被害者と性犯罪捜査係の女性警察官との手紙の往復を収めるが、その中で被害者が最初に接触した警察官の対応が記されている。
22)　たとえば、http://www.ryukyushimpo.co.jp/news01/2001/2001_10/011023e.html(2001年10月23日付琉球新報)によると、2001年6月に沖縄県北谷町で発生した米兵強姦被告事件公判の証人尋問において、性体験等が問われている。

することであろう。被害者の性体験を法廷で持ち出すことを厳しく制限するなど、クマラスワミ報告書勧告のいうように、証拠規則の見直しが必要となろう。現状に対して国家が何もしないのであれば、適切な注意を実行しないことによる暴力への関与であろう。

　この勧告の中には、証拠規則を見直すことに加え、裁判官を教育することが含まれている。裁判官もまた、被害者の落ち度や貞操観念の欠如を指摘するなど、ジェンダーに囚われている[23]。2000年9月審議会答申のいうように、女性に対する暴力が社会的・構造的な問題であることを十分に理解しての事実認定が必要であるならば、これらジェンダーバイアスによって性暴力の事実が矮小化され、あるいは打ち消されないことこそが必要である。司法の運営におけるジェンダーバイアスの撤廃は、国際的にはすでに1993年、ウィーン宣言および行動計画において求められている。その他の国連諸決議にもあるように、警察官に対する教育・訓練や、法制度上の改革のみならず、法曹の意識改革が求められるであろう。

　性犯罪被害者は、犯罪被害者のなかでもとくに、加害者が自由刑に付されたとき、加害者と接することや報復を恐れ、その釈放時期や居住地に関する情報を望む。国連総会決議付属文書は、加害者のプライバシーを考慮してもなお、被害者の安全に重きがある場合には、加害者の釈放について知らせることを推奨する。2000年7月および9月の審議会答申においても検討課題とされていた釈放情報の通知制度は、2001年10月から全国の検察庁で実施された。5カ月間で利用申込者が192名、うち12名を性犯罪被害者が占める。出所予定日は41名に通知され、居住地については、被害者が転居などの対応をとる必要があり、やむをえない場合に相当する6名に対して通知がなされたという[24]。

　では、加害者である(と疑われた)女性の実状はどうであろうか。加害者として刑事手続にのり、拘禁された者が、自由剥奪以外の人権の制約、著しい苦痛を強いられていることは、数多く報告されている[25]。これらの者が暴力・拷

---

23) 東京地判平6(1994)・12・16(判例時報1562号141頁)における裁判官の氏名からすると、ジェンダーバイアスは必ずしも男性のみが持つものではないことがわかるであろう。
24) 2002年5月20日付毎日新聞夕刊。
25) ヒューマン・ライツ・ウォッチ／アジア、ヒューマン・ライツ・ウォッチ・プリズン・プロジェクト著／刑事立法研究会訳『監獄における人権／日本1995』(現代人文社、1995年)など。

問を受けやすいこと、そして女性に対する暴力が社会一般に蔓延していることからすれば、拘禁された女性がとくにその対象となることは想像に難くない。たとえば、1988年に静岡県警三島署留置場で起こった警察官による強姦事件は、その顕著な例である26)。この数年の報道にも、警察官による被拘禁女性に対する性暴力事例が散見される27)。

　国家が直接に関与する場でこれらの性暴力が生じる原因は、留置場の構造そのものにある。被拘禁者の圧倒的多数を男性が占めている区画で、男性の警察官が被拘禁女性を管理・監視することが現に行われているため、性暴力は必然の結果であるということもできよう。また、拘禁施設という閉鎖された空間での人権侵害行為も、女性に対する暴力も、表に出づらいことからすれば、その両者を兼ね備えた被拘禁女性に対する暴力は、まさに潜在化していると予測される。

　刑務所においては、未決拘禁施設におけるような性暴力は報告されていないが、ジェンダーが日常的に再生産されていることが指摘されている28)。その過程で女性がいかなる精神的損害・苦痛を受けているのか、実態はつかみづらい。

(3)　今後の課題

　以上に見てきたように、犯罪の被害者としての女性に対する暴力を撤廃するにあたっては、法制度上の整備はなされつつある。その制度が有効に機能するため、なによりも関係司法職員に対する十分な教育・訓練の実施が求められるであろう。

　性犯罪をめぐっては、規定のあり方に疑問が残る。2000年7月審議会答申は、強姦罪の成立要件である暴行・脅迫について、被害者の意思に反するような事例では、概ねその認定が可能であるとする。しかし、これは刑事裁判の俎

---

26)　手塚千砂子編著『留置場 女たちの告発』(三一書房、1989年)には、留置場に拘禁された女性の体験が記されている。
27)　2000年4月27日付毎日新聞朝刊、2000年10月27日付読売新聞夕刊、2002年1月24日付毎日新聞夕刊において、それぞれ神奈川県警加賀町署、千葉県警船橋東署、神奈川県警泉署における事件が報じられている。
28)　福田雅章、岡田久美子「塀の中の女性の人権——女性被収容者の処遇」刑事立法研究会編『入門・監獄改革』日本評論社、1996年)106～110頁。

上に乗った事例、あるいは警察に届出がされた事例のみに着目した言であろう。現実には、屋内で顔見知りから意思に反する性的行為がなされ、性的自由が侵害される事例が多い。その場合には被害者の驚愕ゆえに、あるいは行為者との社会的力関係のゆえに、強い拒絶がみられず、暴行・脅迫も伴わない[29]。

　現行規定ではこのような事例をカバーできず、性的自由を侵害された被害者の一部のみが保護されるにすぎない。暴行・脅迫を受けずに性的自由を侵害された者が保護されないのであれば、性暴力被害を受けた女性の多くを刑事司法の枠外に置くことで、国家が性暴力を容認することにもなろう。暴行・脅迫を強姦罪の成立要件とする規定そのものを見直し、改正することは、国連総会決議付属文書にいう女性に対する暴力を許す規定を削除することでもある。そして新たに、クマラスワミ報告書の勧告する性暴力全体をカバーする定義を設けることが必要であろう。そのうえで、公判において被害者の性体験に関する尋問が許される例外的場合を明確かつ厳格に要件化するなど、証拠規則の見直しを図ること、裁判官の意識を啓発して、実務を改善していくことが求められよう。

　加害者である（と疑われた）女性に対する暴力には、早急に取り組むべきであろう。男女共同参画社会の形成のなかでは触れられていないが、身柄を拘束された者も、剥奪が正当化される自由以外の人権を享受し、尊重されつつ生きることがめざされる。身柄を拘束された女性が不当な人権の制約、とりわけ性暴力を受けているのであれば、それを撤廃することは緊要な課題である。

　最も問題であるのは、警察留置場における被拘禁女性に対する暴力である。管理・被管理と圧倒的多数の男・つけたしの女という二重の力関係が存在する状況は、性暴力を必然の結果として生むものとなろう。拘禁されている女性は、男性から管理・監視・処遇されることによって精神的苦痛を受ける。もっぱら管理・支配される閉鎖空間で、着替え、排泄を含め一挙手一投足を男性から監視されることは、それ自体が屈辱的であり、女性に対する暴力撤廃宣言にいう性的・精神的暴力、そして拷問等禁止条約第1条1項にいう精神的拷問に相当する。

　拘禁施設において二重の力関係が存在する現状から脱するには、少なくと

---

[29] 仙台地判平11（1999）・5・24（判例時報1705号135頁）など、近年のセクシュアル・ハラスメント事例に象徴的であろう。

も男女が拘禁される区画を分け、女性を拘禁する区画の直接の責任者は女性とすべきであろう。国家による拘禁暴力を分析するクマラスワミ報告書も、被拘禁者処遇最低基準規則第53条の遵守を求める。被拘禁者の圧倒的多数が男性であり、看守も男性という状況が維持されるのであれば、その遵守が保障されない限り、暫定的措置として女性を収容除外することが考えられよう（女子差別撤廃条約第4条1項）。

　しかし、不明な点は多い。女性に対する暴力はジェンダーに基づく暴力であって、身体的・性的・精神的な損害・苦痛をいう。そうであれば、表面化した極限的事例についてのみ、その人権侵害を語るのでは不十分である。刑務所も含め、刑事施設に収容されている女性の実状、そこにいかなる損害・苦痛が存在するかを把握する必要があるだろう。

第2章
国際人権法から見た被害者問題

●山口直也

【国内法】刑訴法、少年法、犯罪被害者保護法
【国際人権法】国連犯罪被害者権利宣言

1 はじめに

　2000年5月に、「刑事訴訟法および検察審査会法の一部を改正する法律」（以下、改正刑訴法）および「犯罪被害者等の保護を図るための刑事手続に付随する措置に関する法律」（以下、犯罪被害者保護法）のいわゆる犯罪被害者保護2法が法制審議会における議論を経て成立した。その内容には、公判において被告人が証人と直接対面できなくなるビデオリンク等による証人尋問、被告人が「反対尋問権」を行使できないおそれがある被害者自身の公判での意見陳述など、被告人の適正手続の保障を脅かしかねない重大な内容が含まれている。それにもかかわらず、被疑者・被告人の権利と被害者の権利との調整に関する議論は必ずしも十分には尽くされなかったように思われる。
　本稿は、国連総会が1985年に採択した被害回復に関する包括的文書である「犯罪および権力濫用の被害者のための司法の基本原則に関する宣言」（以下、被害者権利宣言）の諸規定のなかで、被疑者・被告人の権利との調整の問題がとくに大きく生じることが予想される3つの局面、被害者に対する情報の提供、被害者の刑事手続への関与、そして刑事手続上の被害者の保護について検討する。そして必要な範囲で犯罪被害者保護2法の内容について言及し、わが国の法制度および実務がどうあるべきかを考える。
　なお、2000年11月には少年法の改正が行われて、少年司法手続における被害者の扱いが大きく変わることになったので、その点についても被害者権利宣言の観点から概観しておくことにする。

2 被害者への情報提供
——とくに公判記録の閲覧および謄写と優先傍聴の機会の提供を中心に

(1) 国際人権法の射程

　犯罪による被害を被った者は、事件直後には、「不安になる」「落ち込む」「精神が不安定になる」「運が悪いと思う」などの精神状態に陥ることが明らかにされている[1]。しかし、通常、そのような感情をどこに持っていけばよいのか誰も知らせてくれない場合が多い。したがって、被害者権利宣言第4項で「速やかな被害回復を受ける権利」を保障されている被害者が被害を回復して立ち直るためには、なによりもまず情報の提供を受けることが先決問題となる。

　これに関して、被害者権利宣言第6項(a)は、司法上および行政上、「とくに重大犯罪で被害者が求めている場合には、被害者の役割、手続の期間および経過、ならびに事件の処理に関する情報を被疑者・被告人に知らせなければならない」としている。これはいうまでもなく、被害者が必要とする情報の提供を司法機関および行政機関が行うことを促進する規定である。問題は、いかなる情報内容を、いかなる主体が、いかなる段階で提供するかである。

　まず捜査段階では、通常、被害者が最初に接触する機関であるという意味でも、警察による情報提供が重要になってくる。被害者権利宣言の実施のための一種のマニュアルである『国連被害者権利宣言の活用および適用に関する被害者のための司法についてのハンドブック』(以下、『ハンドブック』)によれば、警察は、①被害者が有する包括的な権利および義務、そして②刑事司法に関する情報を被害者に提供しなければならないとされている[2]。①には、被害者に被害回復を受ける権利があるという告知に加えて、医療保護機関、被害による疾病の可能性、被害賠償を受ける可能性、金銭的援助といった被害者の現実的

---

1)　鈴木慎吾「被害がもたらす精神的影響」宮沢浩一・田口守一・高橋則夫編『犯罪被害者の研究』(成文堂、1996年)13頁以下。
2)　Handbook on Justice for Victims on the use and application of the United Nations Declaration of Basic Principles of Justice for Victims of Crime and Abuse of Power, UN Doc., E/CN.15/1998/CRP.4/Add.1, 17 April 1998. (hereinafter, Handbook) この文書は国連犯罪防止刑事司法委員会第7会期(1998年4月)において配布されたものであるが、現在は出版されウェブサイト上(http://www.uncjin.org/Standards/standards.html) でも入手可能である。なお日本語訳として、警察庁犯罪被害者対策室(諸澤英道監修)『被害者のための司法のハンドブック』(警察庁、1998年4月)を参照。

被害回復のための情報の提供が求められている。被害回復のために迅速かつ効果的に対応することが必要とされる局面である。その意味で、警察と他の領域の保護機関との連携および警察内部の専門化が重要視され、NGOとの協力、被害者と接触する警察官の専門的研修が必要であるとされている3)。一方、②には、警察の捜査手続に関する説明および捜査の進展状況に関する情報が含まれることになる。とくに捜査の進展状況を知らせる過程で、国際人権法上も確立している被疑者のプライバシー権(自由権規約第17条)および無罪推定を受ける権利(自由権規約第14条2項)に抵触する個人情報、たとえば、その者の氏名、住所、犯罪歴等についての情報の提供が避けられない場面が生じる。そのような場合は、提供する主体が被疑者の権利を侵害できないこともまた、本項にいう「被害者の役割(role of victim)」のひとつであることを説明しなければならない。このような法的な説明は警察の任務の限界を越えているとも考えられ、被害者に誓約義務を課すなどの役割は裁判所によるのが適切であると考えられる4)。

また、検察官が提供すべき情報には、NGOとの協力によるサービスの提供、たとえば、裁判所に赴くまでの間落ち着いて通常の生活を送れるようなプログラムや電話のサービスに関するもの等がある。そして法律家として、刑事手続全体および節目となる段階、すなわち起訴の段階とその意味、保釈の段階とその意味、被害者として公判に関わる段階とその意味についての情報を、わかりやすい言葉で説明することが期待されている5)。

さらに公判段階では、裁判所が基本的に情報提供の責任主体となって、裁判所施設内の状況、証人費用の支払い、補償基金等に関する情報に加えて、事件の当該時点での状況、被告人の保釈の有無等に関する情報が適時に適切な担当者から説明されることが期待されている6)。

このように国際人権法はさまざまな情報提供を要請しているが、被害者に対

---

3) Id., at 75.
4) とくに少年事件の場合に情報提供の主体を家庭裁判所にすべきであるとの主張が、村井敏邦「少年事件と情報公開」法学セミナー527号(1998年)70頁、岡田悦典・岡田久美子「被害者ケアと法的支援の構想」同76頁等においてなされている。なお、川出敏裕「犯罪被害者に対する情報提供」現代刑事法10号(2000年)20頁はこれに反対する。
5) Handbook, supra note 2 at 84-85.
6) Id., at 88.

する情報提供という観点でわが国の刑事手続全体を眺めてみると、刑事手続の概要、犯罪被害者給付金制度等を記した各種のパンフレットの配布、被害者等通知制度などがある程度である7)。もっとも、今回の犯罪被害者保護法において、優先傍聴の機会、そして公判記録の閲覧および謄写を認めている。以下でこの改正点のポイントについて国際人権法の観点から見てみることにする。

(2) 優先傍聴の機会の提供

犯罪被害者保護法第2条は、被害者(被害者が死亡等の場合は、その配偶者、直系親族および兄弟姉妹)が刑事裁判の公判手続の傍聴を申し出た場合、裁判長は被害者等が優先的に傍聴できるように配慮しなければならないとしている。本条の趣旨は、一般の傍聴者とは異なって特別の地位にあり、特別の関心を有している被害者にとくに優先的に傍聴の機会を提供することにある。これはあくまでも当該法廷の裁判長の法律上の義務を規定したもので、被害者の特別傍聴の権利を規定したものではないと説明されている8)。

被害者が自らの被害に関連する事実についての司法判断を見極めることは被害者の権利保障の根本である。その意味で、裁判所が被害者に対して優先的に傍聴の機会を提供することは国際人権法の趣旨に合致する。そもそもわが国の裁判は公開されているが、そのうえで犯罪被害者保護法に定義される被害者に特別に傍聴の機会を与えることに一定の権利性を認めることに問題は少ないように考えられる。傍聴が認められない場合には不服申立の機会も保障されるべきであろう。

(3) 公判記録の閲覧および謄写

また犯罪被害者保護法第3条は、被害者等が第1回公判期日後終結までの間に訴訟記録の閲覧・謄写を申し出る場合には、損害賠償請求権の行使その他正当な理由がある場合に、犯罪の性質、審理状況等を考慮して裁判所が許可する

---

7) この点について詳しくは、新屋達之「刑事手続における情報提供」法律時報71巻10号(1999年)24頁以下、太田達也「被害者に対する情報提供の現状と課題」ジュリスト1163号(1999年)21頁以下等を参照。
8) 松尾浩也編著『逐条解説・犯罪被害者保護2法』(有斐閣、2001年)137頁以下(以下、『保護2法』)。

ことができるとしている。一般に、「刑事事件の訴訟書類は、本来刑事訴訟手続において使用されることを目的とするものである上、公判係属中に訴訟関係人以外の者に閲覧・謄写を認めると、当該公判等に支障が生じたり、関係者の名誉・プライバシーが侵害されるおそれがある」[9]ので、本条はそのような支障のない相当な範囲でのみこれを被害者に認めているのである。その意味で法律上の権利とはされていない。

　裁判所が責任主体となって事件の状況等に関する情報を被害者に提供するのは、国際人権法が指向するところである。したがって、本条の趣旨は基本的に国際人権法に合致する。被告人の無罪が推定される公判段階での訴訟記録の扱いを誤ると、被告人の防御権をも侵害することになるので、その扱いは慎重でなければならない。本条における閲覧・謄写の要件は極めて厳格に運用されなければならない[10]。

(4)　今後の課題

　以上のように、今回の立法によっていくつかの有益な改善は見られたと評価することができる。しかしながら国際人権法は、被害者が被害回復を受けるための包括的支援施策の構築を前提として、それらを利用するための情報提供をまず行うべきであるとしている。このことからすれば、わが国の情報提供の現状はまだ不十分ではないだろうか。もっとも、犯罪被害者等給付金支給法の改正あるいはストーカー規制法の成立などによって、以前よりは犯罪被害者に対する援助の幅は広がったといえる。とくに、新しい犯罪被害者等給付金支給法は、犯罪被害給付制度における支給対象者の範囲の拡大、給付基礎額の引き上げに関する規定を設けるとともに、犯罪被害給付制度以外の援助、すなわち警察による援助および民間被害者援助団体活動の促進に関する規定を設けている[11]。各都道府県公安委員会が援助団体を指定して、県警本部長等が当該団体に必要に応じて情報を提供するなどの制約はあるものの、NGOの協力

---

9)　同上144頁。
10)　本条は閲覧・謄写の要件として、損害賠償請求行使のため、保険金請求の資料とする場合、被害者意見陳述の前提資料とする場合等で、関係人の名誉や捜査・公判に不当な影響を生じさせない場合を想定していて、単に被害者が知りたいという場合を除外している(同上149頁)。しかしながら、関係人の名誉や捜査・公判に不当な影響を与えないことが要件とされているので、あえて被害者の知りたいという欲求を排除する必要性があるのかは疑問が残る。

による犯罪被害者対策へ一歩を踏み出したことは肯定的に評価すべきものと考えられる。

3 刑事手続関与者としての被害者の地位
──とくに被害者の意見陳述と修復的司法

(1) 国際人権法の射程

　被害者の権利保障のひとつに被害者の「手続参加権」あるいは「意見表明権」を含めるか否かについては、国際人権法上も大いに議論がある。なぜなら、多くの国の刑事手続が国にのみ訴追権を与える刑事訴訟構造を前提にしているので、国との対等当事者である被告人に加えて、被害者に手続参加権を与えることはその位置づけに困難性を伴うからである。さらに被害者が参加し陳述する権利を有するとすれば、被告人に対して厳しい処罰を促すことにつながり、結果として公平かつ公正な裁判は担保できなくなるからである[12]。

　そのような意味から、被害者権利宣言第6項(b)は、司法上および行政上、「被疑者・被告人の権利を侵害せず、かつ関連ある国内刑事司法制度と矛盾しない限りにおいて、被害者の個人的利益が影響を受ける手続の適切な段階で、その者の意見および関心が提出され、かつ考慮されることが許される」と規定している。ここでは被疑者・被告人が直接的かつ主体的に意見を表明することが権利として認められているわけではなく、あくまでもその「意見および関心が提出され、かつ考慮されることが許される(Allowing the views and concerns of victims to be presented and considered)」にとどまっていることに注意する必要がある。とくに公判段階においては、基本的に裁判所によって、被害者以外の当事者、通常、検察官によって被害者の意見あるいは関心が口頭あるいは書面で法廷に提出され、当事者も含めて法廷で考慮されることが許されることを想定しているのである。また、本項では、「被疑者・被告人の権利を侵害しないこと」および「国内刑事司法制度に反しないこと」が要件とされているので、「反対尋問権」の行使ができない被害者の意見表明を認めるかについては慎重

---

11)　安田貴彦「警察における犯罪被害者支援のための取り組み」法律のひろば54巻6号(2001年)34頁以下。
12)　Handbook, supra note 2 at 45.

な検討を必要とする。

　まず捜査段階での被害者参加という観点は、十分な情報提供を受け、かつ尊厳と敬意をもって保護されることで達成されるであろうから、ここではひとまず置くとして、訴追段階で問題になるのが、一部の国で行われている「補助検察官（subsidary prosecutor）」として被害者の直接参加を認めるか否かという点である[13]。すなわち、検察官が訴追しない場合に、被害者が補助検察官として訴追することが国際人権法に違反しないかということである。『ハンドブック』はこれが被害者の権利を侵害するとは明示していない。しかしながら、被害者権利宣言第6項(b)の文言が間接的な被害者関与を予定していることからすれば、補助検察官制度は同項に違反する疑いが残る。また、被疑者が不必要な訴追を受けない権利は国際人権法上確立しているが、とくに被害者との関係では、「国連検察官の役割に関する指針」第18項が「検察官は、被疑者および被害者の諸権利を十分に尊重して訴追の判断を正当に行わなければならない（抄訳）」と規定していることが注目される。あくまでも被害者としての意見を正当に聞かれることで間接的に参加し、その意見が訴追の判断材料にされるというのが国際人権法が考える被害者参加ということになるのではなかろうか。

　さらに裁判所における参加について『ハンドブック』は、①公判前の釈放決定手続あるいは保釈決定手続、②公判日程調整手続、③法律の定めがある場合の公判での陳述、④適切な場合における被害者と加害者の和解・調停などがあることを指摘している[14]。以下では、今回の法改正で盛り込まれた③の公判廷における被害者の意見陳述について、そして大きな社会的関心事となっている④の修復的司法について、それぞれ国際人権法の観点から触れておくことにする。

(2)　公判廷における被害者の意見陳述

　上記の①から④のうち被告人の権利との関係でとくに問題が大きいと考え

---

13)　See, Id,. at 48 ; Guide for Policy Makers on the Implementation of the United Nations Declaration of Basic Principles of Justice for Victims and Abuse of Power, UN Doc., E/CN.15/1998/CRP.4, 14 April 1998 at 18.
14)　Id., at 89.

られるのは、いうまでもなく③の手続参加である。諸外国では、被害者衝撃陳述（Vinctim Impact Statement）、あるいは被害者意見陳述（Victim Statement of Opinion）という制度の下、被害者が書面あるいは口頭で意見を述べることが許されている。もちろん、多くの場合、これは証人（とくに情状証人）という立場ではなく、まさに被害者という立場で参加することを意味している。したがって、被告人が通常有する防御の機会は当然には保障されないことになろう。わが国の犯罪被害者保護法も、とくに量刑資料に供する目的で被害者の公判での陳述を認めているが、被告人の反論の権利を保障しないで15)、一般に被告人に不利な「証拠」を一方的に裁判所が「採用」してしまうことは、まさに国際人権法によっても保障される被告人の公平かつ公正な裁判を受ける権利（自由権規約第14条1項）を侵害する疑いが強いのではなかろうか。仮に、被害者が被害者の地位でなんらかの心情あるいは意見を公判手続において述べることができるとすれば、まず被害者の憲法上の地位を明確にすることによって、被害者を訴訟当事者として予定していないわが国の刑事司法制度を根本的に改革する必要があるように思われる16)。

　もっともこの点、改正刑事訴訟法第292条の2に規定された被害者の意見陳述の法的な性格は、刑事訴訟法第293条2項の被告人の陳述に類似するものであって第299条の「証拠調べ」には該当しないが量刑の資料とすることは可能であり、「量刑の理由」欄にそれを引用することは可能であると説明されている。すなわち、被害者の「意見の中心は、被害者等が当該事件に対して抱くいわば所感であって反対尋問になじまないものであるし、その内容は犯罪事実の認定に用いてはならないこと（9項）、事実認定や量刑の重要な事実に関わるのであれば、別途証人尋問をすべきものであることから、被告人の証人審問権を侵害するものではない」17)ということである。しかしながら、主として

---

15) 第292条の2第4項は、被告人の反論権というよりも、被害者の意見の趣旨不明な部分について質問することを許したにすぎない。そうであれば、被害者の陳述の中で犯罪事実に関わる部分や新たな情状事実などが出てきた場合は、たとえ公判の最終段階であっても、厳格に証人尋問手続に切り換えて被告人の反対尋問権を保障しなければならないものと考えられる。
16) 水谷規男「被害者の手続参加」法律時報71巻10号（1999年）41頁は、「被害者を刑事手続の中で権利主体と位置づける制度改革は、刑事司法の理念や目的を見直すことなしには実現できない」とする。
17) 松尾編著・前掲注8)『保護2法』102頁。

被害者の所感を述べてもらう手続、すなわち被害者がようやくその心情を直接に公判廷で述べる手続で、それが捜査段階で明らかにされていない情状事実に及んだとして、その陳述を制限して証人尋問手続に切り替えることは事実上可能であろうか。被害者にしてみれば何が主観的な所感で、何が量刑上の資料となる情状事実かはわかりにくいであろうし、途中で陳述をストップされることはその不満をますます募らせることにつながらないだろうか。もし、実務が被害者の心情に配慮して手続を厳格に行わない方向に動けば、被告人の証人審問権の侵害にもつながりかねないように思われる。弁護人による監視は不可欠である。

(3) 修復的司法の可能性

また、④の修復的司法 (restorative justice) の点については、第10回の国連犯罪防止会議でも議題のひとつとして取り上げられ、被疑者・被告人の権利と被害者の利益 (interests) は相互に排斥するものではないという観点で議論されているし[18]、今後の国際刑事司法会議においても重要な検討課題とされている。わが国においてもコミュニティの中でNGOを中心として紛争を解決する場を設定し、そこに被害者、加害者、そしてコミュニティの代表自身が参加できるシステムを構築することが今後の課題となってくるように思われる。

もっとも、この議論の前提として、修復的司法とはそもそも何であるのかということが明らかにされていないように思われる。対話によって被害者が癒されるとともに、加害者との関係を修復すること、加害者と地域社会の関係を修復して加害者の社会復帰を促進するとともに社会の安全を回復すること、あるいは被害者・加害者・地域社会の三者のバランスを図りながら相互の関係を修復していくことなど、論者によってあるいは使用される文脈によって微妙に内容が変わってくることは否定できない。修復的司法をどのように定義していくかは、犯罪被害者の憲法上の地位が明確でないわが国においては被疑者・被告人の権利との関係で困難な問題を生じることがある[19]。修復的司法を論じるうえで、被害者の憲法上の位置づけは避けて通れない問題ではなか

---

[18] Discussion Guide : Tenth United Nations Congress on the Prevention of Crime and the Treatment of Offenders, UN Doc., A/CONF.187/PM.1, 22 September 1998, pp.12-17.
[19] たとえば、斉藤豊治「被害者問題と刑事手続」季刊刑事弁護22号 (2000年) 96頁等。

ろうか。

　なお、2002年4月に国連犯罪防止刑事司法委員会第11会期で採択された修復的司法に関する基本原則[20]がひとつの国際的基準として意味を持ってくるであろうが、その場合であっても、最低限、刑事司法における修復的司法と少年司法における修復的司法は分けて考えざるをえないように思われる。少年の成長発達権あるいはプライバシー権の観点から、実名報道が禁止され、審判が非公開とされ、情報開示が制約され、保護手続をとっている少年司法についての被害者および地域社会の関心は、公開されて情報が入手しやすい刑事手続とは異なって格段に高いからである。修復的司法という美名の下に被害者の利益あるいは社会の関心が保護手続に直接入り込んでくれば、アメリカ合衆国で司法省の先導によって行われているような「均衡的修復的司法のアプローチ（balancend and restorative justice approach）」に容易に結びつき、少年の責任の追及を核として三者の均衡を図るようになることが考えられる[21]。そうなれば少年司法手続はますます刑事司法化する方向で進まざるをえないことになるであろう。そのことは国際人権法がめざす方向とは異なるように思われる。

4 刑事手続における被害者保護
―― プライバシーの保障と安全性の確保

(1) 国際人権法の射程

　被害者は、犯罪による被害を受けた後でも、犯罪にまつわってさらなる被害を受け続ける場合がある。たとえば、性犯罪の被害者が公開の裁判のなかで結果として「さらし者」的に扱われる、いわゆる「セカンド・レイプ」の問題などが代表的であるが、刑事手続全体から見ればそれだけにとどまらず、加害者による威嚇あるいは脅迫、法執行官の権力濫用による加害など第二次的な被害は枚

---

20) この基本原則については詳しくは、山口直也「修復的司法に関する国連基本原則の成立」山梨学院大学・法学論集49号（2002年12月刊行予定）を参照されたい。
21) アメリカの「均衡的修復的司法のアプローチ」については、Shay Bilchik, Guide for Implementing the Balanced and Restorative Justice Model, Office of Juvenile Justice and Delinquency Prevention 1998、服部朗「修復的少年司法の可能性」立教法学55号（2000年）244頁以下等を参照されたい。

挙に暇がない。これでは、本来、犯罪による被害から回復するための過程でもある刑事手続が、かえって被害を増幅させることになりかねないのである。

そこで、被害者権利宣言第6項(d)は、司法上および行政上、「被害者のプライバシーを守り、かつ威嚇および報復からの安全を守るための措置を講じなければならない」とし、同第19項では「権力の濫用を禁止し、濫用の被害者を救済策」を講じなければならないとしている。前者は主として加害者による「威嚇および報復(intimidation and retaliation)」から国家機関が被害者を保護することを想定している。そして後者の場合は、被害者を保護すべき国家機関そのものによる「権力の濫用(abuse of power)」によって、被害者がさらなる被害を受けることを防ぐことを想定している。

『ハンドブック』においても、捜査・訴追段階における保護策としては概ね2つの観点から検討すべきことが指摘されている[22]。1つはいうまでもなく、加害者からの保護である。すなわち、加害者とは別の待機室を被害者のために設置する、加害者に怯える女性および子どもの被害者に対しては女性警察官のみが対応にあたるなどの措置が講じられる。もう1つは権力の濫用の観点、すなわち捜査機関自体による脅威からの保護である。被害者の落ち度を責めるといった被害者に対する暴力的態度、性犯罪被害者に対する性的暴力などを防ぐために、ある国では、被害者の取調後に、別の取調官が直前の取調べの内容をチェックすることが義務づけられている[23]。これらの危険性については被害者権利宣言のみならず、「犯罪防止および刑事司法領域における女性のための暴力撤廃に関するモデル戦略および実務上の対応手段」[24]および「刑事司法制度における子どもに関するアクション・ガイドラインズ」[25]においても強

---

[22] Handbook, supra note 2 at 44, 72-86. なお、「権力の濫用」という文言は使用しないまでも、同様の観点からの論稿として、川出敏裕「刑事手続における被害者の保護」ジュリスト1163号(1999年)39頁以下がある。

[23] Id., at 74.

[24] 刑事司法過程における女性に対する暴力の撤廃に向けて国連総会で採択された文書であるModel Strategies and Practical Measures on the Elimination of Violence against Women in the Field of Crime Prevention and Criminal Justice, Annex. UN Doc., A/56/86, 12 December 1997, Sec. 8(b) およびその内容を各国において遵守するためのマニュアル(ICCLR, Model Strategies and Practical Measures on the Elimination of Violence against Women in the Field of Crime Prevention and Criminal Justice : Resourse Manual, March 1999, pp.41-42) 等参照。

[25] United Nations Guidelines for Action on Children in the Criminal Justice System, Annex.,UN Doc., E/1997/30, 1997, paras.43-53.

調されている。刑事司法に携わる者の研修・教育を通じてその資質の向上を図ることが被害者保護の重要課題のひとつであることを銘記しておく必要がある。

(2) 公判廷における保護

次に公判段階を中心に裁判所による保護について『ハンドブック』は、①被害者の住所等が漏れないようにすること、②公判前に検察官あるいは弁護人によって行われうる質問が中立的な状況でなされるよう配慮すること、③裁判の迅速化を図ること、④威嚇や脅迫にさらされやすい被害者を保護するための法廷の構造や装置を工夫すること、⑤同観点からビデオテープによる証言(videotaped depositions)を許可すること、⑥非公開の少年審判あるいは刑事裁判等で被害者への付添人を認めること、⑦被告人の弁論に関して被害者から直接に質問させないことなどを挙げている[26]。このうち被告人の防御権保障の観点からとくに問題になると思われるものは、④および⑤である。

改正刑事訴訟法第157条の3および4において、被告人からの威嚇あるいは脅迫にさらされやすい証人については、ビデオリンク方式による証人尋問および証人尋問の際の証人の遮へい措置を講じて証人の保護を図っているが、その場合被告人は、形式上、被害者である証人に直接対面して反対尋問することができなくなることが一応問題となろう。しかし、わが国の憲法が保障する被告人の証人審問権が対質権を含むとしても、それに証人と対面して真実を引き出すという意味合いがあるとすれば、上記のような措置を講じてこそ、証人の真実の証言が引き出せるとも考えられるので、少なくとも反対尋問の機会については、弁護人が移動する等の対応で実質的に保障されるものと考えられる[27]。この点については『ハンドブック』も被告人の権利を侵害するものとは考えていないといってよいであろう。ただし、現行法で裁判官および訴訟関係人が在席する場所と同一構内に限られている証人の在席場所が遠隔地にも及ぼされるような状況になれば、弁護人が移動して証人と対面して質問することは不可能となるので、そのような場合には実質的に証人審問権が侵害されるおそれが出てくるものと考えられる。

26) Handbook, supra note 2 at 89.
27) 椎橋隆幸「犯罪被害者救済の基本的視座」現代刑事法10号(2000年)6頁参照。

(3) メディアによる報道からの保護

また上記の①〜⑦に加えて、とくに公開の裁判におけるメディア報道からの被害者保護が重要である。被害者権利宣言第6項(d)にいうプライバシー保護の措置は、司法官憲のみに要求されるものではもちろんない。『ハンドブック』において指摘される被害者のプライバシーおよび秘匿事項を公表することの制限、レイプ被害を受けた者の特定につながる情報を公表することの制限などの諸外国の措置28)がわが国においても参考とされなければならない。わが国においては、被害者の顔写真や実名は日常茶飯事のこととしてメディアの報道にのせられている現状を考えれば、『ハンドブック』がさらに指摘するメディア関係者への訓練プログラムの策定とその実施、被害者報道の自己規制に関して実効性のあるメディア倫理綱領の作成とその遵守は優先的に検討されなければならない課題のように思われる29)。

5 少年司法手続における被害者保護
—— 記録の謄写・閲覧、審判結果の通知、そして被害者の意見聴取について

(1) 「改正」少年法の成立

2000年の「改正」少年法は、ある意味では少年犯罪被害者の声を強力な後押しとして利用し、成立した感が否めない。それは国会の衆参両院の法務委員会での議論を見てもわかる。したがって「改正」法の内容も被害者の利益に配慮する内容となっている。その法「改正」の主な論点は、①記録の謄写・閲覧が認められたこと、②審判結果通知制度が設けられたこと、そして③被害者の意見聴取制度が設けられたことである。以下において国際人権法の観点から検討する。

(2) 記録の閲覧・謄写と審判結果の通知

①については「改正」法第5条の2において、被害者もしくはその弁護士の正当な申出がありかつ裁判所が相当と判断する場合には、当該保護事件の記

---

28) Handbook, supra note 2 at 44.
29) Id., at 99-101.

録を閲覧または謄写することができると規定されるに至った。損害賠償請求等の正当な理由による申出への対応は以前から実務で行われてきたが、これが法律上明文化されたことで、被害者の利益にいっそう資することは疑いない。そうすることは被害者権利宣言第6項(a)の規定にも合致するし、『ハンドブック』に規定されている「事件の進展状況に関する被害者への情報提供」をも充足するものと考えられる。しかしながら、少年司法手続では、少年の成長発達権の観点あるいはプライバシー権の観点から当該少年の匿名性および審判の非公開性が重要視されている。したがって「改正」法第5条の2第3項に規定されているように、被害者およびその弁護士は守秘義務を負うことになるのは当然であり、情報提供の前提条件となると考えられる。

　また②については「改正」法第31条の2において、事件を終局させる決定をした場合において被害者等から申出がある場合は、裁判所が、当該少年の住居、決定内容等について、決定確定後3年以内に限って通知することができるという規定が設けられた。損害賠償請求の民事裁判を行う権利に資する情報の提供自体は、従来も少年審判規則第7条1項を根拠に行われてきている。今回はそれが法律化されたところに大きな意味がある。もっとも、①および②ともに民事裁判のために3年以内に限って情報を提供するというところは、国際人権法の観点からも問題が残るのではないだろうか。国際人権法は裁判のために必要不可欠な情報としてのみ事件に関する情報の提供を義務づけているのではない。むしろ被害者が知りたいという欲求を少年の成長発達権を侵害しない限りにおいて満たすことに意味があるのである。その意味で決定が確定したあと3年を経過した後は申出ができないという制限は撤廃されなければならないと考える。犯罪被害者保護法第3条が公判記録の閲覧・謄写について時間的制約を設けていないことを考えればなおさらである。もし、少年法は少年の健全育成を目的とする制度であるから、あまりにも長い期間にわたって少年の時の情報が被害者に提供される可能性があるのは少年の成長を阻害するというのであれば、その懸念はすでに被害者が守秘義務を負っていることで解消されているといわなければならない。

(3)　被害者の意見聴取

　問題は③にある。「改正」法第9条の2は、被害者または法定代理人等から申

出がある場合は、裁判所として自ら、または調査官に命じて意見を聴取すると規定している。ここでは意見聴取の時期および方法についてとくに定められていないので、裁判所の判断によって、少年が事件の重大さを認識していないと考えられるような場合に、被害者あるいは遺族を審判廷に在席させて意見を述べさせ、まさに少年の内省を促す審判運営に資することも可能である。これは先に触れた被害者衝撃陳述あるいは被害者意見陳述に相当する内容であるが、はたしてこのような運用が少年の健全育成を目的とした少年法の理念、さらに成長発達権を保障した子どもの権利条約に整合的であるかについては疑問が残る。なぜなら、被害者の陳述は、通常、少年の健全育成や成長発達の手助けを目的としてはなされず、むしろそれとは逆の方向でなされることが予想できるからである。すなわち、非公開の審判で十分な情報も得られず、検察官も訴追官として立ち会うわけではない状況に不満を感じている。したがってそのような状況のなかで被害者を審判に関わらせることは、少年司法の運営に関する国連最低基準規則14.2の「少年が手続に参加して自らを自由に表現できる」審判運営を困難にするし、子どもの権利条約第40条1項の「社会に復帰して建設的な役割を担う方法で扱われる権利」をも侵害するものと考えられる。

(4) 残された課題

このように、今回の「改正」少年法においては一部には問題を残しながらも被害者の利益の保護を図る規定が新たに置かれて、少なくとも審判段階での情報の提供はある程度可能になったものと評価できる。もっとも、被害者が本来、権利宣言の観点から享受すべき利益はこれだけにとどまらないのはいうまでもない。たとえば、被害者に守秘義務を課したうえで、警察段階での情報の提供および処遇段階での情報の提供を行うことも考えられてしかるべきではないだろうか。

6　むすび

司法手続において被疑者・被告人の権利と被害者の権利が両立しうるか否かを考える場合、わが国の犯罪被害者保護2法の内容も含めて、その多くが矛

盾なく両立しうると考えられる。しかしながら、すでに見たように、被害者が意見を表明することで公判に参加することは、被害者の法的位置づけおよび刑事司法の枠組みの抜本的改革なしには困難である。被害者救済の問題は、被害者の憲法および法律上の地位を明確化したうえで、包括的な被害者支援の枠組みのなかで考えなければならない。

　なお少年保護手続においては問題はいっそう深刻である。少年に対する教育的な見地から審判は非公開になっているし、審判自体が対審構造ではないし、付添人がすべて立ち会うわけでもない。そのようななかで被害者の意見を陳述させることは、少年の憲法上の手続的権利を侵害する可能性が高いうえに、少年に反省を迫るだけの懲罰的な審判への傾斜を促進することになるのではないだろうか。成長発達権を保障する権利条約および少年法の理念からすれば、審判廷以外で少年と対峙しないかたちでの意見聴取にとどめるべきである。

第3章
少年司法における国際人権法の意義

●山口直也

【国内法】少年法
【国際人権法】子どもの権利条約、少年司法の運営に関する最低基準規則（北京ルールズ）、少年非行の防止に関する指針（リヤドガイドラインズ）、自由を奪われた少年の保護に関する規則、刑事司法制度における子どもに関するアクション・ガイドラインズ

1 はじめに

　わが国では、とくに「国連子どもの権利に関する条約」（以下、権利条約）が発効して以来、少年司法の現状が国際人権基準に適合していないことが指摘されてきた[1]。そしてその問題点は、1998年5月の「国連子どもの権利委員会」（以下、委員会）でわが国の政府報告書の審査が行われ、その結果採択された委員会最終見解（以下、最終見解）[2]における勧告を受けた後でさえも、まったくといっていいほど変わっていない。それどころか、最終見解に逆行する少年法「改正」が2000年10月に成し遂げられ、厳罰指向の少年法が現在展開されている。また2001年11月に委員会に提出された第2回政府報告書には、14歳からの刑罰適用、一定犯罪の刑事裁判所への自動的な移送、検察官の審判関与を含む今回の「改正」少年法が権利条約の趣旨に合致するかのような説明がなされている[3]。

　本章は、国際社会においてすでに確立している少年司法に関する国際人権

---

1) たとえば、子どもの権利条約市民・NGOつくる会編『"豊かな国"日本社会における子ども期の喪失』（花伝社、1997年）（以下、『子ども期の喪失』）、日本弁護士連合会編『子どもの権利条約・日弁連レポート／問われる子どもの人権』（こうち書房、1997年）等（以下、『日弁連レポート』）。
2) Concluding Observations of the Committee on the Rights of the Child : Japan, UN Doc., CRC/C/15/Add.90, 5 June 1998, para.13. (hereinafter, Concluding Observations) なお邦訳として、福田雅章他訳「日本審査・最終所見〔日本語訳〕」子どもの権利を守る国連NGO・DCI日本支部編『子ども期の回復──子どもの"ことば"をうばわない関係を求めて』（花伝社、1999年）272〜280頁（以下、『子ども期の回復』）。
3) 『児童の権利に関する条約──第2回政府報告』（2001年11月）295項参照（以下、『第2回政府報告』）。

基準の意義を検討したうえで、それらの基準が具体的にわが国に何を求めているのかを明らかにすることを目的としている。

2 少年司法に関する国際人権基準の内容と意義

国連を中心にして発展させられてきた国際人権基準には、条約を中心にする法規範、条約審査を行う委員会による最終見解（とくにその勧告）、欧州人権裁判所をはじめとする国際裁判所による判例などが含まれる。

とくに少年司法に関する国際準則としては、権利条約をはじめとして、「少年司法の運営に関する国連最低基準規則」（以下、北京ルールズ）、「少年非行の防止に関する国連指針」、「自由を奪われた少年の保護に関する国連規則」（以下、少年保護規則）、そして「刑事司法制度における子どもに関するアクション・ガイドラインズ」（以下、アクション・ガイドラインズ）[4]があり、非行防止から処遇の段階について、そして被害者および証人としての子どもの保護についても明文化した基準を有している。これらのうち、権利条約はいうまでもなくわが国も批准した法的拘束力を有する法規範であり、条文によっては自力執行的なものも含まれている[5]。もっとも他の準則が法的拘束力を有しない単なる参考基準にすぎないかといえばそうではない。規則内容によっては権利条約の条文を介して法的拘束力を有するものもある[6]。少なくとも、これらの準則は、条約の各条文解釈基準として実質的な拘束力を有するとするのが国際的な「常識」である[7]。

そしてこれらの準則を実効的にするために、1999年9月には国連ウィーン

---

[4] United Nations Guidelines for Action on Children in the Criminal Justice System, UN Doc., E/1997/30, Annex, 1997.(hereinafter, Guidelines for Action). なお本文書の翻訳が、国連ウィーン事務所著・平野裕二訳『少年司法における子どもの権利——国際人権基準および模範的慣行へのガイド』（現代人文社、2001年）137頁以下にある。

[5] 宮崎繁樹「子ども（児童）の権利条約の国内的効力」法律論叢67巻1号（1994年）14頁以下参照。

[6] Manual, infra note 7 at 8.

[7] 子どもの権利委員会をはじめとする国連の諸会議においてはこの点は当然の前提となっている。斎藤豊治『少年法研究Ｉ』（成文堂、1997年）47頁、山口直也「少年司法運営に関する国連最低基準規則（北京ルールズ）の意義」山梨学院大学・法学論集38号（1997年）244頁等参照。

事務局の国際犯罪防止センターが『国連と少年司法──国際準則と最善の実務のためのガイド』(以下、マニュアル)8)を公表した。これは少年司法に携わるすべての者が国際人権基準を効果的に活用して実務に従事できるようにその者たちに対して人権教育を行うためのマニュアルである。さらにこれは上記の国際準則の要点を整理して解説したものでもあり、当該準則についての国連による一種の解説書の役割も果たしている。

　さらに委員会の審査では、各国における権利条約および関連諸準則の遵守を当然の前提としたうえで、国内の法制度および運用がすべての準則に合致していないことが問題にされる。そして改革勧告を盛り込んだ最終見解が採択される。冒頭で触れたように、わが国もすでにこれらの準則に合致した法制度および運用の改革が行われるべきことが勧告されている。この最終見解自体も、国連総会公式文書として、国際政治上、実質的に拘束力を有するものであり、一種の国際人権基準としての意味を有している。わが国が遵守しなければならないことはいうまでもない。

　以下では、委員会勧告によって当面の最重要の改革課題として勧告された手続参加権の保障、身柄非拘禁の原則化および不服申立権の保障の3点、そして「改正」少年法の問題点であるととくに考えられる刑事裁判所への移送および検察官関与と新しい審判形態の2点について、何が問題であり、その解決のためにどのような方法がありうるのかを検討する。

3　手続に参加する権利の保障
──とくに法的援助者に代理される権利と親との接触を維持する権利

　少年が手続に参加する権利として国際人権法は、直接的かつ主体的に手続に関与する形態と他者によって代理される形態を想定している。前者に該当するものとしては権利条約第12条がある。同1項は少年が意見表明権を有することを明確にし、同2項は少年があらゆる手続において意見を聞かれる権利を有するとしている。これと同じく北京ルールズ14.2は、手続は少年が参加(意見表明)できる自由な雰囲気で行われなければならないとしている。一方、

---

8)　The United Nations and Juvenile Justice : A Guide to International Standards and Best Practice, International Review of Criminal Policy, Nos.49 and 50, 1999. (hereinafter, Manual).

後者に該当するものとしては、概ね、法廷援助者によって代理される権利(弁護人依頼権)および親との接触を維持する権利の2つがある。弁護人依頼権については、権利条約第37条(d)、第40条2項(b)(ii)に規定され、北京ルールズ7ではそれが手続のあらゆる段階で保障されるとしている。また親との接触を維持する権利についても同様である(権利条約第37条(c)、北京ルールズ7)。

　ところでわが国はこの手続参加権を保障しているであろうか？　少年司法領域における意見表明権の行使については、手続のあらゆる段階における援助者不在の常態によってまったくといっていいほど保障されていない現状にある。捜査段階における弁護人および親・保護者の接触の制限、とくに取調べに立ち会えないこと、必要的・国選付添人制度がなく、さらに審判における付添人選任率が極めて低いこと、そして施設内処遇においては中立的外部監察制度がなく、施設内での援助者もいないこと、親との接触が制限されていることなどが指摘されている9)。とくに少年が最初に接触する公的機関でありその後の扱いに重要な影響を及ぼすと一般に考えられている警察の段階で、被疑者国選弁護制度がないために弁護人あるいは適切な援助者が被疑少年に会う機会が少ないという現実、被疑少年が警察に逮捕されたことがたとえ親に知らされたとしても、親が取調べに立ち会うことは少年の権利として認められていないので、捜査機関の都合で親と少年との接触の機会は奪われているという現実は少年司法の最初の段階として悲劇的である10)。

　このような現実があるがゆえに、最終見解では、すべての少年が日本社会のあらゆる領域で参加の権利を行使する際に困難に直面していることが懸念され、とくに少年司法領域における参加権(=「弁護人」依頼権、親との接触維持権)保障を確かなものにするために、監視手続を確立するように勧告している11)。委員会意見の採択に至る経緯を見る限り、この勧告には、被疑者国選弁護制度、審判段階での必要的・国選付添人制度、少年施設オンブズマン制度などの確立を通じて、捜査段階、審判段階および処遇段階の透明化および適正化が果たさ

---

9)　前掲注1)『子ども期の喪失』255〜282頁、前掲注1)『日弁連レポート』187〜215頁。
10)　少年の取調べの際に弁護士が立ち会えないことは、和氣安男「少年事件の捜査(3)」捜査研究604号(2002年)34頁において明確に述べられている。
11)　Concluding Observations, supra note 2 paras. 27 and 48. 前掲注2)『子ども期の回復』276頁および280頁。

れるべきことが含まれているものと解釈できよう12)。またマニュアルにおいても、少年が自己を自由に表現できるように十分に友好的な環境を整えなければならないということ、法的援助者の援助を受ける権利等を少年に十分に理解させること、少年司法職員は十分な研修を受けて少年の自己表現を容易にすることなどが指摘されている13)。しかしながら第2回政府報告書でも、改善に向けての具体的な解決策には言及されておらず、少年の意見表明は各段階で保障されていると説明しているだけである14)。少年事件全件についての被疑者国選弁護制度、必要的・付添人制度および少年施設オンブズマン制度がされ、それらの少年司法関係者が少年司法職員とともに十分な研修を受けてこそ、少年の意見表明の窓口が初めて開かれることになるのである。

　思うに、手続のあらゆる段階で効果的で十分な法的援助および親との接触が受けられない場合には、権利条約第37条(d)、第40条2項(b)(ii)および第12条2項に違反することは明白である。これと同趣旨のことは欧州人権裁判所のSargin v. Germany判決15)においても示唆されている。すなわち、身柄を実質的に拘束する場合には、直ちに親にその事実を告げ、弁護人を依頼する権利があることを子どもにわかるような言葉で説明し、子どもの年齢や心情に十分配慮しなければならないとしているのである。親もしくは弁護人の実質的なサポートなくしてはこのことの達成は難しく、ここでは実質的にその者の取調べへの立会いも示唆していると見ることができるように思われる。そこで弁護人・付添人は、たとえば、取調べへの立会いを要求する場合、上記の国際準則の内容を説得的に説明し、親とともに立ち会うべきである。また、審判に先立って意見書を提出する際には、少年の手続参加権の内容を十分に説明して審判が威圧的にならないように注意すべきであろう。なお不幸にして威圧的かつ予断が著しい審判官の場合には、忌避申立において少年の手続参加権

---

12)　山口直也「国連子どもの権利委員会第18会期最終意見で突きつけられた少年司法の改革課題」山梨学院大学・法学論集42号（1999年）227～228頁。なお委員会審査に至る経緯および最終意見の総論的解釈について詳しくは、福田雅章「国連『子どもの権利委員会』からの『勧告』を読み解く(1)」一橋大学研究年報・法学研究32号（1999年）3～80頁を参照されたい。
13)　Manual, supra note 7 at 20.
14)　前掲注3)『第2回政府報告』123、127頁および128項。
15)　See　No 8819/79 Sergin v. Germany, Dec 19.3.81, DR 24, p.158, 4 EHRR 276. cited in Ursula Kilkelly, The Child and the European Convention on Human Rights, 1999, pp.40-41. (hereinafter, European Convention)

が侵害された旨を主張すべきことはいうまでもない。さらに処遇段階には基本的に付添人には関与しない場合が多いが、親との面会を奨励するとともに自らも面会し、施設職員との連携によって少年が処遇に参加できる環境作りを促進することを考えるべきであろう。

　なお、「改正」少年法では一定の場合に国選付添人を選任することが義務づけられ、さらには被疑者国選弁護制度の創設も検討されていて、事態は好転しているかのように見える。しかしながら、「改正」法における国選付添人制度は、あくまでも審判に検察官が関与する場合にのみ限定されたものであり、すべての少年保護事件を前提とはしていない。検察官が事実解明のために立ち会う審判での弁護士付添人の役割は、いきおい法的弁護に終始せざるをえず、そこでは国際人権法が指向する子どもの成長発達のパートナーとして子どもとの建設的かつ健全な関係性を保つ付添人の役割とは異なる役割を務めざるをえないのである。完全なる否認事件の場合にそのような弁護士付添人が必要であることは否定しないが、それと同時に子どもの成長発達の援助者としての付添人が必要であるとしたところに国際人権法の意味がある。被疑者段階も含めたわが国の国選弁護・付添人制度は、子ども中心主義に則って刑事手続とも異なった観点から構築されていかなければならないのである。

4 身柄の非拘禁を原則化される権利の保障
　──とくに代用監獄への勾留、観護措置期間の長期化の弊害

　少年が身柄の拘禁を原則として受けないことについて国際準則は、①ディヴァージョンの推進、②非拘禁措置の推進および③施設収容の最終手段性として規定している。①については権利条約第40条3項(b)および北京ルールズ11に、「司法手続あるいは裁判以外で少年を扱うべきである」として、②については権利条約第40条4項および北京ルールズ18に「施設収容に代わるさまざまな社会内処遇の選択肢が用意されなければならない」として、そして、③については権利条約第37条(b)、北京ルールズ13、19、および少年保護規則1ならびに2に「少年の施設収容は最終手段として必要最小限の期間で用いられなければならない」として、それぞれ具体的な規定が置かれている。これらは非行を行った少年の拘禁を例外的にするものであり、権利条約第18条の親の

第一次養育責任原則と考え合わせると、国家による不介入を原則化する考えに支えられているものといえる。

　しかしながらわが国では、学校現場でのいじめやけんかなど些細な事件にも警察が介入して安易に身柄の拘束、逮捕が行われている現状、少年の勾留が法律上やむをえない場合に限定され勾留に代わる観護措置も用意されているにもかかわらず、必ずしも法律どおりには運用されておらず、しかも勾留場所の多くは代用監獄となる現状、さらには、審判前の段階も含めて非施設処遇の選択肢が少ないため少年司法全体が身柄拘禁の方向に傾斜し、調査官観護、在宅試験観察、保護観察等が実効的でないという現状が指摘されている[16]。とくに代用監獄は、勾留される部屋こそ成人とは別のものが利用されているとはいえ、構造上、成人と少年は同じフロアーに置かれており、国際人権法によって要求されている分離収容は徹底されているとはいえないことが指摘されている[17]。

　これに関して最終見解では、拘禁および最終手段としての審判前拘禁措置についての代替措置が不十分であること、そして代用監獄の実態を懸念し、身柄の拘禁に代わる措置を創設し、代用監獄に特別の配慮を払うべきことを勧告している[18]。本勧告では、少年司法全体を非拘禁化するために、逮捕、勾留に代わる措置を充実させることおよび終局処分としての社会内処遇の選択肢を増やすことが求められ、自白強要、成人との不分離、収容の長期化、プライバシーの侵害等に結びついている代用監獄を問題とし、少なくとも少年は捜査機関とは別の施設に最小限の期間収容すべきであるとしているのである[19]。また、マニュアルにおいては、アクション・ガイドラインズが、逮捕前、審判前、審判および審判後の段階で広範な代替的措置が利用可能であること、非公式の紛争解決手段が活用されるべきこと、各種の措置に家族が少年の利益のために最大限関わるべきこと等を各国に要請していること[20]に触れて、国は

---

16)　前掲注1)『子ども期の喪失』255～282頁、前掲注1)『日弁連レポート』187～215頁。
17)　たとえば、多田元「少年刑事事件弁護について――私の実務経験から」季刊刑事弁護29号（2002年）57頁。
18)　Concluding Observations, supra note 2 paras. 27 and 48. 前掲『子ども期の回復』276頁および280頁。
19)　山口・前掲注10) 227頁。
20)　Guidelines for Action, supra note 3 sec.15.

少年の人権を保障するために施設収容に代わる措置を講じなければならないとしている[21]。しかしながら、第2回政府報告書は、代用監獄の実態にはまったく触れることもないし、身柄の拘禁に代わる措置を創設することに関する言及もないのである。

　いずれにしても、少年が他にとりうべき措置があるにもかかわらず身柄を拘束された場合には、権利条約第37条(b)をはじめとする国際準則に違反することになる。そこで弁護人・付添人は、少年が警察に連れて行かれた場合には、身柄の拘束は最終手段であってまず他の非拘禁的措置によらなければならないとする上記の国際準則の意味を丁寧に説明して、逮捕しないように警察に申し入れることが重要である。もっとも、逮捕されてしまった場合には警察に釈放を申し入れ、さらに送検時には検察官に面接し、国際準則の趣旨および少年法が勾留に代わる観護措置を原則としていることを説明して勾留請求しないように申し入れるべきであろう。勾留請求された場合には、裁判官に対してその請求を却下するように申入れるべきことはいうまでもない。また審判段階でも、意見書を提出する際に少年院送致処分が最終手段としてのみ許される措置であることを主張すべきである。

　なお「改正」少年法は観護措置期間を8週間まで延長することができるようにした。これについて、まず、少年の身柄拘禁を最終手段として最短の期間に限定するというのが先に触れたように国際人権法の基本的な考え方であるから、未決拘禁に相当する審判前の身柄の拘禁を長期化するのは国際人権法に逆行する「改正」といわざるをえない。さらに、この8週間の期間（勾留がある場合は11週間強の期間）の間、通っている学校の教育が受けられないあるいは職場に通えないというのは成長発達の途上にある少年にとっては大きなマイナスとなるので、「教員が少年鑑別所に通って勉強を教える」、「職場の者が面会をして職場の状況を伝える」などの実質的な配慮が頻繁に行われることこそが、「改正」前にもまして必要となってくるのはいうまでもない。

---

21)　Manual, supra note 7 at 17.

5 不服を申し立てる権利の保障
　——とくに検察官送致決定への不服申立制度の不備

　不服を申し立てる権利について権利条約は、まず第37条(d)において「自由剥奪の合法性を争う」権利を保障し、第40条2項(b)(v)においては「非行あるいは犯罪事実の認定については上級の機関で再審査される権利」を保障している。また北京ルールズ規則7は、それらの権利が少年司法手続のあらゆる段階で保障されるとしている。さらに収容施設内での不服申立権については、少年保護規則75ないし78で、「少年は法的助言者や家族の援助を受けて、施設長、監督官庁、司法機関等に不服を申立てる権利」が保障されている。

　しかしながらわが国では、逮捕など少年の身柄の拘束を伴う措置に不服を申し立てる制度がないばかりでなく、運用レベルにおいても、たとえば、勾留質問、勾留理由開示および準抗告などが権利保障手続として実質的に機能していないということ、審判段階では、付添人もいない状況で裁判官に不服を申し立てることは事実上困難であること、そして処遇段階では、不服を申し立てれば減点され、自由になる時期がそれだけ遅れるという威嚇によって事実上不服を申し立てない現状が指摘されている[22]。

　これに関して最終見解では、適切な不服申立手続が不十分であることを懸念して、国際準則に則った不服申立手続を確立するように勧告している[23]。すなわちここでは、捜査、審判段階については、逮捕、観護措置、検察官送致決定への各不服申立制度の確立、そして保護処分終了後の保護処分決定取消の申立制度の確立が、処遇段階については、懲罰手続、成績評価手続等における少年の弁明の機会の保障といった制度改革が求められたのである[24]。これに対して「改正」少年法は、観護措置決定についての少年の不服申立権を認めるに至ったし、いわゆる「再審」の申立もできるようにしたのである。これが委員会の勧告を直接的契機としたか否かは別にしても、少年の権利保障のための大きな前進であることは疑いない。しかし、第2回政府報告書では、逮捕お

---

22)　前掲注1)『子ども期の喪失』255〜282頁、前掲注1)『日弁連レポート』187〜215頁。
23)　Concluding Observations, supra note 2 paras. 27 and 48. 前掲注2)『子ども期の回復』276頁および280頁。
24)　山口・前掲注10)228頁。

よび検察官送致決定の不服申立制度が不備である点についての言及がなく、委員会の勧告に沿った改善の方向性は示されていない。また施設内の不服申立についても、少年院においては院長との面接であるいは担当の教官に直接不服を申し立てることができる、そして少年刑務所においては所長との面接であるいは法務大臣等に不服を申し立てる情願制度があると説明するだけである25)。問題は、少年がまわりの大人との健全な人間関係のなかで、懲罰や成績評価を気にすることなく不服を申し立てることができるかであるが、政府報告書は「気兼ねなく申し出ることができる」と説明するだけである26)。本稿は適切な付添人の援助なくしては「気兼ねのない」不服申立はありえないと考える。国際人権法はまさにその点を問題にしているのではないだろうか。

　いずれにしても、捜査・審判段階での自由剥奪の合法性について不服申立が保障されなければ権利条約第37条(d)に違反することは疑いないし、非行事実認定についても同第40条2項(b)(v)に同様に違反する。これに関連して欧州人権裁判所のWeeks v. UK判決27)では、欧州人権条約第5条4項に規定されている逮捕あるいは拘禁においてその自由剥奪の合法性を争う権利が、少年の仮釈放を決定する行政手続である仮釈放委員会の決定にさえ適用されると判示されている。このような国際人権基準に則って、弁護人・付添人は、逮捕については警察に対する取消の申入を、観護措置決定については「改正」少年法第17条の2に基づいて異議申立をすることが重要である。また逆送決定については、弁護士実務で示唆されているように、少年法第32条を準用して抗告することも重要である28)。逆送決定が少年保護手続からの分離を意味する決定的な局面であることを考えると本来はきちんとした不服申立制度があってしかるべきであるが、現行法には規定がないので、法的整備がなされるまでの当面の緊急手段として当該手段を活用すべきである。なお、保護処分終了後の保護処分決定取消しの申立についても、観護措置決定に対する異議申立制度同様に今回の「改正」少年法で規定されることになったので、不十分ではあるが

---

25)　前掲注3)『第2回政府報告』310項。
26)　同。
27)　Euro Court HR Weeks v. UK, judgement of 2 March 1987, Series A No 114, 10 EHRR 293, cited in European Convention supra note 12 pp.46-48.
28)　第二東京弁護士会ほか『少年事件実務ガイド』(1993年)226頁参照。

少年の権利保障は進歩を遂げたといってよい。また少年院内部での処遇に対する不服申立については、審判段階での付添人が面会を通じて実質的に援助することが望まれる。付添人の役割は単に審判段階での法的な援助をするだけではなく、少年の全人格を受け入れてその成長発達を手助けすることに本質があるので、処遇の段階においても援助をしなければならないのはいうまでもない。

6　刑事裁判所への移送
——とくに14歳からの刑事罰の適用の可能性と原則逆送規定

　少年を刑事裁判に送致すること自体について国際人権法は明示していない。しかしながら、権利条約第37条(a)が「死刑又は釈放の可能性のない終身刑は18歳未満の者には科すことができない」と規定していることから見れば、少年に対して刑罰を科しうること自体はまったく否定しているわけではないと見るべきであろう。すなわち、国際人権法が刑事裁判所への移送を一切否定していると見るべきではない。もっとも刑事裁判所に送致することを原則と考えているかといえば、これについては極めて例外的なものと考えているといわざるをえないように思われる。

　なぜなら国際人権法は、成長発達権、すなわち少年を取り巻く環境のなかで豊かな人間関係を築きながら成長して、建設的な役割を担うために社会に戻ってくる権利をすべての非行少年に保障しているからである[29]。もし刑事裁判にかけられるとすると、公開の裁判のなかで被害者はもとより一般社会の好奇の目にさらされ、公益の代表者であり訴追官である検察官の追及にあって断罪され、峻厳な刑罰を受けて受刑者であるという劣等意識を植えつけられた後に社会に戻ってくる可能性が非常に高くなるのはいうまでもない。それはまさに国際人権法がめざす成長発達の保障とは逆方向のものなのである。したがって国際人権法は、文字どおり最終手段としてのみ、刑事裁判所への移送を認めているにすぎないのである。

　そしてこの最終手段の段階においては手厚い権利保障が必要であることも

---

29)　この点については、山口直也「子どもの成長発達権と少年法61条の意義」山梨学院大学・法学論集48号（2001年）75頁以下を参照されたい。

国際人権法はまた示している。まず弁護人依頼権を保障して、有効かつ実質的な弁護活動を成長発達権保障の観点から行わなければならないとしている（権利条約第40条2項(b)(ii)、(iii)および北京ルールズ規則7）。そこには弁護人と少年の間の豊かな人間関係が前提となる。そして、逆送決定において本当に最終手段として少年司法の領域から外してよいか否かを人間科学の見地から判断する社会調査が不可欠となる（北京ルールズ規則16）。単に犯罪事実の軽重によって判断するのではなくて、科学的な見地から少年司法への不相当性を判断するのである。さらに最終的に逆送が決定されたとしても、その判断が相当な判断であるか否かを法的に争う権利が少年に保障されているのである（権利条約第40条2項(b)(v)および北京ルールズ規則7）。

　この国際人権基準にわが国の逆送は合致しているであろうか。周知のように少年法第20条1項は、「死刑、懲役又は禁固にあたる罪の事件について、調査の結果、その罪質及び情状に照らして刑事処分」を決定することができるとされ、「改正」少年法第20条2項では、「前項の規定にかかわらず、……故意の犯罪行為により被害者を死亡させた事件で……16歳以上の少年に係るものについては、同項の決定をしなければならない」として原則逆送規定を設けている。まず国際人権法上問題となるのは、第20条においてはいずれの場合も、弁護人（付添人）の弁護が必要的とされていない点である。少年に保護的・教育的措置を与えて立ち直りを促進する少年司法手続から刑罰を科す刑事手続に移行することを決定する重大な局面でありながら、弁護人（付添人）が付かない場合があるというのは明確な国際人権法違反である。次に、社会調査については、第20条1項の場合には必要的とされているものの、同2項では必要的とされていない。事実、いくつかの事例では社会調査なしに刑事裁判所へ移送した事件も報告されている[30]。これも前記同様に明確な国際人権法違反である。さらに逆送決定に対する不服申立の制度もない。逆送決定、すなわち少年から少年司法手続で扱われる権利を奪うことの合法性を争う権利が手続上保障されていないことは国際人権基準から大きくかけ離れているといわざるをえない。今後の少年法の見直し作業の際には、逆送決定において弁護人（付添人）を必要的とすること、原則逆送であっても社会調査を省くことはできな

---

[30] 井上洋子「『改正』少年法下における少年審判の変化──その概況」季刊刑事弁護29号（2002年）46頁以下。

いことを明確にすること、そして逆送決定に対する不服申立制度を設けることが課題とされなければならない。

いずれにしても、現段階で弁護士会および付添人が行わなければならないことは、国によって制度化されるまでは福岡県弁護士会が行っている少年事件全件付添人制度[31]を行ったうえで、逆送の段階で必ず弁護士（付添人）が立ち会うこと、原則逆送事件であっても社会調査を要求すること、そして少年法第32条を準用して逆送決定に抗告することである。

7　検察官関与と新しい審判形態
――とくに審判「協力者」としての検察官の役割の問題

子どもの権利条約にも、北京ルールズにも、少年司法において検察官が関わることを規定する条文はない。もっとも検察官が関与することを明確に否定する文言も存在しない。国際人権法上、検察官について触れるものとしては、1990年に国連総会で採択された「検察官の役割に関する国連ガイドラインズ」がある程度である。それによれば、およそ検察官とは、基本的に刑事手続の過程に公益の代表者として、そして、訴追官として、被疑者・被告人および被害者の両者の利益に資する者として位置づけられている。しかしこの考え方は、基本的に刑事手続を前提としているので、検察官に関する国際人権法上の明文規定がない少年司法手続においては、たとえ検察官が関わることがあったとしても、それは公益の代表者あるいは訴追官として関わることを前提とすることを意味しないと考えられる。

一般に刑事手続において検察官が関与するのは、訴追官として被告人の有罪を立証して刑罰を執行し、正義を遂行することで公益の代表者としての役割を果たすためである。したがって裁判の段階では、ときには被告人を厳しく追及して、威圧的な雰囲気のなかで被告人・弁護人と対等な立場で事実の黒白をつけるために争うのは、ある意味では当然である。しかしながら、この感覚を少年審判の場に持ち込むとすると、大人とのよりよい関係性のなかで少年の成長発達を保障しようとする国際人権法の趣旨、すなわち北京ルールズ規

---

31)　この点については、石田光史「全国初、全件付添人制度のその後――福岡県弁護士会における現状と課題」季刊刑事弁護29号（2002年）52頁以下。

則14.2に記された「審判の自由な雰囲気」はまったく否定されてしまうし、少年自身が立ち直りの機会を喪失してしまうことになる。そこで国際人権法は、検察官が少年審判に関わることがあるとしても「専門的な教育を受けて専門的能力を有する少年司法職員」(北京ルールズ・規則22)として携わる程度のことを考えているものと思われる。あくまでも少年の成長発達の援助者の1人としてのみ関わることができると考えているのではなかろうか。

　これに関してわが国では、「改正」少年法第22条の2によって、対象となる少年が鋭く事実を否認する場合には家庭裁判所の裁判官の裁量で、検察官を審判の協力者として事実認定段階に限って少年審判に立ち会わせることが可能になった。ここでは刑事手続における検察官ではなくて、裁判官のコントロールに服した「審判協力者」としての検察官像が想定されている。そしてこれについては、少年審判が対審構造化するわけでもないし、健全育成の目的も遵守するので、「検察官が関与したからといって、審判の雰囲気が損なわれ、少年が率直にその主張を述べることができなくなるなど少年に心理的圧迫を加えることになる懸念はない」32)と説明されている。確かに名目上は審判の協力者として、否認事件における裁判官の難しい立場を補佐し、かつ少年の健全育成のために立ち会うのではあるが、刑事事件に慣れている検察官が否認する相手側と対立せずに動機面を含む「事実」の黒白を明らかにすることが可能だとは到底考えられない。そこには訴追官としての顔を出さざるをえないであろうし、また世論は公益の代表者としての検察官にそのことを期待していることは少年法の「改正」論議のなかで明らかにされてきたことではないだろうか。

　さらに、検察官が関与する事例に限定された必要的付添人制度、裁定合議制の審判、「改正」法第22条1項の「内省を促す」という文言、そして検察官の抗告受理申立権の保障はこの問題をいっそう複雑かつ深刻なものにする。

　まず否認事件で付添人(弁護士)と検察官が同席することは、審判の対応はいきおい対審的にならざるをえない。たとえば、殺意があったかなかったか、あるいはその動機は計画的なものか偶発的なものかといった「事実」が争われて法律論議が展開される際に、懇切かつなごやかな審判を維持するのは、たと

---

32) 甲斐行夫・入江猛・飯島泰・加藤俊治『Q&A・改正少年法』(有斐閣、2001年)54頁。

第3章　少年司法における国際人権法の意義　253

え裁判官がコントロールするといってもそれは難しいように思われる。事実認定手続に関しては、アメリカ合衆国のほとんどの州で展開されているような当事者主義のときには熾烈な攻撃防御へと発展するのではないだろうか（同国の少年手続もまったく刑事手続と同じというわけではなく、裁判官の教育的コントロールは法廷すべてに及んでいるので、その意味ではわが国が想定する職権主義による「実質的対審」構造と変わりはないように思われる）。

　また裁判官が3名の合議で審判を進めることによって、とくに狭い少年審判廷では10名近い大人が少年を囲むような状況になり、かなり息苦しく威圧的な審判になることは必定である。そのうえで検察官の質問がなされることを考えれば、国際人権法が予定する「自由な雰囲気」の審判にはほど遠いものになることが想像できよう。

　さらに「改正」法は、非行のある少年に対し自己の非行について内省を促すような審判形態を予定している。否認すること自体が反省の色がないととられることのある刑事裁判の現状を考えると、一件書類がすべて裁判官の手にあるうえで検察官が関与する審判で、少年が事実を否認すること自体に対して「内省を促す」方向で審判が進行することが懸念される。そして審判で被害者が意見を述べることができるようになり、しかも意見陳述の時期から事実認定過程を除外していないので、内省を促す方向で被害者の意見陳述が「利用される」可能性は否定できないように思われる。

　そして最後に、たとえ否認事件において少年の非行事実の不存在が証明されたとしても、検察官は高等裁判所に抗告受理の申立ができるようになったので、少年が無実を証明することはいっそう困難にならざるをえないであろう。

　国際人権法が指向する少年の成長発達援助のための少年司法の中で検察官が果たす役割があるとすれば、それは紛れもなく成長発達の援助であって、必罰化あるいは厳罰化ではない。検察官が少年審判に、訴追官的に「協力」することがあるとすれば、それは国際人権法の観点から問題があるといわなければならない。

8　国際人権基準の実践に向けて

　本章で見たように、少年司法に関する国際人権法は多くの蓄積を重ね続け

ている。しかしながら、それらがわが国の実務で活用されたり、裁判例として現われることは意外と少ない。このことに関して最終見解は、権利条約が国内法に優位し国内裁判所で援用可能であるにもかかわらず、国内裁判所において援用されていないことを懸念し、第2回の委員会審査には援用事例を報告するように勧告している[33]。しかし第2回政府報告書には、「児童の権利条約違反が当事者から主張された裁判例はいくつかあるが、児童の権利条約に違反する旨の判断を示した判例はこれまでのところない」[34]と記述されているだけである。

　弁護人・付添人が直接・間接に、広い意味での国際人権法を「活用する」ことで、わが国の少年司法においてそれらに言及する「多くの裁判例」が蓄積され、国際人権法に即した裁判所の判断へと展開していくことにはならないだろうか。

---

33) この点について詳しくは、津田玄児「条約を国内法や裁判に生かす」前掲注2)『子ども期の回復』240頁以下を参照されたい。
34) 前掲注3)『第2回政府報告』10項。

第4章
死刑廃止の国際的潮流と
終身刑導入案の批判的検討

●北村泰三・山口直也

【国内法】憲法、刑法、爆発物取締罰則、航空機の強取等の処罰に関する法律、航空の危険を生じさせる行為等の処罰に関する法律、人質による強要行為等の処罰に関する法律
【国際人権法】自由権規約、自由権規約第2選択議定書、ヨーロッパ人権条約、同第6議定書、同第13議定書

1 はじめに

　死刑制度の存廃の如何は、基本的には各主権国家の裁量事項であるといえるが、死刑問題の根本は人間の生命権に関わる限りにおいて、普遍的な関心を伴う事項である。自由権規約等の人権諸条約は、生命権に関する規定の中で死刑の適用を制限する立場をとっているけれども、1989年の自由権規約第2選択議定書では、死刑廃止を定めるに至った[1]。それ以後、国際社会においては、死刑廃止の傾向は緩慢ながらも確実な地歩を築きつつある[2]。このような死刑廃止に向けた国際社会の潮流のなかで、それに向けた具体的な措置をとるよう国際的に求められている。

　すなわち自由権規約自体は、死刑存置国が依然多数あることに鑑みて、死刑を消極的に容認する立場であるが、将来の廃止に向けた検討を促している。自由権規約委員会は、1998年の勧告において、わが国に対して①死刑廃止に向

---

1)　第2選択議定書の締約国は、2002年7月現在、47カ国。批准国の大半は、欧州およびラテンアメリカ諸国である。最近では、旧東欧諸国の批准が加速している。2002年3月末現在で、死刑廃止国と存置国との数をデータで見ると、全面的死刑廃止国が74、通常犯罪についてのみ死刑を廃止している国が15、事実上の死刑廃止国が22であり、これら合計111カ国が死刑廃止国とされている。死刑存置国は84。事実上の死刑廃止を死刑廃止国と見なすかどうか多少疑問もあろうが、死刑存置国に数えるのも妥当でないだろう。死刑廃止国が存置国の数を上回っている。アムネスティ・インターナショナル調べ。http://www.amnesty.org/
2)　国際法における死刑廃止の議論については、Schabas, William A., The Abolition of the Death Penalty in International Law, Grotius Publications, 1993参照。

けた措置をとるべきこと、②死刑廃止までの間は、死刑は、最も重大な犯罪に限定すべきことを求め、ならびに死刑囚の処遇については、③面会および通信の不当な制限、④死刑確定者の家族および弁護士に執行の通知を行わないことは、規約に適合しないと述べた3)。さらに、2001年6月には欧州審議会の議会総会は、日米両国に対して死刑廃止に向けた具体的措置をとるようにとの異例の勧告を発しており、わが国としても無視しえない状況にある。

本章では、これらの諸点を踏まえて、国際人権法における死刑廃止の傾向を簡潔に跡づけたうえで、現在、超党派の死刑廃止議員連盟によって提案されている重無期刑という終身刑導入の意義について検討する4)。

2 国際社会における死刑制度の位置づけ

(1) 自由権規約における死刑存廃論

国連では死刑の是非について、国際人権規約の採択過程からすでに議論されていた。

自由権規約第6条は、生命に対する権利は「固有の（生来の）権利」(inherent rights)であり、「何人も、恣意的にその生命を奪われない」と定めており、死刑

---

3) 規約人権委員会日本政府報告書審査の際の最終見解。「委員会は、死刑を科すことのできる犯罪の数が、日本の第3回報告の検討の際に代表団から述べられたように削減されていないことについて厳に懸念を有する。委員会は、規約の文言が死刑の廃止を指向するものであり、死刑を廃止していない締約国は最も重大な犯罪についてのみそれを適用しなければならないということを、再度想起する。委員会は、日本が死刑の廃止に向けた措置を講ずること、およびそれまでの間その刑罰は、規約第6条2に従い、最も重大な犯罪に限定されるべきことを勧告する。21. 委員会は、死刑確定者の拘禁状態について、引き続き深刻な懸念を有する。とくに、委員会は、面会および通信の不当な制限ならびに死刑確定者の家族および弁護士に執行の通知を行わないことは、規約に適合しないと認める。委員会は、死刑確定者の拘禁状態が規約第7条、第10条1に従い、人道的なものとされることを勧告する」。
4) 死刑についての文献は多数に及ぶため、逐一参考文献を挙げることはできない。死刑制度全般に関する議論は、次の文献を参照。団藤重光『死刑廃止論〔第6版〕』（有斐閣、2000年）、菊田幸一『死刑――その挙行と不条理〔新版〕』（明石書店、1999年）、中野進「国際法上の死刑存置論」（信山社、2001年）。最近の論議として、『死刑制度の現状と展望』現代刑事法3巻5号（2001年5月）。同特集には、以下の諸論文を含む。ホセ・ヨンパルト「死刑存廃論の論争点について――死刑廃止論と存置論の立場から」、平川宗信「死刑存廃論の法的理論枠組みについて――憲法的死刑論の展開」、椎橋隆幸「日本の死刑制度について」、石川正興「「死刑の犯罪抑止効果」、日高義博「死刑の適用基準について」、對馬直紀「最高裁判所における最近の死刑判決の動向について」、加藤久雄「死刑の代替刑について」。

を禁止する趣旨ではない。規約草案の審議段階でコロンビアとウルグアイの提案による死刑廃止条項案が提案されたが、投票の結果、否決を可とするものが51、反対9、棄権12により否決された[5]。当時、死刑廃止国は西欧やラテンアメリカの一部に限られており、死刑廃止の条約化は時期尚早であった[6]。

　とはいえ規約第6条は死刑存置を必ずしも支持しているわけではない。また死刑制度を締約国の全面的な裁量的事項として認めるわけではなく[7]、死刑存置国において死刑をやむをえず選択しなければならない場合には、第2項以下の一定条件を満たす必要があると定める。また、「未だ廃止していない国では」という文言の意味は、一般的には死刑廃止が望ましいけれども、諸種の事情により未だ死刑を存置している国があることを受け入れるという意味であり、同時に死刑の対象となる犯罪の拡大を認めない趣旨を盛り込んでいると考えられる。

　以上のような趣旨は、第6条に関する規約人権委員会の一般的意見において、「本条はまた、死刑の廃止が望ましいことを強く示唆する（第2項および第6項）文言で一般的に『死刑』廃止に言及する。委員会は、『死刑』廃止のあらゆる措置は、第40条にいう生命に対する権利の享受についての進歩と考えられる」と指摘されているとおりである[8]。

(2)　死刑廃止条約

　自由権規約や欧州人権条約などの一般的人権条約では、死刑の存置を消極的に容認していたので[9]、死刑廃止の趣旨を鮮明に打ち出すために、死刑廃止条約の採択を求める動きが台頭した。

　欧州の地域条約のレベルでは、1983年に採択された欧州人権条約の第6議定書が、最初の死刑廃止を定めた国際条約である[10]。同議定書は、「死刑は廃止する。何人も、死刑を宣告されまたは執行されない」と定める（第1条）。ただし、本議定書は、全面的な死刑廃止を義務化したものではなく、戦時下の軍

---

5)　芹田健太郎『国際人権規約草案注解』(有信堂、1981年)。
6)　Novak, CCPR Commentary, N.P. Engel, p.103-113.
7)　宮崎繁樹編『解説国際人権規約』(日本評論社、1996年)参照
8)　規約人権委員会一般的意見6/16。
9)　欧州人権条約第2条も死刑を認めていた。
10)　正式には、欧州人権条約第6議定書と呼ばれる。

法上の一定の犯罪（国により異なるが、たとえば間諜罪、反逆罪、敵前逃亡罪など）を例外としていた。1980年代後半から90年代において欧州審議会の加盟国が中・東欧から旧ソ連圏諸国に拡大していく過程で、死刑廃止が最低限度の人権基準として加入の条件として見なされるようになっている。

　欧州審議会が1994年に採択した勧告において「死刑は、現代の文明社会の刑事制度において合法的な場所を持たない。死刑の適用は、欧州人権条約第3条の意味での非人道的品位を傷つける刑罰として拷問にも匹敵する」と明言し、死刑廃止を呼びかけた11)。以後、欧州諸国間では死刑廃止の動きは、バルカン諸国からロシアにも及んだ（ロシアは死刑執行の停止を約束するに至った）。かくして、1997年以降、欧州審議会（Council of Europe）に加盟する地域は、事実上の「死刑廃絶地帯」（death penalty free zone）となっている12)。ただし、第6議定書は、死刑を全面的に廃止したわけではない。そこで、欧州諸国間では、より完全な死刑廃止をめざすために、軍法上の死刑の存在をも認めない全面的な死刑廃止を定める議定書案の検討が続けられ、2002年2月に欧州人権条約第13議定書として結実した。同議定書によって、欧州審議会は、完全な死刑廃止地帯の創設に向けて具体的な措置を歩み出した13)。

　国連総会では1980年に西欧6カ国より死刑廃止条約案が提出されたが、多数の賛成を得ることは難しく、採択に至らなかった。その後、総会は人権委員会（Commission on Human Rights、国連の機能委員会の1つ、53カ国の代表で構成）にこの問題の取扱いを委ねるとともに死刑に関する見解を提出するよう加盟国に求めた。人権委員会は、実質的問題の検討を人権小委員会に委ねた。

---

11)　Assembly General of the Council of Europe, Resolution.
12)　欧州審議会は、欧州評議会または欧州理事会とも訳される。1949年に西欧で設立された地域的機構（加盟国数43。2002年3月末現在）。東西冷戦体制の終焉以後、加盟国は旧東欧、旧ソ連諸国にも拡大した。欧州人権条約は、同審議会の基本的文書である。同条約第2条は死刑の存置を認める規定を置いているが、1983年の欧州人権条約第6議定書により、軍法上の犯罪を除く通常犯罪に対する死刑の廃止を義務づけている。第6議定書署名国は、42カ国であり、そのうち39カ国が批准している。ロシア、アルメニア、アゼルバイジャンの3カ国は署名のみ。トルコ1国は、署名も批准もしていないが、2002年8月、トルコ国会は死刑廃止法案を可決し、死刑廃止を決定した（朝日新聞2002年8月4日）。
13)　従来の第6議定書は、軍法上の犯罪に対する死刑は例外的に認めめていたが、第13議定書はその例外をなくし、あらゆる事情の下でも死刑を廃止することを定めた。欧州審議会・法務部ホームページ（http://conventions.coe.int/）を参照。採択されたばかりで、批准国は3カ国（アイルランド、マルタ、スイス）にとどまるが、33カ国が署名している（2002年4月現在）。

そこで、小委員会は、ベルギーのボスュイ (Bossuyt) 委員を特別報告者として選任し、彼を中心として人権委員会内において死刑廃止条約草案が練り上げられた。86年には原案が策定され、その後人権委員会の討議を経て1989年の総会に提出された。総会は、89年12月15日に死刑廃止に関する自由権規約第2選択議定書を採択した。

　同議定書は、第1条において「1.この選択議定書の締約国の管轄権内にある何人も、死刑を執行されない。2.各締約国は、自国の管轄権内において死刑を廃止するためのすべての必要な措置を定める」と規定する。第1項は締約国に対して死刑を執行しない義務を課している。この規定だけだと、死刑廃止を法制化しなくとも事実上の執行停止により締約国としての義務を果たすことが可能のように理解できる。ただし、第2項は死刑廃止のための必要な措置を定めるよう求めているので、その措置のなかには死刑廃止の国内法化の義務を含むものと考えられる。

　第2選択議定書第2条では、例外的に特別の留保を付すことによって戦時における重大な犯罪を例外とすることができることを定めている。通常の刑法犯ではなく、戦時下の間諜罪(スパイ)などの軍法上の犯罪として死刑を定めている国において、死刑廃止の例外としている国があることに配慮した規定である。

　わが国は、同議定書の審議に際して反対の立場に立っていた。規約人権委員会は98年の報告審査に際して、わが国に第2選択議定書の批准を前向きに検討するように勧告している。しかし、わが国はこれを無視している。

　米州諸国、米州大陸諸国によって設立されている米州機構も1990年6月8日にパラグアイのアスンシオンで開催された総会において死刑廃止のための米州人権条約追加議定書を採択した[14]。

(3) 国連機関における死刑廃止論

　国家は、国際法上、死刑廃止は特別の条約を批准することによって初めて義務を負う。自由権規約などの一般的人権条約の下では死刑制度(消極的ではあ

---

[14] Protocol to the American Convention on Human Rights to Abolish the Death Penalty, O.A.S Treaty Series No.73(1990), Adopted June 8, 1990, Reprinted in Basic Documents Pertaining to Human Rights in the Inter-American System, OEA/Ser/LV/II.82 doc. 6 rev.1 at 80(1992). 同議定書の批准国は、ブラジル、コスタリカ、エクアドル、ニカラグア、パナマ、パラグアイ、ウルグアイ、ベネズエラの8カ国である。

るが)が認められている。

　国連の部内では、毎年のように人権委員会における死刑廃止決議案の採否をめぐって議論が行われている。

　国連で死刑問題を討議する主な機関は、総会、経済社会理事会およびその下部機関である国連人権委員会である。また、5年ごとに定期的に開催される「国連犯罪防止被拘禁者処遇会議」も死刑問題を討議の対象としている。

　遡れば総会は、1974年12月8日に採択した決議32/16により死刑が科せられる犯罪を制限し、死刑廃止に向けた措置をとるよう加盟国に求めたことがある。しかし、その後しばらくの間は目立った進捗はなかった。以後10年を経た1984年に経済社会理事会は、「死刑囚の権利保護のための保護基準」(決議1984/50)を採択した15)。本決議は、未だ死刑廃止条約が採択される以前のものであるが、死刑を制限しようとする意図に基づいて死刑の適用条件について一連の基準を示していた。同決議は、たとえば「死刑を廃止していない国においては、死刑は最も重大な犯罪についてのみ科することができる。最も重大な犯罪とは、その範囲が生命の損失またはその他の極度に重大な結果を伴う故意の犯罪を越えてはならないものと理解される」と定める。自由権規約の解釈に通じる内容を含んでおり、規約人権委員会もその後のコメントで同様の趣旨の解釈を示している。

　国連人権委員会の下には、個人からの人権侵害に関する通報を受理し、関係国の人権状況を調査する手続がある(1235手続および1503手続)。1235手続では、特定の国を対象として一貫的かつ大規模な人権侵害に関する調査を行う。しかし、この手続では、どうしても大国よりは小国が取り上げられる傾向が強い。そうした「二重の基準」を排除するために1980年代には、いくつかの重要な人権課題について「主題別特別報告者制度」が設けられた。そのなかに「略式または恣意的な処刑に関する特別報告者」の制度がある。特別報告者は、恣意的処刑等の事実に関する調査を実施し、人権委員会の討議のために報告書を起草し、提出する。その手続の下でとくに注目される事例は、1998年に公表されたアメリカ合衆国における死刑問題に関する報告書であろう16)。中小国ではなく、超大国アメリカの人権問題に関する報告書が公にされたこ

---

15)　北村「死刑問題に関する国際文書」熊本法学61号(1989年)。
16)　特別報告者Bacre Waly Ndiaye -- UN Doc. E/CN.4/1998/68/Add.3, 22 January 1998.

とは、国連史上、画期的である。

　米国では死刑の存在そのものが州によって異なる（50州のうち38州で死刑を存置）。この報告書は、アメリカ合衆国における死刑の実態について、白人に比べて黒人やヒスパニック系の死刑囚の割合が多いこと、18歳未満の少年に対する死刑などを批判している。米国は、この報告書には「重大な誤解がある」として強く抗議しているが、特別報告者の役割自体には異議を唱えていない。

　また人権委員会は、諸国に対して死刑廃止に向けた措置をとるように重ねて勧告している。1997年の4月には、イタリアが発案し、オブザーバー国も含む48カ国が共同して提案した死刑廃止決議案をめぐって大きな議論となった。存置国は、死刑の問題は各国が主権的に決定すべきことがらであるとして採択に反対した。議論の応酬の後、結局、決議案は採決に付され、賛成27、反対11、棄権14により採択された（決議1997/12）。

　本決議の内容は、①規約締約国に対して死刑廃止条約への加入を呼びかけ、さらに②自由権規約に基づいて、死刑の対象を「最も重大な犯罪」に限定すること、③犯行時18歳未満者に対する死刑の禁止、④経済社会理事会決議1984／50に掲げられた基準の遵守、⑤死刑が科せられる犯罪の数を漸進的に制限すること、⑥死刑の完全廃止を目標として執行停止を考慮すること、⑦事務総長に対して加盟国政府、専門機関、NGOと協力して死刑に関する報告書の補足を提出すること、⑧諸国に対して死刑に関する情報を公開することなどである。決議の⑦に応じて、翌年の1月に国連人権委員会に対して各加盟国と国際社会における死刑に関する実状をとりまとめた報告書が提出された[17]。

　その後人権委員会では、2002年まで毎年連続して、97年決議をさらに拡充した内容の決議が可決されている[18]。

（4）　欧州審議会の対日死刑廃止勧告

　死刑存置国と廃止国との数の比率は、全世界的には廃止国が漸増しているとはいえ、ほぼ拮抗しているともいえる。しかし、先進国では死刑廃止の傾向

17）　UN Doc. E/CN.4/1998/82.
18）　E/CN.4/RES/2001/68, RES/2000/65, RES/1999/61, RES1998/8. 1999年の決議より死刑の可能性のある国への犯罪人引渡しの拒否が明記されるようになった。2001年の人権委員会では、賛成27、反対18、棄権7で採択された。こうした廃止論に反対しているのが、米国、韓国、中国それに日本などである。

は明らかである。主要国首脳会議(サミット)の参加国で見ても、死刑制度を維持しているのは、米国とわが国およびロシアである。カナダ、ドイツ、フランス、イタリア、イギリスはいずれも死刑廃止国である。ロシアは、1997年以来死刑の執行を停止しており、近い将来に廃止をめざしているので事実上の廃止国である。したがって、サミット参加国で死刑を維持しているのは、アメリカ合衆国の38州とわが国だけである。また、日米両国を比較した場合、死刑の適用が問題となる殺人等の重大な刑法犯罪の発生率において極端な差があるにもかかわらず、わが国が死刑を維持している点について西欧諸国から懐疑の念が生じている[19]。近年わが国の治安は従来に比べて悪化しているともいわれているが、殺人などの重大事件の発生件数等の国際比較に見られるように多くない[20]。主要先進国との比較においても凶悪犯罪発生率では低いわが国において、死刑を維持する合理的かつ説得的な理由は見出しにくいと見られている。

欧州審議会の議会総会は、欧州審議会とオブザーバーとしての関係を有しているカナダ、アメリカ、メキシコ、日本の4カ国中で死刑を存置している日米2カ国について死刑問題に関する調査を行い、その結果、2001年6月、日米両国に対して死刑廃止を求める決議を採択した[21]。それによれば、わが国と米国に対して死刑の執行停止を求めるとともに、2003年1月1日までに死刑制度の見直しに向けた具体的措置とるための顕著な進展がなければ、オブザーバーとしての地位を再考するよう求めている。

この決議自体には、法的拘束力は認められていない。しかし、国家間の関係において特定の国家を対象として一定の具体的措置を求める決議を採択することは異例である。少なくとも欧州諸国は、オブザーバーとしての地位にある諸国に対しては、死刑問題のような重大な課題については価値観の一致があることが望ましいとの立場を示したものである。

2002年5月には、欧州審議会の代表団がわが国を訪れ、死刑廃止議員連盟

---

19) United Nations, Global Studies on Criminal Justice, Oxford, 1999.
20) 人口10万人あたりの殺人事件発生件数の国際比較によれば、アメリカが6.3と断然高く、欧州の死刑廃止国でも、イギリス2.7、ドイツ3.5、フランス3.7であったのに対して、日本は1.2であった。わが国では、強盗、強姦、傷害等の凶悪犯罪の発生率もこれらの諸外国と比べて、おしなべて低い。法務省『犯罪白書(平成12年度版)』より。
21) 2001年6月27日に決議1253(2001)を採択。

との共催により死刑廃止セミナーを開催した22)。わが国としても具体的な措置をとるべきであるとの立場から、与野党の超党派議員で構成される死刑廃止議員連盟は、死刑廃止に至るまでのひとつの措置として終身刑法案を準備している。

　以下ではこの終身刑導入案を国際人権基準から批判的に検討してみる。

3　終身刑導入案の批判的検討

(1)　終身刑導入の提案

　2002年6月3日に、超党派の国会議員で作る「死刑廃止を推進する議員連盟」は、現行の死刑制度を存続させたまま、仮出獄を認めない実質的な終身刑制度を創設するための刑法改正案を2002年の臨時国会に提出する方向で検討に入ったと報道された。

　死刑廃止を推進してきた同議員連盟が、死刑制度を存置したままで新たに無期懲役よりも重い刑罰として、重無期刑という終身刑の導入を提案するのには、死刑を一気に廃止してしまうことには強い抵抗が政府与党内にあるからだということのようである。すなわち、死刑を段階的に廃止する一里塚として終身刑を新たに設けて、いままで死刑判決の選択を余儀なくされていた事例について裁判官が終身刑を選択し、次第に死刑判決を減らすことが狙いであるとされている。しかしながら、いうまでもなく、いままで無期懲役が選択されてきたような事例が終身刑とされる可能性も十分にあり、終身刑の導入によって刑罰の適用が一概に減刑方向に向かうとは楽観視できない。

　そこで以下では、国際人権法の観点からいわゆる終身刑がどのように捉えられているのかを見てみることにする。

(2)　終身刑の定義

　終身刑に関しては1994年に国連ウィーン事務局が発刊した『終身刑（Life Imprisonment）』と題するその導入および運用に関するマニュアルが国際人権法の到達水準を余すところなく示している23)。

---

22)　朝日新聞2002年5月27日付夕刊。

同マニュアルでは、各国でさまざまな形態における終身刑、すなわちアメリカの多くの州が採用しているように、生涯にわたって釈放の可能性のない文字どおりの終身刑、欧州諸国のように20年程度で多くの受刑者が仮釈放される終身刑が適用されていることに触れている24)。

　そのうえで、拘禁および人権に関する国際人権文書が自由の剥奪を唯一正当化しているのは、司法基準によって釈放の可能性が審査されることが保障されている場合であることを確認し、もし釈放の可能性がないということになれば、不定期の終身刑は恣意的な拘禁の対象になってしまうとしている25)。このような形態の拘禁は、社会復帰および社会への再統合という拘禁刑の目的を無視しているとするのである。

　そして結論として、国内法の枠組みの中で、被害者の関心に適正な配慮を払ったうえで釈放の可能性が検討されなければならないとしている26)。すなわち、釈放の可能性のない絶対的な終身刑は認めないとするのが国際人権法の立場なのである。

　このような終身刑の定義から見れば、従来わが国で科されてきた無期懲役刑は、平均21年6カ月ほどの拘禁で釈放されており27)、まさに欧州諸国と同様の終身刑ということになろう。もっとも欧州では、多くの国が死刑をすでに廃止しているので最も重い罪がそれであることを忘れてはならない。その意味で今回の重無期刑という仮釈放が許されない終身刑の提案は、死刑という峻厳な刑罰に加えてさらに厳しい刑罰類型を設けることにほかならない。議員連盟の提案は国際人権法が想定する終身刑の域を出た人権侵害的な恣意的刑罰の提案であるといわなければならない。

(3)　終身刑受刑者の処遇

　では国際人権基準は終身刑受刑者の処遇にどのような配慮が必要であると

---

23)　United Nations Office at Vienna, Life Imprisonment, United Nations, 1994 (here in after, Life Imprisonment).
24)　Id., at 2-3.
25)　Id., at 4.
26)　Id., at 16.
27)　菊田幸一「死刑に代替する終身刑」『終身刑を考える』(インパクト出版会、2001年) 57頁参照。

いっているのだろうか。

　マニュアルはまず、基本的な考え方として、終身刑受刑者に対しても国連被拘禁者処遇最低基準規則が等しく適用されなければならないとする28)。とくに同規則の指導原理のひとつである第58条が、拘禁期間を利用して被拘禁者が法を遵守する自立した人間になることこそが翻って犯罪から社会を防衛することにもなるとしていることを重視する。すなわち、終身刑受刑者であっても社会復帰を目的とした処遇を展開するべきことを強調するのである。したがって、終身刑受刑者が社会にとってもはや脅威でなくなったときには、犯罪の重大性や被害者感情を考慮しつつ、釈放の可能性を検討しなければならないことはいうまでもない。

　それでは社会復帰に向けたどのような処遇が展開されるのであろうか29)。

　終身刑受刑者であっても最終的な目的が社会復帰に置かれるわけであるから、入所と同時に将来の社会復帰に向けた個別的な処遇計画がたてられなければならない。とくに、人格態度を改めるためのプログラム、人との関わりを円滑に持てるように促進するプログラム、労働への動機づけなどが重視される。そしてこれらのプログラムはそれぞれの特性にあったものでなければならない。

　また、他の受刑者に比べてもとくに教育機会が十分には与えられてこなかった終身刑受刑者には、教育プログラムにも焦点が当てられる。この教育プログラムには体育教育から学校教育まで含まれ、収容施設から他の施設へ移送されることなく継続的に行われるべきであるとされている。そのことによってより教育効果を高めるためである。さらに労働に従事することも、労働習慣や社会的スキルを身につけさせるために重要であるから、終身刑受刑者にもその機会を提供しなければならない。

　そして終身刑受刑者の処遇においていっそう重要視されるのは、外部交通の保障である。一般に受刑者は社会的な孤立に陥りがちである。終身刑受刑者ならいっそうその傾向が顕著になる。処遇の目的が社会復帰にある場合、受刑者と社会との継続的なつながりを保持することは処遇内容において必要不可欠の要素になることはいうまでもない。そのような観点から処遇最低基準規

---

28)　Life Imprisonment, supra note 23 at 8-10.
29)　Id.

則第37条は「被拘禁者は、必要な監督の下に、家族および信頼できる友人との、通信および面会による、一定間隔での交通が許されなければならない」と規定しているのである。マニュアルはこの規定が終身刑受刑者の処遇においても最大限に尊重されなければならないとしている[30]。多くの実証的研究が明らかにしているように、長期間において拘禁された者が必要な外部交通を持たないことで拘禁ノイローゼに陥って所期の処遇目的を達成できなくなる場合が多いからである。このことは被拘禁者のみならず、行刑当局にとっても多大な負担を課すことにもなる。

では必要な処遇を受けて改善の見込みが出てきたか否かをいつどのような手続によって誰が判断し、仮釈放を検討するのであろうか。

マニュアルによればまず、釈放の審査手続はできる限り早い段階で行わなければならないとしている[31]。たとえば欧州審議会の決議によれば、遅くとも8年から12年の収容期間の間に審査を行うべきであるとする[32]。この国際人権基準の考え方は、たとえ釈放がその時点で認められなかったとしても、早い段階で終身刑受刑者にも釈放の可能性を知らせることは拘禁が無期限に続くのではないことを受刑者にあらためて知らせることになり、その後の更生に大きく役立つとするものである。

次に審査における判断者については、日々受刑者と接する刑務官が、精神科医、ソーシャルワーカーおよび保護観察官とともに客観的視点に立って最初の評価報告書を作成することになる。もっとも最終的には、評価者の手を放れて、当該受刑者の将来の危険性をしばしば政治的な圧力によって判断しなくてはならない仮釈放委員会やその他の機関が決定を行うのが一般的である。

そこで国際人権基準は、受刑者自身が評価の各プロセスに参加することを奨励している[33]。すなわち、評価を始める前に評価の意味やそれがもたらす帰結について十分な情報を与えて、受刑者自身が主体的に処遇に関わる機会を保障すること、評価内容およびそれを基にした決定・勧告内容についてその理由を十分に知らせてもらえること、そして、決定および勧告について不服があ

---

30) Id.
31) Id., at 11-13.
32) Resolution (76) 2 on the treatment of long - term prisoners, adopted by the Committee of Ministers of the Council of Europe on 17 February 1976.
33) Life Imprisonment, supra note 23 at 18.

る場合には、無償の法的援助者の援助によって不服を申し立てる機会を保障することなどである。

(4) わが国の終身刑導入案は国際人権基準を満たさない

このように見てくると死刑廃止議員連盟が提案している「終身刑」導入の提案はいくつもの点で国際人権基準から大きく乖離しているように思われる。

まず、恩赦以外に釈放の可能性を認めないという点についてであるが、恩赦の申立が行刑施設の長から行われることはまずありえないわが国の現状に鑑みれば、基本的に終身刑受刑者に釈放の道を与えないに等しい。国際人権基準が想定するような社会復帰をめざした定期的な仮釈放審査とはまったく質が異なり、釈放のわずかな可能性を形式的に提供しているにすぎないといわざるをえない。

そしてさらに、処遇内容についても、ここで述べた国連被拘禁者処遇最低基準規則に則った処遇は一般受刑者にさえ十分に保障されていない現状がわが国にはある。とくに外部交通に関していえば、家族や親戚のいない受刑者にとっては信頼できる友人との通信・面会が重要になるにもかかわらず、それはまず一般受刑者にとっても困難な状況にある。このような現状のなかで、終身刑受刑者という特別の受刑者カテゴリーが設けられるとき、一般受刑者よりもよりいっそう社会とのつながりが必要とされる者たちへの処遇が、一般受刑者の処遇水準を上回るとはまず考えられない。むしろ、終身刑受刑者は基本的に社会復帰を目的としないと見なされるであろうから、一般受刑者よりも、より権利を制限されるかたちで処遇されるおそれが強い。わが国の行刑実務から見てそう推測するのが妥当であろう。

こう考えると、死刑制度を存置したままで重無期刑という「終身刑」制度を設けることは、死刑を廃止しないという国際人基準違反に加えて、被拘禁者に対する処遇ルールを満たさない恣意的かつ厳格な刑罰の執行という新たな国際人権基準違反をまた1つ重ねることにならないだろうか。

4 むすび

本稿では現在の死刑廃止の潮流とそれにのっているとされるわが国の終身

刑導入提案を検討した。その結果、少なくとも以下の3つの国際人権基準違反を指摘できる。

　1つは、死刑という刑罰を廃止しないことである。国連の死刑廃止条約をはじめ、多くの国際文書で死刑の廃止が求められている。また、いまや欧州審議会からも死刑廃止の一種の「勧告」が突きつけられている。このような情勢で死刑を廃止しないことは国際社会への裏切りであるといったら言い過ぎであろうか。

　2つめは、死刑を廃止するまでの間、死刑確定者の処遇水準を未決拘禁者のそれと同レベルに保たなければならないのにそれを怠っているということである。冒頭でも触れたように、1998年の規約人権委員会の最終見解は、わが国の死刑囚の処遇、とくに訪問や通信の過度の制限に重大な懸念を示して改善を勧告している。「心情の安定」という名の下に行われているわが国の行刑の人権侵害は早急に改められなければならない。

　3つめは、このような状況をそのままにして、釈放の可能性が事実上ない「終身刑」を導入しようとしていることである。国際人権基準が想定する終身刑は、拘禁後、早い段階で釈放の可能性が審査される自由刑であり、社会復帰を目的としている。すなわち、わが国の無期懲役刑がすでに国際人権基準の意味での終身刑にほかならないのである。新たな終身刑を導入することは、死刑に準じる野蛮な刑罰を創設すること以外に意味があるとは思われない。

　わが国が行うべきことは死刑という刑罰を廃止する、この一事をもって必要かつ十分ではないだろうか。

第5部

国際的組織犯罪の防止と国際人権の視点

第1章
越境組織犯罪対策に関する国連会議とわが国の組織犯罪処罰法
盗聴立法は国際的要請に基づいたのか？

●山口直也

【国内法】組織犯罪処罰法、通信傍受法、刑訴法
【国際法】国連越境組織犯罪対策条約

＊本稿は、すでに成立施行されている組織犯罪処罰法および通信傍受法が、いわゆる組織犯罪対策3法案として議論されていた当時の状況を論じた既発表論文を骨子としている。したがって現在ではすでに解決済みの問題も含まれているが、現行法の内容が必ずしも国際的な要請に合致しているものではないことを明らかにするうえでも、あえて大幅に文章を修正していないことを最初にお断りしておきたい。なお、最近を含めてその後の状況については、補論として文末に記したので、そちらを参照していただきたい。

1 はじめに

　1998年3月に国会に上程され、1999年8月に成立した組織犯罪対策に関する3法（以下、単に3法とする）の最大の眼目は、マネーロンダリングの処罰の拡大および捜査機関による盗聴の適法化にあった。世界規模で組織犯罪が拡大するなか、組織犯罪に対抗する効果的な法律を有しないわが国が薬物犯罪等の取引先として利用されるのを防ぎ、日本社会に犯罪が蔓延しないようにすること、ひいてはそれが国際社会への貢献でもあるというのが立法の大きな理由のひとつであった。しかしながら、とくに盗聴法については、研究者、実務家を含めて広く市民層からの反対運動が繰り広げられた。盗聴を適法化することが通信の自由を侵し、プライバシーを侵害する危険が強いことはもちろんのこと、憲法第35条の令状主義の趣旨を没却せしめることからすれば当然の反対論であったと思われる。

　そして法案が審議されていた当時、法案提出の契機となった「国際的要請」

の確認の場のひとつでもある国連の政府間会議が、1999年4月末から5月上旬にかけて、ウィーン国連事務局（United Nations Office in Vienna）で開催されている。国連犯罪防止刑事司法委員会第8会期（UN Commission on Crime Prevention and Criminal Justice, Eighth Session　以下、単に委員会とする）および越境組織犯罪対策条約起草特別委員会第3会期（Ad Hoc Committee on the Elaboration of a Convention against Transnational Organized Crime, Third Session　以下、単に特別委員会とする）がそれである。

　本小論の目的は、3法成立に向けての動きの支柱であったはずの「国際的要請」という後押しを上記の2つの国連会議の紹介を通じて検討し、そのうえで、国際的動向から見た3法の問題点を探ることにある。

2　国連犯罪防止刑事司法委員会第8会期の概要
　　——とくに組織犯罪対策に関する議論を中心に

(1)　犯罪防止刑事司法委員会における組織犯罪対策に関する議論

　犯罪防止刑事司法委員会とは、1992年から年1回ウィーンで開催されている犯罪防止に関する政府間会議である。その事務局には国際犯罪防止センター（Centre for International Crime Prevention　前身は犯罪防止刑事司法部 Crime Prevention and Criminal Justice Division）があたっており、官憲の腐敗に対する行動、子どもおよび女性に対する暴力の撤廃等の議題についての議論を中心に、1995年にカイロで開催された第9回犯罪者の処遇および犯罪の防止に関する国連会議（以下、単に犯罪防止会議とする）を間に挟んで、すでに7回の会議を重ねている。まさに委員会は、国際刑事政策策定の場として機能してきている[1]。

　第7回までの委員会を通じて国際的に議論されてきたことは、上記の議題の

---

1)　委員会設立の経緯、初期の委員会の概要等については、Establishment of the Commission on Crime Prevention and Criminal Justice, United Nations Crime Prevention and Criminal Justice Newsletter, Nos. 22/23, July 1993, p.5. およびその後の Newsletter 等を参照されたい。また、委員会、犯罪防止会議、特別委員会等の基本的な国連公式文書については、http://www.ifs.univie.ac.at/~uncjin/undoc.html で公開されており、組織犯罪対策条約草案も入手可能である。なお、2002年4月現在、委員会の開催は11回を数えており、犯罪防止会議についても2000年にウィーンで第10回会議が開催されている。

他に犯罪防止および刑事司法に関する国連準則の活用、とくに、被害者人権宣言、少年司法運営に関する最低基準規則といった既存の国連準則の各国での適用状況とその結果への対応等が挙げられるが、委員会発足後、一貫して主要な議題としての地位を占めてきたのは、やはり、越境組織犯罪を効果的かつ協力的に撲滅することを決定したナポリ政治宣言の実現に関する議論、およびそれとの関連での火器の不法製造および売買の規制、移住者の不法密入国の規制等に関する議論であろう。とくに、第5会期以降は、1995年の経済社会理事会決議（1995/11）に基づいて、越境組織犯罪にいかに効果的に対応していくかについての議論が中心となっていることは間違いない。そして、特別委員会が発足した後の本会期は、まさに越境組織犯罪対策条約およびそれに関連する議定書の起草に焦点を当てたものになったのである。

(2) 第8会期の議題および議論の概要

本会期では、以下に触れる組織犯罪対策に関する議題も含めて、概ね6つの議題について議論がなされている。それぞれについて詳述する余裕はないので、ここでは犯罪防止のための方策に関する議題についてのみ簡単に触れておく。

当該議題のもとでは、犯罪および公共の治安、女性に対する暴力の撤廃、犯罪防止基準の開発の各問題について議論され、腐敗防止の諸活動に関する決議案、効率的犯罪防止に関する決議案、刑事司法過程におけるメディエーション、修復的司法の開発および実施に関する決議案等が採択された。とくに触れておかなければならないのは、カナダ政府の財政的援助の下、刑事法改革および刑事司法政策国際センター（International Centre for Criminal Law Reform and Criminal Justice Policy）が国際犯罪防止センター等と協力して作成した、『犯罪防止および刑事司法領域における女性に対する暴力の撤廃についての模範策および実務手段についての対策マニュアル』[2]が完成したことが報告されたことである。同マニュアルは国連の公式文書ではないものの、1997年12月の女性に対する暴力の撤廃に関する総会決議（52/86）の付属文書である前

---

2) International Centre for Criminal Law Reform and Criminal Justice Policy, Model Strategies and Practical Measures On Elimination of Violence Against Women In The Field of Crime Prevention and Criminal Justice : Resource Manual, March 1999.

記模範策および実務手段について解説した国際人権水準に則った重要な手引書である。

(3) 組織犯罪対策に関する議論の概要

　ところで、第8会期の議題6は「越境組織犯罪対策のための国際協力」と題して、ナポリ政治宣言の実現、そして越境組織犯罪対策条約およびその他の可能な国際文書の起草に関する議論を、4月27日および28日の午前にわたって行っている。ここでの議論の要諦は、発言国の多くが、組織犯罪がますます国際的脅威として増大しつつあるという認識を示したこと、現在の条約化が2000年中の完成に向けて順調に進められていることを歓迎するということ、人身および火器の不法売買がさらに問題化しているということ、これらの諸問題についての対応に国際犯罪防止センターがさらに力を入れ始めたことを歓迎するということであった。本会合では形式的な報告に終始し、実質的な議論および協議は条約および議定書の起草にあたる特別委員会に委ねていることがうかがえた。それゆえに、最終的に採択された国連越境組織犯罪対策条約およびその議定書、そして越境組織犯罪対策条約起草特別委員会の諸活動と題する2つの決議案は、2000年中に条約および議定書を完成させなければならない至上命令を達成するための、主として、その作業の効率的促進に向けられた一種の宣言文のようなものになったといってもよいであろう[3]。

3 越境組織犯罪対策条約起草のための特別委員会第3会期の概要と条約案の内容

(1) 越境組織犯罪対策条約起草のための特別委員会

　1998年7月28日の委員会および経済社会理事会の決議（1998/14）による勧告に基づいて、総会は、越境組織犯罪対策条約起草のための政府間非制限的特別委員会を設置することを決定した（1998年12月8日、総会決議53/111）。そして、本条約本文の起草を行うとともに、それに関連する国際文書、すなわち、女性および子どもの売買、移住者の不法売買および輸送、火器

---

[3] なお条約は2000年11月に成立している。

の不法製造および売買に関する各文書の起草も手がけるように特別委員会に要請したのである（同、総会決議53/114）。このように1つの条約および3つの議定書を起草することのみをその任務として発足したのが特別委員会である。

(2) 第2会期までの議論の状況[4]

特別委員会発足までにはいくつかの準備作業が行われている。1995年から開催された数回の地域閣僚会議を経て、1998年2月にワルシャワで開催された会期間専門家会議で予備草案が採択され、同年9月にブエノスアイレスで開催された非公式準備委員会において条約の予備草案を改訂した草案が採択されている。さらにその後、数回の非公式会議が開かれ、条約案の大まかな審議と特別委員会の議案および機構の設定等が行われている。

そして、1999年1月に特別委員会第1会期がウィーンで開催されたのである。ここで検討の対象とされた条約草案[5]については、その第1条から第23条までが第1読会の対象とされるとともに、爾後の議論を容易にするために、会議では、条文ごとに各国の意見を併記するかたちで草案化されてきた選択肢（オプション）の削減に力が注がれている。そして草案全体の贅肉をある程度削ぎ落とすとともに、その過程で各国代表から提示された代案、修正案が新たに盛り込まれた改訂草案[6]となっている。また、議定書に関しては、基本的に選択議定書とすることを確認し、カナダ原案を基にした火器の不法製造および売買の規制に関する議定書、オーストリアおよびイタリア原案を基にした移住者の不法売買および輸送の規制に関する議定書の第1読会を終了したのである。なお、アルゼンチンおよびアメリカがそれぞれ提出した女性および子どもの不法売買に関する原案は第2会期までに1つにまとめられることになった。

---

4) ここでの記述は、主として、Report of the Ad Hoc Committee on the Elaboration of a Convention against Transnational Organized Crime, UN Doc., A/AC.254/13 - E/CN.15/1999/5, 12 April 1999に拠っている。
5) Draft United Nations Convention against Transnational Organized Crime, UN Doc., A/AC.254/4, 15 December 1998. (hereinafter, Draft 1998)
6) Revised draft United Nations Convention against Transnational Organized Crime, UN Doc., A/AC.254/4/Rev.1, 10 February 1999. (hereinafter, Revised draft 1)

続いて、同年3月に開催された第2会期では、第24条から第30条の第1読会が終了するとともに、第1条から第3条が重点的に審議されている。その結果、第1条の目的規定については「本条約は、より効果的に越境組織犯罪を予防し、かつそれと闘うための協力を促進することを目的とする」とすることで合意を得ることになった。第2条の適用範囲については、本条約が重大犯罪をその対象とする場合に、具体的に重大犯罪を条文に掲記するか否かで意見が分かれた。結局、重大犯罪の具体例については条約本文には掲記せず、条約の付属文書あるいは予備審議録（travaux préparatoires＝解釈ノート）[7]に掲記するということで全体の承認を得た。もっとも、特別委員会は、事務局に対して、第4会期までに各国の重大犯罪の判断基準等を分析するように要請した。また、議定書に関しては、女性および子どもの不法売買に関する文書の第1読会が行われた。対象を女性および子どもに限定した文書とするのか、それとも広く人一般を対象とするのかについて意見が分かれた。なお、これについては、第3会期で、人を対象として、とくに女性および子どもを中心とすることで総会の当初の遂行命令に一定の修正を加えることになったのである。

(3)　第3会期での議論の状況——とくにマネーロンダリングの処罰を中心にして
　第3会期では、マネーロンダリング処罰に関する第4条、その対策に関する第4条の2、没収に関する第7条および取引の透明性に関する第8条についての審議がなされている[8]。

---

[7]　解釈ノートは2000年11月3日に総会文書として公刊されている。See, Interpretative notes for the official records (travaux préparatoires) of the negotiation of the United Nations Convention against Transnational Organized Crime and the Protocols thereto, UN Doc., A/55/383/Add.1, 3 November 2000. (hereinafter, Interpretative note)

[8]　第3会期の簡単な報告書として、Report of the Ad Hoc Committee on the Elaboration of a Convention against Transnational Organized Crime on its third session, held in Vienna from 28 April to 3 May 1999, UN Doc., A/AC.254/14, 19 May 1999がある。議論の内容については、海渡雄一弁護士の日弁連国際人権問題委員会・第10回国際人権に関する研究会（1999年6月9日）における報告およびその際に配布した報告書「犯罪防止刑事司法委員会第8回セッション並びに国際組織犯罪防止条約の起草のためのアドホック・委員会の審議経過報告（1999年5月11日）」が詳しい。ここでの記述もそれに負うところが大きい。なお、第3会期を終えた時点での条約案（3訂草案）Revised draft United Nations Convention against Transnational Organized Crime, UN Doc., A/AC.254/4/Rev.3, 19 May 1999. もすでに前記ウェブサイトで公開されている。

なかでも最も問題となったのは、やはりマネーロンダリングの処罰に関する議論である。再訂草案9)の段階までは第4条は2つの選択肢を置いていたのである。選択肢の第1は、犯罪による利得を意図的に、交換、移転、隠蔽、偽装、受領、占有、使用することを犯罪化するとともに、これらの行為への参加、幇助、煽動、支援、助言も犯罪化されなければならないとするものであった。一方、選択肢の第2は、犯罪の利得物であると犯罪者が当然思うべきであった（ought to have assumed）場合も処罰の対象に含めるとともに、犯罪による利得だけでなく、犯罪に由来する（derived from）資金、権利、財産も含めて定義し、必ずしも前提犯罪を要しないような文言を用いるなど、選択肢の第1よりもかなり広くマネーロンダリングを犯罪化するべきことを提案していたのである。議論は、概ね、故意に基づかない過失によるマネーロンダリングも処罰の対象にするのかという点に集中したが、意図的でない場合も処罰すべきであるという意見も相当に強固に主張され続けた。結局、第3項に「各締約国が必要であるとみなすときには過失等の処罰を行うことができる」という裁量条項を設けて、各国の裁量によって過失によるマネーロンダリングの処罰も可能であるという体裁に落ち着くことになった。また、マネーロンダリングの前提犯罪を広く捉えようとする根強い意見に対しても、「締約国が組織犯罪による利得物の洗浄であるとみなさない場合には犯罪化することを要求されない」という提案をアメリカが行い、それが第2項の2として第3会期の時点では規定されていた。これについては今後さらに議論がなされる予定である。なおこのほかに、犯罪利得物であることを「知らなかった」ということの立証責任を被告人側に負わせること、前提犯罪を犯した者をマネーロンダリングで必ず二重処罰することなど条項についても議論されたが、これらは結局否定されることになった。

　本会期では、さらに、火器の不法製造および売買の禁止に関する議定書の第9条以下の第1読会が行われ、第1会期に続いて行われた同議定書の第1読会が終了した。

　なおその後の委員会での議論によって、マネーロンダリングの過失犯処罰は条文本体においても、解釈ノートにおいても明文化されることはなかった。

---

9)　Revised draft United Nations Convention against Transnational Organized Crime, UN Doc., A/AC.254/4/Rev.2, 12 April 1999.

しかしながら、解釈上その含みを残しており、結局、事実上、各国の裁量によってマネーロンダリングの過失犯処罰は行えることになっている。また前提犯罪の範囲については、少なくとも組織的犯罪集団が関与する犯罪を含まなければならないとし、それには長期4年以上の拘禁刑を規定する重大犯罪が含まれなければならないとしている。そしてマネーロンダリング罪はこれらの前提犯罪の最も広範囲に適用されなければならないと規定するに至ったのである。

(4) 条約に関するその後の議論

条約案は第3会期までに6条の条文しか審議されておらず、当該時点で24条の条文が審議未了となっていた。そのなかには、法人の刑事責任を含む企業責任の問題（条約案第5条）、電子監視を含む特別の捜査技術の問題（条約案第15条）、証人および被害者の保護（条約案第18条）など多くの重要問題が含まれていたのである。そしてその内容を見ればわかるように、わが国の刑事法上の根本問題および適正手続保障をはじめとした憲法上の基本原理に抵触するおそれのある重要な問題が含まれていることは明らかであった。それゆえに時間をかけた慎重な議論がなされるべきであったのだが、結局のところ、当初の予定どおり、ほぼ2年弱の議論で条約の採択へと至ったのである[10]。

4 国際的動向から見た組織犯罪対策3法案の主要な問題点

(1) マネーロンダリングの処罰の拡大

条約案の審議内容についてはすでに説明したとおりであるが、これをわが国の今回の法案に照らし合わせてみると以下のような問題点が指摘できる。

法案は、マネーロンダリングの前提犯罪を必ずしも組織犯罪に限定していなかったようであるが、条約は原案以来、第4条6項（3訂案では4項）に「本条は、国内法に従って犯罪類型およびそれに対する法的抗弁が規定され、かつ、訴追および処罰されることに影響を与えない」という留保規定を設けていたの

---

[10] 条約採択に至るまでの経緯、条約の内容等については、今井勝典「国連国際組織犯罪条約の実質採択について」警察学論集53巻9号（2000年）46頁以下が参考になる。

である。これはマネーロンダリングの処罰が各国の法制度を無視してまでも行われることを要請するものではないことを明らかにした規定である。これだけをとってもマネーロンダリングの処罰の拡大を国際的に要請しているわけではないことが明白であるが、第3会期の条約案の審議の過程からこのことはさらに鮮明にされたのである。すなわち、処罰の拡大については、いくつかの国からの根強い反対意見があって、それが考慮されるかたちで上記のアメリカ案が提示され、括弧書きながらさらなる検討の対象として条約案に残されていたのである。これは、国際的要請である条約がマネーロンダリングの処罰の拡大を一律に各国に求めているのではないことを示している。そうであれば、法案は必ずしも国際的要請に合致させているとはいえなかったように思われる。

　なお最終的に成立した条約第6条においても、「自国の国内法の基本原則に従って」必要な立法措置をとることが促進されるにとどまっており、基本的に起草段階の議論の延長線上にある。なにがなんでもマネーロンダリングの処罰を拡大しなければならないという条約上の法的拘束力はないこと銘記すべきである。

(2)　捜査方法——とくに盗聴を中心にして

　また条約案の中には盗聴を含むと思われる捜査技術に関する規定が置かれていることは事実である。

　条約案第15条1項は、「自国の国内法の基本原則に従って許される場合には、締約国は、第［(空白)］条で規定された犯罪［代案：本条約の対象となる犯罪］に関わる者に対して行う証拠収集および法的行動のためにする、コントロールド・デリバリー、電子監視を含めた監視および秘密諜報活動などの特別の捜査技術を［適切に］行使する法的根拠を提供するために、［可能な範囲で、］必要な措置を執らなければならない」[11]と規定していたのである。ここでは、特別の捜査技術(special investigative techniques)の例として、電子的監視(electronic surveillance)および覆面捜査(undercover operations)という文言が使用されていることがまず注目される。これらの文言が、わが国で立法化さ

---

11)　Draft 1998, supra note 5, pp.22-23, article 15.

れた通信傍受法における盗聴あるいは電子文書の傍受をも含むものであるか否かが問題となろうが、当該審議の時点ではこれらの文言の定義は明らかになっていなかった。審議過程においては、最終的に、解釈ノートにおいてその定義が規定される可能性が示唆された12)が、第1読会中にある代表団が電子文書の傍受（interception of electronic messages）も列挙すべきだと提案したことに対して、複数の代表団が、その問題が急速に発展している問題であると同時に複雑かつ繊細な問題であることを理由に反対していることを銘記すべきである13)。結局のところ、成立した条約本文においては、これらの文言が盗聴および電子文書の傍受を含むか否かは明らかにされなかった。また解釈ノートにおいても、電子的監視という文言が盗聴および電子文書の傍受を含むとは明言していない。それどころか、「本項に規定されている特別の捜査技術の利用を加盟国に義務づけるものではない」と言っているのである14)。したがって、少なくとも条約やその解釈ノートを根拠に盗聴および電子文書の傍受の立法化を推進する根拠として主張することは困難である。

　また、本条が上記の他の条項と同様に、「自国の国内法の基本原則にしたがって許される場合には」という留保的文言を置いていることからすれば、プライバシー権の侵害、令状主義違反等の憲法上の諸問題をクリアーできていないままでの立法化は、少なくとも国際的要請を主たる理由とする限りにおいて妥当ではなかったことはいっそう明らかである。

5　むすび

　以上、ごく簡単に先の国連の2つの政府間会議の内容を紹介したが、そこでは、国境を越えて増加、激化している組織犯罪の撲滅のための国際的協力が必要とされているという事実、そしてその意味での国際的要請は存在するということが明らかである。しかもそれは、1990年代に入ってからは、委員会という国際刑事政策の場ではつねに主要な課題とされてきている。そしてこの10年の到達点が越境組織犯罪対策条約およびそれに関連する議定書の起草と

---

12)　Id., footnote 39.
13)　Revised draft 1, supra note 6, p.28, footnote 112.
14)　Interpretative note, supra note 7, para 44.

いうことになるのであろう。

　しかしながら、現在の条約は基本的には組織犯罪による被害を防ぐための犯罪対策条約であるものの、一面では犯罪者の処罰を拡大する条約でもあり、被疑者、被告人の人権の制約に関わる問題を生じることは避けられない。その意味では、人権保障のためのいわゆる人権条約とは決定的に違う性格を有しているといってよいであろう。それゆえに本条約は、各国の法制度との調和および人権保障に配慮した但書をいくつか付しているし、文言の明確な定義づけも避け、あえて解釈に幅を持たせようとしているのである。

　組織犯罪関連3法は、マネーロンダリングの処罰の拡大、盗聴という捜査技術の合法化などが国際的に当然に要請されているものであるかのような誤解を一般に与えているように思われるが、少なくとも国連という最も広い国際性を有する政治の場においては、そのような一方的な明確な要請はなかったといってよいのではなかろうか。むしろ、国内法の基本原理のなかで許される限りにおいて考えられる問題であるとしているだけである。国際社会での議論は立法化の国内的必要性および相当性が前提になっている。そうであるならば、わが国の踏むべきステップは、まず、立法事実としての必要性、すなわち、組織犯罪の増加、深刻化を統計上明らかにしたうえで、それに対抗する手段としての刑罰化および新捜査技術の導入が有効かつ必要であるということが明確にされるべきではなかっただろうか。そして仮にその必要性があったとして、盗聴などの新たな方策がわが国の法体系上、相当性を有するかが問われなければならなかったのではなかろうか。

　組織犯罪関連3法がこのようなステップを踏まずに見せかけの国際的な要請から出発して成立施行されたものであるからには、いま一度立法事実が存在しないことを確認し、憲法の観点から精査することは必要不可欠である。

6　補論

(1)　条約成立に先立った国内法の成立

　1999年8月に組織犯罪処罰法、通信傍受法および刑事訴訟法の一部を改正する法律のいわゆる組織犯罪対策3法が成立した。このうち、マネーロンダリングについては、犯罪収益の前提犯罪の範囲を広範囲に定義し、法人等の事業

経営の支配を目的とした行為、犯罪収益の隠匿行為、そして犯罪収益の収受行為をそれぞれ処罰の対象とした。また盗聴については、未発生の犯罪および盗聴令状に記載された犯罪以外の犯罪にもそれを許容し、さらに盗聴対象通信の該当性判断のための予備的盗聴も認められている15)。これらの立法は、その過程において憲法上の疑問点が鋭く提起されたにもかかわらず、国会において成熟した議論を交わさないままに可決・成立したものである。それはまさに、国連における条約の成立に間に合わせるかのごときタイミングであったともいえる。

その後国連においては、2000年11月に組織犯罪対策条約およびそれに付随する3つの議定書が成立した。1999年に条約の起草特別委員会が設置されて以来、2年足らずの短い間に11回の委員会を開いて集中審議して成立しただけに、議論を尽くさないままに終わっている部分も多々ある。とくに条約の目玉でもあるマネーロンダリングの処罰に関しては、「処罰の範囲をどこまで及ぼすのか？」「行政上の取締りをどのように実効化すべきであるのか？」について、先進国と非先進国の間での熾烈な議論が繰り広げられ、必ずしもコンセンサスに至っているわけではない。また、組織犯罪取締りのための特別の捜査技術という概念に、いわゆる盗聴も含めるのかについても慎重な態度を示す加盟国もあり、条約が盗聴を合法化すべきであるとしているかについては明確な法的根拠はないままである。このような事実を考えると、わが国の上記の立法化が国際的要請に応えるかたちでなされるべくしてなされたと考えるのはやや一方的すぎるといえる。

(2) マネーロンダリング規制の一環としての弁護士業務の「規制」

なお現在、テロリズムの活発化に関連して、犯罪組織自体の資金源を根絶するためのマネーロンダリング規制もいっそう厳しくなる様相を呈してきている。そのなかでも最も深刻な問題であるのは、弁護士や会計士をいわゆるゲートキーパー（門番）と考えて、それらの者に、顧客の金銭・財産の移動を監視して疑わしい取引を当局に報告させる義務を負わせるとする規制である16)。とくに、弁護士業務は、顧客（＝市民）との信頼関係のうえに成り立っており、そ

---

15) 川崎英明「盗聴法と令状主義」法律時報71巻12号（1999年）36頁以下等参照。

れゆえに弁護士には高度の職業倫理が要求されている。もし人権保障と社会正義の実現をめざす弁護士が、顧客を疑いの目で見ながら活動を続けなければならないとすれば、弁護士業務そのものに対する社会の信頼は失墜し、その社会的使命を全うできなくなる状況が生じかねない。それゆえに諸外国においても慎重な対応がなされているのである[17]。これについて日弁連は、立法によって弁護士に報告義務を課すことについては反対の姿勢を表明している。筆者も同様の意見を持っている。弁護士業務一般に対する市民の不信が広まったときには弁護士という職業はこの世からなくなってしまうかもしれないという考えも、あながち非現実的であるとはいえないのではなかろうか（なお、この問題については本書291頁以下も参照されたい）。

(3) あまりにも拙速な「国際協力」はやめるべきである

いずれにしても、これらの動きは、国際協調、組織犯罪撲滅という美名の下に、既存の法原則を壊してまでもあまりにも性急になされているという感が否めない。国連越境組織犯罪対策条約については、「はじめに批准ありき」で、批准のための要件を備えるために、国内法の整備と称して、わが国の憲法の根本に関わるような問題を十分な論議を尽くさないままに関連法を成立させたと考えられる。あまりにも強引な立法化である。われわれは、わが国内部の立法事実に応じて立法が必要であるか、そして妥当であるかを検討し、あくまでも憲法の枠組みのなかで立法化を進めていくという当たり前のことをあらためて認識すべきである。

＊本稿は、1998年度山梨学院大学特別研究助成金による研究成果の一部である。

---

[16] 海渡雄一「マネーロンダリング規制で危機を迎える弁護士の守秘義務」季刊刑事弁護28号（2001年）131頁以下は、2001年にアメリカ（シカゴ）で開催されたゲートキーパー問題に関するABA主催の会議への出席をもとに記述されている論文であり、本問題を知るうえで必読である。
[17] 国生一彦「弁護士Aの守秘義務はどうなるか」NBL721号（2001年）61頁以下はEUを中心とした欧米の状況について触れている。

第2章
国連越境組織犯罪対策条約の意義と問題点
マネーロンダリング処罰、特別な捜査技術、証人・被害者の保護を中心として

●山口直也

【国内法】刑訴法、組織犯罪処罰法、犯罪被害者保護法、通信傍受法
【国際(人権)法】国連越境組織犯罪対策条約、国連被害者権利宣言

1 はじめに

　2000年11月に、国連の「越境組織犯罪対策条約」(以下、単に条約もしくは本体条約とする)およびその3つの議定書である「銃器、同部品および構成部分ならびに弾薬の密造および不正取引に関する議定書」、「人、とくに女性および児童の不正取引の防止、排除および処罰に関する議定書」、「陸路、空路および海路による移民の密輸に関する議定書」が成立した。

　とくに本体条約の目玉は、「国際性」と「組織性」を有する「重大犯罪」の定義の新設、参加罪等の処罰の新設、マネーロンダリングの処罰拡大と関連条項の整備、特別の捜査技術の新設を含む刑事手続関連条項の整備、そして国際協力関連条項の整備にあるといわれている[1]。もっともわが国では、すでに、1999年の組織犯罪処罰法、通信傍受法および改正刑事訴訟法によって、これらの内容の多くは「整備」されている。このような犯罪取締条約の内容に国内法を適合させることが妥当なことであるのかは、それ自体慎重な検討を要する問題であるが、いずれにしても条約の内容自体の吟味は必要である。

　以下では、拙速とも思える2年弱の議論の末に、いままで近代社会が築き上げてきた法原則を曲げてまでも採択された感のある条約の内容を、とくにマネーロンダリング処罰、特別の捜査技術および証人・被害者の保護の領域につ

---

1)　青木五郎「国際組織犯罪と日本警察の課題」警察学論集53巻9号(2000年) 34頁以下等を参照。本条約については次も参照。北村泰三「国境を越える組織犯罪と国連新条約採択の意義」大内和臣・西海真樹編『国連の紛争予防・解決機能』(中央大学出版部、2002年) 153～187頁。

いて、起草段階での議論の過程を紹介・検討する。そしてそのうえで議論を通じて浮き彫りになった問題点を指摘し、今後のわが国の刑事司法実務における留意点について触れてみたい。

2 マネーロンダリング罪の処罰の拡大

(1) 立法の趣旨

条約は第6条（以下条約の条文については本書305頁資料の条約抄訳を参照されたい）でマネーロンダリングの処罰について規定している。本条の立法趣旨は次の点にある。すなわち、組織犯罪が国境を越える範囲でますます横行しているのは、その資金源を効果的に取り締まれていないことに由来するので、資金源の根絶によって組織犯罪を撲滅する目的を達成するということ。資金源が守られているのはマネーロンダリングを許している領域、いわゆる処罰への非協力国があることによるので、できるかぎり広い範囲でマネーロンダリングを処罰する必要があるということ。そのためには、前提犯罪の拡大化、国際的・国内的処罰協力体制の強化と確立を行う必要があるということである。

(2) 第6条の基本的な問題点

第6条1項でまず問題となるのは、マネーロンダリングの定義である。これについては1998年9月のブエノスアイレス会議で、「マネーロンダリング（money-laundering）」という概念の不明確さがすでに指摘されると同時に、マネーロンダリングの前提犯罪を広範囲に捉えるべきであるとの意見がある国から出されている[2]。結局、加盟各国間の意見の相違を調整的に記した国連公式文書である条約の解釈ノート（以下、該当部分については本書資料の解釈ノート抄訳を参照されたい）によれば、「犯罪の収益の洗浄（laundering of proceeds of crime）」と「マネーロンダリング」は同義に理解されるということ、マネーロンダリングとは、広範囲な前提犯罪（第2項(b)参照）に基づく、金銭に限定しな

---

[2] See Report of the Informal Preparatory Meeting of the Open-ended Intergovernmental Ad Hoc Committee on the Elaboration of a Comprehensive International Convention against Organized Transnational Crime, held at Buenos Aires from 31 August to 4 September 1998, UN Doc., A/AC.254/3, 1998 and Draft United Nations Convention against Transnational Organized Crime, CICP/CONV/WP.21, 1998, Art.4

い不法利益の転換、移転、隠匿、偽装、取得、所持、使用であるということ、それらの犯罪への参加、援助、相談等も処罰の対象となることが明らかになった3)。しかし、前提犯罪を広く捉えることは処罰の拡大および拡散を意味すること、参加という犯罪の実効行為を伴わない新しい犯罪類型を設けたことなど、本項が各国に刑法に与える影響は極めて大きいといわなければならない。

　次に隠匿および偽装の概念について解釈ノートは、第1項(a)および(b)にいう、「隠匿することまたは偽装すること(concealing or disguising)」と「隠匿または偽装(concealment or disguise)」には、「財物の不法な起源の発見を妨害すること(preventing the discovery of the illicit origins of property)」も含まれると解している4)。この不法な起源の発見の妨害については、インドが、隠匿、偽装とは別個の概念として列挙すべきであると主張したが、結局、発見妨害は隠匿または偽装行為でカバーできると解釈されるに至っている。

　さらに第1項でもう1つ問題となるのが、留保的な文言である「自国の国内法の基本原則に従って(in accordance with fundamental principles of its domestic law)」の部分である。これは当初は、「自国の憲法原理および法制度の基本概念に従って(subject to its constitutional principles and basic concepts of its legal system)」とされていた。そして、1988年EC条約を踏襲して(b)(c)(d)のみにかからせるべきである、すなわち、(a)は義務的規定とすべきであるとの意見が出されたが、結局は現行条文の体裁に落ち着き、第1項全体が自国の国内法制の枠組みに抵触しない限り行われるよう促進されることになったのである。もっとも、第2項(d)との関係で考えると、これによって本項実施の義務性がなくなったわけではないと考えるべきであろう。

　続いて第2項では、まず前提犯罪の範囲が問題となる。解釈ノートによれば、第2項(b)にいう「組織的な犯罪集団が関連する(associated with organized criminal group)」犯罪とは、組織的な犯罪集団が従事する犯罪活動を指すことを意図するものであるとされている5)。前提犯罪の範囲は起草過程における焦点のひとつでもあったが、組織的な犯罪集団自体が「一定期間存在する2人以

---

3)　Interpretative notes for the official records(travaux preparatoires)of the negotiation of the United Nations Convention against Transnational Organized Crime and the Protocols thereto, UN Doc., A/55/383/Add.1, 3 November 2000, para. 10. (hereinafter, Interpretative note)
4)　Id at para. 11.
5)　Id at para. 12.

上の人の集団」(第2条(a))でいわば無限定な広がりを持つ概念であるだけに、前提犯罪の幅はこれに応じて極めて広範囲となったことになる。いわゆる組織暴力集団だけではない組織的な集団による一般犯罪も、マネーロンダリングの前提犯罪とされる可能性は高くなったといえよう。

次に第2項(d)にいう報告義務についてであるが、これについては、アメリカによって「効果的組織犯罪対策のためにマネーロンダリング処罰の適用範囲の拡大について締約国は定期的に調査する」という条項が提案されたことを受けて、最終的に現在の体裁に落ち着いている。本号では事務総長への実質的な報告義務が課されることになっているが、これは条約第32条の締約国会議での審査と併せて考えると、加盟各国に極めて強力な条約の実施義務を課していると考えることができる。各国は条約を批准するにあたっては、マネーロンダリングの前提犯罪を広範囲に立法化する必要性に迫られるわけである。

さらに、解釈ノートは、二重処罰の回避に関する第2項(e)は、自国の法原則によって、前提犯罪とマネーロンダリング犯罪の両方を訴追あるいは処罰することが許されない国に配慮して設けられた規定ではあるが、そのような国であっても、犯人移送、法的相互援助あるいは没収目的での協力については、単に前提犯罪とマネーロンダリング犯罪が同一の人物によって行われたという理由だけでそれらを拒絶することはできないということを確認している[6]。前提犯罪を行うとそれ以後のマネーロンダリング行為は不加罰的事後行為的に扱われる国からは、前提犯罪に加えてマネーロンダリング罪を処罰するのは二重の危険にあたるという主張が審議過程で起こったからこのような規定が設けられたわけである。多くの国はマネーロンダリングを別罪として構成するので問題はない。いずれにしても問題が生じる国であっても、国際協力は免除されないことが確認されたことはマネーロンダリングの必罰化の姿勢をいっそう鮮明にしたものであると受け止めることができよう。

最後に過失犯処罰の除外に関する第2項(f)は、原案当初から主張されてきた重大な過失による前提犯罪もマネーロンダリングの対象にすべきであるとの提案を反映している。しかし、過失を処罰の対象とすることはあまりにも処罰の範囲を拡大しすぎるとの懸念から、第1項本文に「故意に行われた」という

---

[6] Id at para. 13.

文言が挿入されているのである。もっとも、第1項に規定されている認識、故意または目的を客観的な事実の状況により推認するのが本項(f)の趣旨であるので、「客観的状況から見て当然知りうべき状況にあった」と判断される範囲の中に、実質的には重過失によるマネーロンダリング処罰も組み込まれてくるものと考えられよう。

(3) わが国への影響

　まず、マネーロンダリング処罰罪自体のさらなる拡大はあるかという点が問題になろう。第1項に規定されている財産の転換および移転の概念については、すでに組織犯罪処罰法第10条の「事実の仮装又は隠匿」によってカバーされていると考えられる。また、不法財産の所持、使用についても同様である。したがって、マネーロンダリング処罰自体の拡大は本条約の批准によっても行われるべきではないであろう。しかしながら、組織犯罪処罰法における前提犯罪の範囲のさらなる拡大についてはありうると考えられる。組織犯罪処罰法第2条2項によって前提犯罪の拡大はほぼ成し遂げられていて、すでに条約第2条(b)の重大犯罪、すなわち「長期4年以上の自由を剥奪する刑又はこれより重大な犯罪」は概ねカバーされているものと思われる。もっとも条約第6条2項(b)が同第8条の公務員による腐敗の犯罪、そして同第23条の司法妨害の犯罪もそれぞれ前提犯罪に加えるべきであることを規定しているので、わが国の贈賄罪も前提犯罪に加えられる可能性は高くなるであろう。また、現在立法化が検討されつつある司法妨害罪も同様である。

　さらに条約第5条にある参加(participation)罪処罰、そして援助(facilitating)罪処罰および相談(counselling)罪処罰はありうるのかという点が問題になる。第6条ではマネーロンダリング行為への参加等の処罰の対象としているからである。これについてわが国の刑法上は、参加、援助、相談を処罰する明確な法的概念はないものと思われる。そこで、実務上の対応として、予備罪がある構成要件についてはそれを広く捉える運用をすること、また、幇助、教唆の概念を広くとる運用をすることで対応できると考えるのか、あるいは、新たに組織犯罪処罰法「改正」で参加罪あるいは共謀罪といった構成要件を盛り込むのか（その場合、援助および相談の概念をどのように位置づけるかも問題となる）が注目されるところである。もしそれらの犯罪類型が設けられるとになるしたら、

実行行為を必要としない「新」犯罪が創設されることになってしまい、わが国の刑法体系を根本から揺るがすことになってしまいかねない。安易な「改正」がなされないように十分な議論が必要となることは間違いないであろう。とくに参加あるいは共謀といった概念はかなりの広がりを持った曖昧な概念であることに加えて、実質的に過失犯も処罰できるとすれば、マネーロンダリング処罰はほぼ無限定な広がりをもった処罰規定として機能する可能性を否定できないのではないだろうか。

　なお、条約第32条3項(d)および(e)によってマネーロンダリングの処罰を拡大したことについて、締約国が定期的に条約の締約国会議に報告することが義務づけられている。もし締約国が当該処罰の拡大を行わない場合は、締約国会議によって勧告ができるようになるので、この面からもマネーロンダリング処罰の実効性が担保されているといえる。わが国が条約を批准する場合にはこの審査に服することを前提とするので、上記の法「改正」の可能性はいっそう高くなるものと考えられる。既存の法理念を歪めてしまうような無謀な法「改正」を許さないためにも慎重な議論が必要とされる。

3 マネーロンダリングへの効果的対応措置の開発

(1) 立法の趣旨

　条約第7条は、マネーロンダリングに対する行政的な対応措置をどのように行うべきであるのかについて規定している。司法処理段階レベルでの事後的対応（第6条の刑事罰）ではマネーロンダリングを根絶するのは難しいので、行政レベルでの取締り・予防活動を強力に行うことを強調している。この考え方は、条約策定の準備作業段階での提案で入れられたものである。とくに経済開発協力機構内の金融活動作業部会（FATF）その他の地域機関および機構が、一定の監視機関、たとえば金融情報機関、いわゆるFIU（Financial Intelligence Unit）の各国での設立を促進してきた経緯があり、本条はその延長線上にもある。

(2) 第7条の基本的な問題点

　第1項でまず問題になるのは、監視の対象となる機関の範囲についてである。第1項(a)の「金融機関（financial institution）」という文言には、最低限、銀行、

その他の預金機関、そして銀行以外の適切な金融サービス機関、たとえば、証券取引業者、商品先物取引業者、通貨取引業者、基金伝達業者およびカジノ業者などが含まれる。また、解釈ノートによれば、(a)にいう「その他の機関(other bodies)」には仲介業者も含まれるものと理解されているので、ある法域では、株式仲買人事務所、その他の証券取扱い業者、通貨両替所あるいは通貨仲買人事務所も含まれることになる[7]。このようにここでは、主として金融機関および金融関連機関が念頭に置かれていると思われるが、FATFの勧告9には金融機関でない職業的専門家による商業行為としての金融活動（これには顧客の現金等の管理が含まれる）も監督下に置くことが明らかであるので、本号にいうその他の機関は、第3項との関係でも広がりを持つ概念になると思われる。事実、FATFはその勧告の改訂作業に着手しており、弁護士や会計士などの顧客との間で守秘義務を負う者についても報告義務を課すことを検討している。

また、(a)にいう「疑わしい取引(suspicious transactions)」について解釈ノートは、次のような通常ではない取引を含むものと理解している[8]。すなわち、金額、性質および取引の頻度から見て、顧客のビジネス活動と一貫性がないこと、市場の通常の許容範囲を越えていること、あるいは明瞭な法的な根拠がなくて一般的に見て不法な活動に関連していると思われるということである。しかしながら、ここにいう疑わしい取引の基準は後にも触れるようにかなり不明確である。各国のFIUにおいて疑わしい取引の参考例が示されているが、結局のところ疑わしいことを基準化することは顧客との信頼関係の確保に多大な影響を与えるので、各国においても報告にばらつきが生じているものと思われる。なお、わが国においては組織犯罪処罰法施行後に、疑わしい取引の通告数はそれ以前の7倍に跳ね上がっている。もっともマネーロンダリングの前提犯罪の幅が広がったことの影響も大きいものと考えられる。

次に金融情報機関の設立についてである。解釈ノートによれば、(b)で金融情報機関の設立が求められるのは、そのような機構が未設置の場合についてである[9]。わが国の場合は、2000年2月に、すでに金融庁に特定金融情報室が設置されている。ここでは情報の収集・分析にあたって各国のFIUとも協調して

---

7) Id at para. 14.
8) Id at para. 15.
9) Id at para. 16.

いるので新たに創設の必要はないものと考えられる。

　さらに第3項の最大の問題は、全世界にある各地域機関と条約内容との整合性をどのように考えるかについてである。解釈ノートによれば、「地域的および地域間的機関ならびに多数国間機関が行った関係する発意（relevant initiatives of regional, interregional and multilateral organizations）」には各国間の交渉の結果、とくに以下のものが含まれると理解されるに至っている10)。すなわち、1996年に改訂されたマネーロンダリングに関する金融活動作業部会の40の勧告、さらにそれに加えて、マネーロンダリングに関する地域、地域間および多国籍間の組織の既存の発意、たとえばカリブ金融作業部会、英連邦、欧州審議会、東部および南部アフリカ反マネーロンダリング・グループ、欧州連合および米州機構の発意である。なるほどこれらの機関の多くに関する言及は条約の原案段階からすでに含まれていたのである。しかしながら、一部先進国の論理でマネーロンダリングの規制が進むことに懸念を示す国は、条約の審議段階で具体名を掲記することについて反対の声を上げたのも事実である。したがって、条約の原案では、本文中にあった具体的機構名およびその勧告等が解釈ノートレベルでの記述にとどまっているのである。その意味ではわが国の政府が錦の御旗として非常に重要視している金融作業部会の40の勧告も、わが国の立法を促すような法的拘束力がないことは明確にしておくべきである。

(3)　わが国への影響

　まず問題として考えられるのは、マネーロンダリングに関連して規制を受ける機関が拡充されるということ、さらには、当該機関の顧客管理、記録保持、疑わしい取引の報告等の義務がいっそう強化されるということである。とくに、現在まで監督の対象とされていない金融機関以外の関連業務である弁護士および会計士にも、顧客の疑わしい取引の報告義務を課そうとの動きが出てきている11)。たとえば、カナダなどはすでに立法によって、弁護士および会

---

10)　Id at para. 17.
11)　この問題について詳しくは、海渡雄一「マネーロンダリング規制で危機を迎える弁護士の守秘義務」季刊刑事弁護28号（2001年）131頁以下および国生一彦「弁護士Ａの守秘義務はどうなるか」NBL721号（2001年）61頁以下を参照されたい。

計士にも疑わしい取引の届け出義務を課しており、それに違反すれば最長5年の拘禁刑が科されるようになっている 12)。今後、全世界レベルで、弁護士および会計士をいわゆるゲートキーパー（マネーロンダリングの門番）と称して監督することがFATFの勧告の改訂等を通じて行われることになるのは、ほぼ確実の見通しであることが伝えられている。しかしながら、依頼者と弁護士との間の秘密特権、弁護士倫理を脅かしかねないこの問題は、人権の擁護者である弁護士の社会的意義、そしてなによりも市民の弁護人依頼権に重大な影響を与える問題であり、規制には慎重な配慮が必要であることはいうまでもない。事実、日弁連はこの法的規制には反対の立場を明確にしているが、筆者もまた日弁連内部の弁護士倫理の改定、弁護士倫理に関する内部研修などによって十分に対応できる問題であると考える。

　さらに問題となるのが第7条3項を媒介としたマネーロンダリング規制の強化によって、わが国の立法および実務に対するFATFの実質的影響力が拡大し、それとともにわが国の金融庁、とくに検察官も出向している特定金融情報室の権限が大きくなってくるのではないかということである。すでに多くの金融機関が顧客の疑わしい取引について特定金融情報室に報告していることは周知であるが、もしゲートキーパーの規制・監督も金融庁の監督下において行われるようになるとすれば、弁護士も顧客の疑わしい取引を報告しなければならなくなる。問題なのは、何をもって疑わしいと考えるかであるが、たとえば、カナダの実務においては、「依頼人がその職業や地位から判断してその所得を超える生活をしていると思われる場合」、「依頼人が通常のビジネスを行っているものの、その取引に依頼人の職業や地位との一貫性がない場合」などが犯罪収益活動と疑うに足りる合理的な理由の指標になるとしている。しかし、マネーロンダリングを疑う指標としては極めて曖昧であり、具体性に欠けていることは明らかである。このような指標の下に弁護士に顧客の取引の「疑わしさ」の合理的理由を判断させるのは、不可能を強いることになりかね

---

12) 2001年11月8日に施行された犯罪収益（マネーロンダリング）法および同規則によって、弁護士が報告義務を負うことが明示されている。もし報告義務を怠った場合には、最高200万カナダドルの罰金刑と最長5年の拘禁刑が併科されることになる。法律内容、規則、ガイドライン等については、カナダ財政取引報告分析センター（FINTRAC）のホームページ（http://www.fintrac.gc.ca）から入手可能である。

ない。結局は慎重に慎重を期する弁護士の場合はとくに、疑わしさのレベルが低い段階でも報告を行う方向に向かうことになるのではないであろうか。そうなると、すでに触れたように、弁護士に対する依頼人の信頼感は薄れ、弁護士の本来の社会的な責務を果たすことが困難になる状況が生じてくるように思われるのである。

4 特別な捜査方法の開発

(1) 立法の趣旨

条約第20条は、すでにいくつかの国々で行われている組織犯罪対策についての効果的な捜査技術を導入することで、より効果的に組織犯罪を摘発できるということ、そしてそのような捜査技術はとくに国境を越える犯罪対策における国際協力を促進するということにある。なおこのことは、すでに1988年国連麻薬新条約第11条のコントロールド・デリバリー、1990年の欧州審議会（Council of Europe）の「犯罪収益の洗浄、捜索、押収および没収に関する条約」第4条でも規定されており、それをテクノロジーの今日的発展に伴ってアップ・トゥー・デイトにしたものである。

(2) 第20条の基本的な問題点

まず第1項で問題になるのが、特別の捜査技術の定義についてである。特別の捜査技術は、組織犯罪と科学技術の進化に伴ってさらに発展するものであるので、定義づけは一般的に困難である。たとえば、「電子メールの傍受（Interception of electronic messages）」も特別の捜査技術に加えるべきであるとの提案が条約の審議過程でなされたが、この技術は最近急速に発展したものであるばかりでなく、複雑かつ繊細な問題であるので本条約には明示しないほうがいいのではないかとの意見が出された経緯がある。また、電子的監視（electronic surveillance）および覆面捜査（undercover operation）について、特別委員会第1会期では、これらの定義を解釈ノートに記すことが示唆されていたのであるが、最終的には明示されるに至っていない。さらには、1988年条約の第11条はコントロールド・デリバリーの範囲を国際的なレベルのそれに限定しているのに対して、本条は、それを国際および国内の実務とするように

求めている。このことに対してはそこまで広げることが妥当であるのか否かについて疑問が出されているのである。いずれにしても、1988年条約あるいは1990年CE条約が成立した当時よりは科学技術が格段に発展しているので、とくに電子監視の面においては、単に電話盗聴のみに限定されない広範な手段が取り込まれていくことは確実である。今回の条約には電子メールの傍受は明記されていないので、それを含めることは否定されたと解するべきであろうが、今後の改正のなかで顕在化してくることは必定である。

　次に、特別の捜査技術を設けることについての各国の義務について、「自国の国内法の基本原則に従って認められる場合には (If permitted by the basic principles of its domestic legal system)」との留保的な文言があるが、これについては、「自国の国内法によって認められる場合には (If permitted by domestic law)」にしてはどうかとの対案が出された経緯がある。そして前者をとることになったことで必ずしも制定法上に明文をもって規定されることを前提とはしないということが明確にされたのである。さらに特別委員会第5会期では、「とくにコントロールド・デリバリー、電子的その他の形態の監視」とされている部分について、「とくに」ということで義務性が強くなることに懸念が表明されている。結局現行条文には、「適当と認める場合には (where it deems appropriate)」の文言が挿入されて義務性が弱まっている形態になっている[13]。実際に解釈ノートによっても、第1項に規定されたことは、すべての特別の捜査技術を加盟各国に義務として課すものではないことが明確に規定されている[14]。自国の国内法の基本原理、すなわち憲法原理に抵触しないことを条件として、特別の捜査技術を設けるべきであるという形態をとっているのである。よって本項は任意規定と考えられる。もし、これを根拠に国内法を改正すると主張する場合には、その前に自国の憲法論として、盗聴および電子メールの傍受等が違憲でないか否かを検討しなければならないことはいうまでもないのである。

　さらに捜査範囲の特定性であるが、第5会期の前に行われた一部の国の間で

---

[13]　Footnote 169 of Revised draft United Nations Convention against Transnational Organized Crime, UN Doc., A/AC.254/4/Rev.5 (16 November 1999)at 33.(hereinafter, Revised draft 5)

[14]　Interpretative note, supra note 3 at para.44.

の非公式協議で、目的規定である「証拠を収集して当該の者に対して法的手段を講じる目的で (for the purpose of gathering evidence and taking legal action against persons involved)」の文言が、「組織的な犯罪と効果的に闘うために (for the purpose of effectively combating organized crime)」との文言に変えられている。このことに対して第5会期中に反対意見が出されているが、現行条文は結局後者の形態をとっている。これには組織犯罪の効果的な対策という極めて曖昧な目的規定で本項をくくることで、捜査活動における対象者個人の法的権利の侵害との衝突を見えにくくする狙いがあったものと考えられる。

なお第2項では、主権平等の原則が問題になっている。条約起草の最初の段階だけでは現行条文の前段だけしか存在しなかったが、関係各国の主権尊重の観点から後段が提案されて加えられることになったのである。特別の捜査技術を有しない、あるいはそれに習熟していない国の場合には、他方の国の捜査に頼らざるをえない局面が生じるので、本項はたとえそのような状況が生じた場合であっても一方の国の独立の刑事司法を侵害しないための担保条項となっているのである。

そして第3項では、捜査費用の負担が問題になっている。国際的レベルで生じる捜査の費用負担について、費用を負担する者についての推定規定を置くことが提案されて本項が設けられたのである。なお、これと同様の条文は、条約第18条28項にもある。基本的に要請を受けた国が費用を負担するが、とくに高額になる場合には当事者国において協議することになることを規定している。

最後に第4項では、国際的なコントロールド・デリバリーが問題になっている。起草の最初の段階では、「関係締約国の同意の下に (with the consent of the State Parties concerned)」という文言はなかったが、最終的にこの文言が挿入されている。これは1988年条約第11条3項にあるものを不注意で書き落としていたものが議論の過程で判明したので急遽挿入されたものである。1988年条約におけるコントロールド・デリバリーの対象は薬物であったが、それがここでは物一般に拡張されていることに注意する必要がある。

(3) わが国への影響

まず第1に考えられることは、コントロールド・デリバリーの範囲の拡大で

ある。麻薬特例法第3条および第4条は国際的なコントロール・デリバリーを可能にしているが、本条第1項によって自国内での組織犯罪にも適用される可能性が出てくる。なぜなら、条約第3条2項(d)は条約の適用範囲を「一国内で行われる犯罪であるが他の国に実質的に影響を及ぼす場合」にも拡大しており、必ずしも海外から国内に入ってくる送り荷のみにコントロール・デリバリーを限定していないからである。このことから、批准に際しては組織犯罪処罰法の「改正」の可能性が考えられる。もし同法に、一国内で行われる犯罪で薬物に限定しない物の移転の監視を可能とする規定が盛り込まれるとすれば、コントロール・デリバリーの範囲は非常に広範囲にわたることになる。

第2に、電子的監視の範囲の拡大が懸念される。本条はあえて電子的監視に関する定義を置かずに、今後発展することが予想される新たな電子技術についても柔軟な対応ができるような体裁になっているとも解釈できる。その意味で、必要に応じて電子的監視の範囲は拡大していくことが考えられる。しかしながら、本条の審議過程で明らかになっているように、電子的監視は未だ発展段階にあって、とくに電子文書の傍受などは、プライバシーの侵害等も含む複雑かつ繊細な問題であることが指摘されて明文化されなかったのである。現段階では、むしろそれらの手法を禁じていると見るほうが素直な解釈であるように思われる。さらに、わが国は欧州審議会のサイバー犯罪条約にすでに署名して、批准のための準備作業を行っていると伝えられている。もしこの条約をも批准するとすれば、本条約では通信記録の緊急開示命令が可能になるので、無令状による大型電子傍受が可能になる方法も法改正によってもたらされる可能性が高くなるのである。憲法上保障されている通信の秘密がいとも簡単に侵されてしまうことのないような緻密な議論を行う必要があることはいうまでもない。

第3に、覆面捜査の導入が考えられる。これによってわが国の犯罪捜査は新局面を迎えることになるだろう。本条において、いわゆる組織的な犯罪についての覆面捜査が許容されるということになれば、組織的犯罪が「3人以上の者からなる組織的な集団が、金銭的・財政的利益を得るために、本条約に規定された犯罪を行うことを目的として行動すること」(条約第2条(a))と曖昧に定義される限り、たとえ市民集会であっても、組織的犯罪であるか否かを「捜査」するために「合法的な覆面捜査官」の監視下に置かれる可能性が出てくる。こ

れによって一般市民の集会の自由も危機にさらされることになる。

5 証人の保護

(1) 立法の趣旨
　条約第24条は、犯罪者の報復をおそれて証言しない者の安全を保障することで、犯罪の立証にとって決定的な証言を得るために設けられた規定である。

(2) 第24条の基本的な問題点
　第1項でまず問題になるのは、証人あるいは証人となる者が保護を受ける段階である。これについては「刑事手続において（in criminal proceedings）」の範囲が議論されている。いくつかの国は、これは公判段階だけではなくて、全刑事手続過程、すなわち捜査段階、公判段階、処遇段階のすべてとすべきであり、また、自国以外の国での刑事手続において証人とされる場合にも及ぼされるべきであると主張している15)。これについての明確な言及は公式文書にはないが、本条文の体裁から見て、全刑事手続過程における報復または脅迫から証人あるいは証人となる者を保護したと見るべきであろう。そして、とくに公判段階における証人については、特別の措置を第2項に定めているのである。
　次に、保護を受ける者の範囲として、「その他密接な関係を有する者（other persons close to them）」が掲げられているが、これには親族以外の者で、証人と特別の関係を有する者が含まれている。なぜなら、そのような者も、証人あるいは証人となる者同様に危険にさらされる可能性が高いからである。ある国の代表は、これらの者には、刑事司法職員、被害者の代理人、弁護人などが含まれなければならないと指摘している16)。したがって第1項は、証人以外の者の保護も念頭に置いているのである。もっとも、密接な関係を有する者の保護は、条文上、任意規定となっていると解することができよう。
　さらに本項前段の遵守義務についてであるが、「適当な措置をとる（shall

---

15) Footnote 134 of Revised draft United Nations Convention against Transnational Organized Crime, UN Doc., A/AC.254/4/Rev.2 (12 April 1999)at 30. (hereinafter, Revised draft 2)
16) Id at footnote 135.

adopt measures)」という文言は義務的であるので、「適当な措置をとることができる（may adopt measures）」にすべきであるとの意見が審議の過程で出されている[17]。一部の国々は、義務規定のままでは条約の完全実施は困難であるとの強硬な姿勢をとったのだが、結局、現行条文も原案どおり義務的規定となっている。したがって、証人あるいは証人となる者の保護については、各国の法制における整備が必要となる。

　第2項でまず問題になるのは、留保的文言である。草案の最初の段階では、(b)にのみ、「防御の権利に不利益とならない方法で（in a manner not prejudicial to the rights of the defence）」という留保的文言が付いていた。これについては、被告人の反対尋問の権利を侵害することがないような方法によることを明確にすべきであるとの意見が出されたのである[18]。なお、この段階ではビデオリンク方式を用いるとは明示されていないものの、いくつかの国が、本項の内容が被告人の防御権に影響を及ぼすおそれがあるとの観点から留保的文言として、第2項の頭に、「被告人の適正手続の権利に影響を及ぼすことなく（without affecting the right of the defendant to due process）」を挿入することを提案したのである[19]。結局、現行条文はほぼこの提案どおりになっている。第2項全体は被告人の適正手続の権利を侵害しない限り認められることになっているので、そのことが、ビデオリンク方式の導入、次に触れる証人の身元開示制限の大前提となることはいうまでもない。

　次に、いくつかの国が(a)の措置、すなわち証人の身元情報の開示を制限することは弁護の権利に抵触するものではないのかとの意見を出したのである[20]。これをまったく開示しないことになれば、被告人の審問権を侵害することはいうまでもない。その意味で「被告人の権利（適正な手続を含む）に影響を及ぼすことなく」の文言が本項にかかっているものと思われる。開示制限は、被告人の憲法上の権利の前では、譲らざるをえない場合があることを明らかにしたものであると思われる。少なくとも、制限する場合には、裁判官は被告人の同意を得なければならないし、そうすることは最終手段としてのみ許される

---

17)　Id at footnote 133.
18)　Id at footnote 139.
19)　Id at footnote 136.
20)　Id at footnote 137.

と解するべきであろう。

　さらに通信技術の利用についてある国が、「通信技術（communication technology）」の概念を明らかにすべきだと主張した21)。結局、ビデオリンク以外の技術が含まれる場合があるということで、現行条文では「ビデオリンク等の通信技術（communication technology such as video links）」となったのである。またある国は通信技術自体についての記述を削除すべきだと主張している22)。本項では、あくまでもビデオリンク方式はひとつの例として記されているので、海外にいる証人を衛星通信を用いて通訳をつけて自国の法域の裁判所から尋問すること等が念頭に置かれているものと解される。

　第4項では、証人としての被害者保護が問題とされている。草案の最初の段階では被害者の意見表明および損害賠償の規定は本項に規定されていたのである。しかし、被害者の援助および損害賠償の問題は別の条文で、人権条項として扱われるべきことが提案され、第5会期に、議長提案で本条から分離して独立条文として扱うことになったのである23)。そして、第7会期中の非公式協議で現行条文の形態が作られて、第8会期に第25条として承認されたのである。なお本項は、被害者が証人である場合には、条約第24条も適用されることを注意的に記した規定であると解される。

(3)　わが国への影響

　まず、証人保護の名の下に保護される人の範囲がかなり拡大するおそれがあるということが指摘できよう。刑事訴訟法第299条の2によると、証人、鑑定人、通訳人もしくは翻訳人の氏名および住居については、その者もしくはその者の親族に危険を及ぼすおそれがある場合に、被告人を含む関係者に知られないように配慮することができるようになっているが、条約の規定にある「その他密接な関係を有する者」を広く解していくと、それとともに被告人への情報の非開示が原則化するおそれが出てこないかということである。これらの者の情報が制限されることは、被告人の防御権を制約することにほかならないので、極めて限定的かつ例外的なものとされなければならないことは

---

21)　Id at footnote 138.
22)　Id.
23)　Revised draft 5, supra note 13 at footnote 177.

いうまでもない[24]。

　さらに問題なのは、ビデオリンク以外の手続も導入され、実質的に対面して反対尋問することが不可能になる状況も出てくるのではないかということである。改正刑事訴訟法第157条の4はビデオリンク方式による証人尋問を可能にした。もっとも証人が在席する場所は、裁判官および訴訟関係人が証人を尋問するために在席する場所と同一構内、すなわち同じ裁判所の構内に限定しているのである。これはビデオリンクによる証人尋問が遠隔地にいる証人の便宜を図るための措置ではなくて、性犯罪の被害者等の心理的精神的負担を軽減するためのものであると説明されている[25]。あくまでも証人に直接対面することが物理的に可能な範囲に限定されているのである。しかしながら、条約第24条2項(b)はビデオリンク方式を同一構内には限定していないし、ビデオリンク方式以外の通信技術も念頭に置いている。もし本条項をもとに国外など遠隔地にいる証人が新たな通信手段で「尋問」可能とされるようになれば、被告人が直接対面して反対尋問する権利は危機にさらされることになるのではないだろうか。

　本条においては、「被告人の権利（適正な手続を含む）に影響を及ぼさないかぎり」で、情報の非開示およびビデオリンク方式等の証人尋問の導入が可能になっていることを銘記しなければならない。

6　被害者の援助および保護

(1)　立法の趣旨

　当初の条約案は主として証人としての被害者の保護を念頭に置いていたが、第25条は独立の被害者援助および保護の規定となっている。その狙いは被害者の身体的保護を優先的に考えたということにある。国際的な組織犯罪を防止し、これと闘うために協力するという条約第1条の目的規定からいえば、た

---

[24]　たとえば、五十嵐二葉「証人などの身元情報の開示制限」季刊刑事弁護25号（2001年）33頁以下は、そもそも情報開示の制限が可能になるのは、条約上は組織犯罪を対象とする場合に限定されているのであるから、その条約を中心とした国際的動向に歩調を合わせるために「改正」された刑事訴訟法も、組織犯罪に限定した運用をしなければならないと指摘する。

[25]　松尾浩也編著『逐条解説・犯罪被害者保護2法』（有斐閣、2001年）83頁。

とえ被害者であっても、組織犯罪撲滅のために協力義務があることを、当人への援助との引き替えに求めているものとも考えられる。

(2) 第25条の基本的な問題点

　第1項で問題となるのが、被害者援助の意味についてである。審議過程では、被害者の援助という文言の意味が明確ではないとの疑問が呈されている26)。解釈ノートによれば、本条の目的は、犯罪被害者の身体的な保護にとくに焦点を当てるということである27)。もっとも、それによって国際人権法で保障されている被害者の個々の権利の保障の必要性を否定するものでないことはいうまでもあるまい。解釈ノートによって、とくに1985年の国連被害者権利宣言との整合性が確認されていることを考えると、本条に規定されている「援助（assistance）」の提供とは、同宣言第14条ないし第17条に規定されているように、政府やボランティアその他の機関による医療サービスや社会福祉サービスを含む物理的、医療的、精神的、社会的に必要な援助をそのニーズに応じて与えることを意味する。

　第2項では、被害補償および被害弁償の意味が問題になるが、審議過程では「被害弁償（restitution）」の意味が不明確であるとの疑問が呈されている。前記同様に、国連被害者権利宣言第8条ないし第13条によれば、被害弁償は、加害者またはその関係者が被害者やその家族に対してなす弁済、サービスの提供、権利の回復であり、被害補償は、被害弁償が十分でない場合に国家によってなされる経済的補償を指している。

　第3項では、被害者の意見陳述の機会の提供に関して、被害者の「意見および懸念（views and concerns）」の意味が不明確であるとの疑問が審議過程で呈されている。被害者権利宣言によれば、これはいわゆるVictim Impact Statementのようなものが含まれており、実質的に被告人の量刑に影響を及ぼす意見表明をなすことになる。

(3) わが国への影響

　まず裁判内外における組織犯罪被害者の身体的保護の必要性の再認識を条

---

26) Revised draft 2, supra note 15 at footnote 140.
27) Interpretative note, supra note 3 at para.48.

約レベルで促したことに意味がある。被害者の権利に関する文書としてはいわゆる国連被害者権利宣言があるが、これは法的には国連総会決議であり条約ではない。その意味で形式的な法的拘束力はないといわなければならない。しかし今回の組織犯罪対策条約の本条項において、組織犯罪に関してとはいえ、明確に条約レベルで法的意義が確認されたことの意味は小さくないものと思われる。

もっとも、被害者の保護が促進されて、被告人の法的権利が不当に侵害されることがあってはならないことはいうまでもない。そうであればこそ、たとえば第3項では、被告人の「防御への権利を害しない方法」における被害者の意見および懸念の表明が認められているのである（なお、被害者の問題一般については本書の224頁以下に論じている）。

7　むすび

以上、ごく簡単に国連組織犯罪対策条約の主要なトピックについて触れてみたが、本条約の特色をまず一言で表せば、「効果的かつ効率的に組織犯罪に対処するという目的に向けての必罰的色彩が前面に出された条約である」ということである。なかには、既存の刑事法の枠組みを実体的にも手続的にも逸脱する危険性を有している問題もあった。そのような特徴を持つ条約であるだけに、われわれはその批准においてはとくに慎重に既存の刑事法および憲法の枠組みのなかでの検討を行わなければならない。なによりも条約自体が各国の法制度の枠組みに抵触しない限りでの実施を求めていることはすでに見たとおりである。

われわれは、わが国の憲法に抵触するおそれがある場合には条約を批准しないという選択がむしろ原則であることをあらためて確認したうえで、個々の問題点について慎重に議論を進めていくことから始めなければならない。

＊本稿は、日弁連法務研究財団の助成研究（日弁連委託研究）である「国連刑事司法活動の研究」（研究代表者：北村泰三・熊本大学教授）による研究成果の一部である。

資料

国境を越える組織犯罪防止に関する国際連合条約(抄訳)
(国連総会決議55/125)

第5条　組織犯罪集団への参加の犯罪化
1　締約国は、次の行為が故意に行われた場合には、犯罪として定めるために立法上およびその他の措置をとるものとする。
　(a)　犯罪行為の未遂または既遂に関わる行為とは区別される次の行為のいずれか一方または双方を犯罪行為とすること。
　　(i)　直接的または間接的に金銭的または物質的な利益の獲得に関連する目的のために重大な犯罪を実行することを2人以上の者と合意すること、また国内法により必要とされる場合には、その合意をさらに助長させる行為または組織犯罪集団に加わること。
　　(ii)　組織犯罪集団の目的および犯罪活動の概要または当該犯罪を実行する意図のいずれかを知って、次のことがらに積極的に参加する者の行為。
　　　a.　組織犯罪集団の犯罪行為
　　　b.　自己の参加が上記の犯罪目的の達成を助長することを知って当該集団のその他の活動に参加すること。
　(b)　組織犯罪集団が関与する重大な犯罪につき、これを組織し、指揮し、幇助し、扇動し、助長しまたは助言を行うこと
2　この条の1項に定められた認識、意図、目標、目的または合意は、客観的な事実の状況により推認される。
3　この条の1項(a)(i)に従って定められた犯罪の適用上、組織犯罪集団への関与が国内法により必要とされる締約国は、自国の法律が組織犯罪集団に関連するすべての重大犯罪を対象とすることを確保する。これらの締約国は、この条の1項(a)(i)に定められた犯罪の適用上、国内法により合意を助長する行為が必要とされる締約国と同様に、この条約の署名、批准、受諾、承認または加入のときに国際連合事務総長にその旨を通知する。

第6条　犯罪収益の洗浄の犯罪化
1　締約国は、自国の国内法の基本的原則に従って、次の行為が故意に行われた場合には、犯罪として定めるために必要な立法上およびその他の措置をとるものとする。
　(a)(i)　財産が犯罪の利得であることを知りながら、その財産の不法な起源を隠匿しもしくは偽装するためにまたは自己の行為の法的結果を免れる目的で基本犯罪の実行に関与した者を幇助するために、財産を転換しまたは移転すること。

(ii) 財産が犯罪による利得であることを知りながら、その財産に関する実際の性質、出所、場所、処分、移動を隠匿しまたは偽装すること。
　(b) また、自国の法制度の基本概念に従って、
　　(i) 受領のときに、これらの財産が犯罪の利得であることを知って、財産を取得し、所有または使用すること。
　　(ii) この条に従って定められた犯罪の実行に参加し、荷担しまたはこれを共謀し、計画し、幇助し、教唆し、助長しおよび相談することへ参加すること。
2　この条の1項を実施しまたは適用するために、
　(a) 締約国は、1項の適用に際して、基本犯罪を最も幅広く適用するよう努める。
　(b) 締約国は、この条約の第2条に定められたすべての重大犯罪およびこの条約第5条、第8条および第23条に定められた犯罪を基本犯罪に含めるものとする。自国の国内法が特定の基本犯罪の一覧を挙げている締約国の場合には、その一覧には少なくとも組織的犯罪集団と連携して行われる犯罪を包括的に含ませる。
　(c) (b)の適用上、基本犯罪とは、当該締約国の刑事管轄権の内および外において実行された犯罪を包含する。ただし、締約国の管轄権外で行われた犯罪は、関連行為が犯罪の行われた国家の法の下で犯罪とされ、かつ犯罪が行われた場合に、この条を実施しまたは適用する締約国の国内法の下で犯罪となる場合にのみ、基本犯罪を構成する。
　(d) 締約国は、国際連合事務総長に対してこの条を実施する国内法および当該国内法の後の改正部分の写しまたは説明を提供する。
　(e) 締約国の刑事法の基本原則により必要とされる場合には、この条の1項に定められた犯罪は、基本犯罪の実行犯には適用しないと定めることができる。
　(f) この条の1項に定められた犯罪の要素として必要とされる知識、意図または目的は、客観的な事実の状況から推認することができる。

第7条　資金洗浄と戦う方法

1　締約国は、次の事項を行うものとする。
　(a) あらゆる形態の資金洗浄を防止し摘発するために、銀行および銀行以外の金融機関および適当な場合には資金洗浄に利用されやすいその他の機関について包括的な国内の規制監督制度を自国の管轄権内において設けること。この制度は、顧客の身元、記録保管および疑わしい取引に関する報告等の要請を強調するものとする。
　(b) この条約の第18条および第27条の規定にかかわらず、資金洗浄と戦っている行政、監査、法執行およびその他の機関（国内法上適当な場合には、司法機関も含む）が自国の国内法によって定められた条件の範囲内で国内的および国際的段階で協力し、かつ情報を交換する能力を有することを確保することおよびそのために潜在的な資金洗浄に関する情報の収集、分析および配布のための国内的な中央機関としての任

務を果たすための金融情報部署の設立を考慮する。
2 締約国は、情報の適正な使用を確保するための保護措置に従うことを条件として、かつ合法的資金の移動をいかなる方法によっても妨げることなく、現金および国境を越えて適宜譲渡可能な証券類の移動を検知し監視するための実行可能な措置をとることを考慮する。この措置には、個人および企業が相当量の現金および譲渡可能な証券類の国境を越える移動を報告するよう求めることができる。
3 この条に基づき国内の規制、監視制度を設立するにあたって、かつこの条の他の条項の適用を妨げることなく、締約国は、資金洗浄を防止するための地域的な、地域間の、および世界的な機構の関連発議を指針として用いるよう要請される。
4 締約国は、資金洗浄に対処するために、司法、法執行および金融上の取締当局の間で、世界的、地域的、準地域的および二国間の協力を発展させ、促進するために努力する。

第20条 特別の捜査手法

1 自国の国内法制度の基本原則により認められるならば、締約国は、監視つき移転の適正な行使を認めるために必要な措置、および適当な場合には、組織的犯罪に効果的に対処するために自国領域内の権限のある当局による、電子的またはその他の形態の監視およびおとり捜査 (undercover operations) などのその他の特別の捜査手法の適切な使用を認めるために可能な範囲内でかつ自国の国内法により定められた条件の下で必要な措置をとる。
2 この条約が対象とする犯罪を捜査するために、締約国は、国際的な場面における協力を行う場合に、かかる特別な捜査手法を使用するための二国間または多数国間の協定または取極を締結するよう奨励される。このような協定または取極は、諸国間の主権平等の原則を十分に踏まえて締結され、実施され、また、これらの協定または取極の文言に厳密に従って履行される。
3 この条の2項に定める協定または取極が欠ける場合には、国際的な場面でこれらの特別の捜査手法を使用する決定は、事件ごとの事情により行われるものとし、また必要な場合には関係締約国による管轄権の行使についての財政的な調整および了解を考慮することができる。
4 国際的な場面で監視付移転を行う決定は、関係締約国の同意を得て、物品の全部または一部を途中で差押すること、そのまま通過させまたは一部の抜取りもしくは取替えなどの方法を含ませることができる。

第24条 証人の保護

1 締約国は、この条約の対象とする犯罪に関する宣誓証言を行う刑事裁判手続における証人および適当な場合にはその親族およびその他の近親者に対する報復または威嚇に対して効果的な保護を提供するために適切な措置を講ずるものとする。

2 この条の1項に記された措置は、とくに、以下のものを含ませることができる。ただし、法の適正手続に対する権利を含む被告人の権利を妨げるものではない。
　(a) 必要かつ可能な範囲で、適当な場合には、所在地を移転させたり、証人の身元および居所に関する情報を非公開としまたはその公開に制限を加えることを認めるなど、その者の身体の保護のための措置を講ずること。
　(b) ビデオリンク方式またはその他の適切な手段等の情報技術を用いた宣誓を認めるなどの方法により、証人の安全を確保しうる方式での宣誓を許可するために証言に関する法規を定めること。
3 締約国はこの条の1項で言及した者の所在地を移転するために、他の国と協定または取極を締結することを考慮することができる。
4 この条の規定は、被害者らが証人である限り、それらの者に対しても適用する。

第25条　被害者の支援および保護
1 締約国は、とくに、報復または威嚇のおそれがある場合には、この条約の対象となる犯罪の被害者の支援および保護を提供するために、自己の手法の範囲内で適当な措置をとる。
2 締約国は、この条の対象とする犯罪の被害者に対する賠償および補償を利用する機会を提供するための適当な手続をとる。
3 締約国は、国内法に従って、刑事裁判手続の適当な段階において防御の権利を妨げない方法により、犯罪者に対する被害者の意見および関心事項を提起し、考慮してもらうことを可能とする。

第32条　条約締約国会議
1 条約締約国会議は、締約国が国境を越える組織犯罪に対処し、かつ、この条約の実施を促進し再検討するために設立する。
2 国際連合事務総長は、この条約の発効後3年以内に締約国の会議を招集する。締約国会議は、手続規則およびこの条の3項および4項に定める活動(これらの活動を実施する際に生じた経費に関する規則も含む)を規律する規則を採択する。
3 締約国会議は、この条の1項に触れられた目的を達成するための機構に同意する。それは次の事項を含む。
　(a) この条約の第29条、第30条および第31条に基づく締約国の活動を促進すること(自発的な寄附集めを含む)。
　(b) 国境を越える組織犯罪の形態と傾向についておよびそれに対処するための成功事例に関して締約国間の情報交換を促進すること。
　(c) 関連する国際的および地域的な機構ならびに非政府間組織と協力すること。
　(d) この条約の実施を定期的に再検討すること。

(e) この条約を改善するためおよびその実施を促進するため勧告を行うこと。

4 この条の3項(d)および(e)の目的上、締約国会議は、この条約を実施する際に締約国がとった措置および実施する際に遭遇した困難について、締約国が提供した情報および締約国会議によって定められた補助的な評価機構を通じて、必要な知見を得るものとする。

5 締約国は、締約国会議に自国の計画、立案および慣行に関する情報を、この条約を実施するためにとった立法上および行政上の措置に関する情報とともに提供する。

(訳/北村泰三)

国連組織犯罪防止条約の解釈ノート(抄訳)
組織犯罪対策条約起草特別委員会第1会期ないし第11会期報告書
A/55/383/Add.1, 2000 November 3

第5条 組織犯罪集団への参加の犯罪化
　予備審議録は、第5条、第6条、第8条および第23条で言及されている「他の措置」とは立法的措置に付け加えられるものであって法律の存在を前提にするということに留意する。

第6条 犯罪収益の洗浄の犯罪化
　予備審議録は、「犯罪収益の洗浄」と「マネーロンダリング」という文言は同義に理解されるということに留意する。

1(a)・(b)　予備審議録は、「隠匿しまたは偽装し」と「隠匿または偽装」という文言は財物の不法な起源の発見を妨げることを含むと理解されるということを示すものとする。

2(b)　予備審議録は、「組織犯罪集団に関連する」という文言が組織犯罪集団が従事する類型の犯罪活動を指しているということについて注意を払うものとする。

3(e)　予備審議録においては、(e)が、前提犯罪とマネーロンダリング犯罪の両方を訴追または処罰することが許されていないいくつかの国の法原則を考慮に入れていることについて言及する。そのような国々も、犯罪人引渡し、没収のための相互の法的援助あるいは協力を、ただ単にマネーロンダリング犯罪における請求が同一人によって行われた前提犯罪に基づくという理由で拒絶することはできないということを確認している。

第7条 資金洗浄と戦う方法
1(a)　予備審議録は、「その他の機関」という文言が、若干の法域では株式仲買業者、他の証券取引業者、両替所および両替商を含む仲介者を意味するということに留意する。

　予備審議録は、「疑わしい取引」という文言は、顧客の通常の商取引の限界を超えてい

るあるいは明確な法的根拠がない、そして一般に不法な活動を構成しているあるいはそれに関連していると思われ、それゆえに顧客の商業活動と一貫性がなく、その額、性質および頻度において通常ではない取引を含むと理解されるということに留意する。
1(b) 予備審議録は、本号によって金融情報機関の設立が要請されるのはそのような機構が存在しない場合であるということに留意する。
3 予備審議録は、「地域、地域間および多国籍間機関の関連ある発意」という文言が、起草の過程において、1996年に改訂されたマネーロンダリングに関する金融作業部会の40の勧告、さらにはその他の地域、地域間および多国籍間の現存の発意、たとえばカリブ金融作業部会、連合国、欧州審議会、東部および南部アフリカ反マネーロンダリング・グループ、欧州連合および米州機構のそれに言及しているものとして理解されるということに留意する。

第20条 特別の捜査手法
1 予備審議録は、本項が、規定されているすべての形態の特別の捜査手法の利用を加盟国に義務づけるものではないことに留意する。

第25条 被害者の支援および保護
　予備審議録は、本条の主要な目的が被害者の身体的な保護にある一方で、特別委員会が、適用される国際法の下での個々人の権利の保障の必要性についても認知しているということに留意する。

第32条 条約の締約国会議
2 予備審議録は、条約の締約国会議が費用の支出に関する規則を作成するうえで、予算源として任意の寄付が考慮されるべきであることに留意する。
3 予備審議録は、ある国がその任を離れる場合に、締約国会議が、国際組織犯罪との戦いに関する性質の特定の情報の秘密性の保持の必要性を正当に考慮することに留意する。
5 予備審議録は、締約国会議が、必要とされる情報の提供をあらかじめ定期的に行う必要性を考慮するということを示すものとする。予備審議録はまた、「行政上の措置」という文言が広範に理解され、かつ実践される立法、政策およびその他の関連ある措置の範囲に関する情報を含むことに留意する。

(訳／山口直也)

＊この資料は、日弁連法務研究財団の助成研究「国連刑事司法活動の研究」による研究成果の一部である。

北村 泰三（きたむら・やすぞう）
1951年新潟県生まれ
1981年中央大学大学院博士後期課程単位取得
熊本大学法学部教授、博士（法学）
主要著書：「国際人権と刑事拘禁」（日本評論社、1996年）、「解説国際人権規約」（共著）（日本評論社、1996年）、Selina Goulbourne (ed.), Law and Migration, Edward Elgar (1998)（共著）など

山口 直也（やまぐち・なおや）
1961年熊本県生まれ
1994年一橋大学大学院博士後期課程単位取得
山梨学院大学法学部助教授
主要著書：「ティーンコート——少年が少年を立ち直らせる裁判」（編著）（現代人文社、1999年）、「ちょっと待って少年法『改正』」（共著）（日本評論社、1999年）、「『改正』少年法を批判する」（共著）（日本評論社、2000年）など

岡田 悦典（おかだ・よしのり）　福島大学助教授
岡田 久美子（おかだ・くみこ）　札幌学院大学助教授
中川 孝博（なかがわ・たかひろ）　大阪経済法科大学助教授
田中 康代（たなか・やすよ）　関西学院大学大学院研究員

弁護のための国際人権法

2002年10月1日　第1版第1刷発行

編　者	北村泰三・山口直也
発行人	成澤壽信
編集人	西村吉世江
発行所	株式会社 現代人文社
	〒160-0016 東京都新宿区信濃町20 佐藤ビル201
	Tel.03-5379-0307（代）Fax.03-5379-5388
	daihyo@genjin.jp（代表）hanbai@genjin.jp（販売）
	http://www.genjin.jp/
発売所	株式会社 大学図書
印刷所	株式会社 シナノ
装　丁	加藤英一郎

検印省略　Printed in JAPAN
ISBN4-87798-103-9 C3032
©2002 by T.KITAMURA, N.YAMAGUCHI